广东省"十四五"职业教育规划教材
高等职业教育"互联网+"新形态一体化教材

商务文书写作实务

第3版

主　编　周俊玲

副主编　何素娴　文明刚　向丽华

参　编　李　华　梁开竹　杨青松

机械工业出版社

本教材以高职院校教学理念与教学方法为指导，以高职学生主要就业方向——"企业"为撰写背景，以"基于生产过程"的商务人员实际工作任务为载体，旨在培养学生职业岗位"办文"实务操作技能，全面提升学生的商务文书写作能力，体现了创新性、实用性、操作性的特点。全书包括商务管理与事务文书、商务函电、商务礼仪文书、商务会议文书、商务宣传文书、商务告启文书、商务契约文书、商情调研文书八个模块。

本教材适用于高职高专、成人高校、民办高校及本科院校举办的二级职业技术学院写作课程的教学，也可作为商务人士的业务参考书和培训教材。

本书配有电子课件、教案、课程标准、试题库及答案、微课视频、习题答案等教师用配套教学资源，凡使用本书的教师均可登录机械工业出版社教育服务网www.cmpedu.com下载，咨询可致电：010-88379375，服务QQ：945379158。

图书在版编目（CIP）数据

商务文书写作实务/周俊玲主编．—3版．—北京：机械工业出版社，2022.11（2024.7重印）
ISBN 978-7-111-71498-9

Ⅰ．①商… Ⅱ．①周… Ⅲ．①商务-应用文-写作-高等职业教育-教材
Ⅳ．①H152.3

中国版本图书馆CIP数据核字（2022）第155477号

机械工业出版社（北京市百万庄大街22号　邮政编码100037）
策划编辑：孔文梅　　　　　　　责任编辑：孔文梅　张美杰
责任校对：史静怡　王　延　　　封面设计：鞠　杨
责任印制：郜　敏
中煤（北京）印务有限公司印刷
2024年7月第3版第4次印刷
184mm×260mm · 17.75 印张 · 449千字
标准书号：ISBN 978-7-111-71498-9
定价：49.80元

电话服务	网络服务
客服电话：010-88361066	机　工　官　网：www.cmpbook.com
010-88379833	机　工　官　博：weibo.com/cmp1952
010-68326294	金　书　网：www.golden-book.com
封底无防伪标均为盗版	机工教育服务网：www.cmpedu.com

前言

高职院校学生的就业方向多为各类型的企业，规范化的商务文书在企业商务活动的信息沟通与交流中的地位越来越重要。因此，商务文书写作作为学生提高文化素质和获取专业知识与专业技能的基础课和技能（必修）课，是职业教育课程体系中不可或缺的一部分。本教材的编者遵循"以立德树人为根本，以服务发展为宗旨，以就业为导向"的高等职业教育原则，以高职院校毕业生就业方向——"企业"为教材撰写背景，以培养学生职业岗位"办文"技能为主线，以"基于生产过程"的商务人员实际工作任务为载体，以"工学结合"为教材整体体例模式，以岗位职业标准为依据，构建教材体例与内容，通过大量来自企业一线的生动案例和全真任务实训，让"教、学、做"一体化的教学方法落在实处。

《商务文书写作实务》于2012年1月出版，《商务文书写作实务（第2版）》于2017年7月出版，多次加印，受到全国许多高校的欢迎，社会反响良好。此次修订也是2022年度广东省教育科学规划课题（高等教育专项）（编号：2022GXJK043）的结题成果。

（1）注重德技并修。本教材在整体设计上，遵循教书育人规律和技术技能人才成长规律，坚持育德与修技并举。各项目强化专业知识、专业技能的同时，注重深入挖掘其所蕴含的德育元素，并在"模块要点"和各项目下的"任务分析""写作要求"等环节寻找结合点，有机融入习近平新时代中国特色社会主义思想、社会主义核心价值观、中国优秀传统文化教育、宪法法治、职业理想和职业道德、做人做事的道理等教育内容，实现立德树人，润物无声。

（2）凸显创新创业。本教材在体例上进行了新的尝试，全书分为八个模块，每个模块下又有若干项目。每个项目以"学习目标—情境任务—任务分析—学习指引—任务实施—拓展训练"为设计编排思路，以"工学结合"高职教学理论与教学方法为指导，本着"教、学、做"一体化的设计原则，以真实、具体的企业工作任务驱动教学，通过任务分析，引导学生学习相关文种知识与技能，通过任务实施、拓展训练，促使学生将知识与技能转化为真正的写作能力，从而达到巩固与提高的目的。从实境与虚境、解析与综合、正面与反面等不同角度，全方位设计实训。各项目学习完成后，又遵循从单项到综合的循序渐进的教学规律，每个模块根据综合工作任务情境设计了综合实训，形成一个目的明确、层次分明且具连续性、阶梯式提高的实践教学体系，营造学习全过程的职业体验，使学生置身职场情境，在职业角色中时刻树立创新创业意识并形成习惯。

（3）强调实用够用。本教材在内容上强调"实用为主"，理论上以"必需、够用"为度。本次修订，例文、任务的选择、设计更加紧贴当下企业工作实际，将陈旧、过时的内容及时更新。我们对各模块的各项目文种或情境任务，或例文，或知识点，或技能点，或拓展训练进行了更新；依据最新颁布的《中华人民共和国民法典》、最新修订的《中华人民共和国招标投标法》规范了相关契约文书；删减了不常用的文种——预订信，增加了使用频率较高的新媒体文种——微信文案。这些更新与设计提高了本教材的新鲜感和功能方面的直接示范价值。

（4）丰富学习形态。本次修订，我们在原有模块测试的基础上，每个模块又增加了若干个微课学习视频，学习者可通过手机扫描二维码，进行视频学习或网上训练，既方便快捷，又符合信息时代的发展潮流，满足多形式的学习需求，具有鲜明的时代感。

本教材由周俊玲担任主编，并负责全书的策划、统稿和修改工作。具体编写分工如下：模块一、模块三项目一至项目五、模块四、模块八由周俊玲负责；模块二由何素娴负责；模块三中项目六由李华、梁开竹、杨青松负责；模块五中项目一、项目二由文明刚负责，项目三、项目四由周俊玲负责；模块六由文明刚负责；模块七由向丽华负责。微课录制分工如下：模块一、模块三、模块四、模块六、模块八由周俊玲录制；模块二、模块五由何素娴录制；模块七由向丽华录制。全书二维码题库由周俊玲编写。（以上作者单位均为广州城市职业学院）

广州城市职业学院相关专业校外实训基地为本教材的编写提供了大量企业真实工作任务，在此表示衷心的感谢！此外，编写修订过程中吸收借鉴了同行学者的宝贵经验和著述成果，在此谨致诚挚的谢意！

在本教材的编写过程中，广州城市职业学院相关专业校外实训基地为本教材的编写提供了大量的企业真实工作任务，在此表示衷心的感谢！

为方便教学，本教材配备了电子课件、教案、课程标准、试题库及答案、微课视频、习题答案等资源，并可通过扫描二维码进行在线测试，同时本教材配有在线开放课程（网址：https://www.xueyinonline.com/detail/228911511，或https://mooc1.chaoxing.com/course/228911511.html，或在"学银在线"搜索"商务文书写作"课程），欢迎注册学习。

凡选用本教材的教师均可登录机械工业出版社教育服务网www.cmpedu.com免费下载相关资源。如有问题请致电010-88379375，服务QQ：945379158。

编　者

二维码索引

序号	名称	二维码	页码	序号	名称	二维码	页码
1	章程		002	9	催款信		078
2	商务计划		013	10	商务传真		089
3	备忘录		034	11	模块测试二		097
4	模块测试一		046	12	祝酒词		112
5	询问信		061	13	贺信		116
6	报价信		064	14	模块测试三		126
7	订购信		069	15	会议通知		128
8	索赔信		073	16	模块测试四		146

（续）

序号	名称	二维码	页码	序号	名称	二维码	页码
17	商业广告文案		148	25	经济合同的含义、特点及分类		208
18	产品说明书		155	26	经济合同的写作结构及要求		209
19	模块测试五		174	27	招标书的写作结构及要求		219
20	启事		176	28	模块测试七		236
21	声明		180	29	市场调查的程序和方法		239
22	模块测试六		185	30	市场调查报告		241
23	业务洽谈纪要的含义、特点及分类		187	31	模块测试八		273
24	《民法典》中合同的相关内容		206				

目　　录

前言

二维码索引

模块一
商务管理与事务文书

项目一	章程	/002
项目二	制度	/008
项目三	商务计划	/013
项目四	商务总结	/019
项目五	商务报告	/027
项目六	备忘录	/033
项目七	商务短信	/038
商务管理与事务文书综合实训		/045

模块二
商务函电

商务函电概述		048
项目一	首次联系函	052
项目二	推销信	056
项目三	询问信	060
项目四	报价信、还价信	063
项目五	订购信、接受订购信	068
项目六	索赔信、理赔信	072
项目七	催款信	077
项目八	致歉信	082
项目九	婉拒信	085
项目十	商务传真	088
项目十一	电子邮件	092
商务函电综合实训		096

模块三　商务礼仪文书

项目一	欢迎词	/ 099
项目二	欢送词	/ 103
项目三	答谢词	/ 107
项目四	祝酒词	/ 112
项目五	贺信	/ 116
项目六	邀请函、请柬	/ 120
商务礼仪文书综合实训		/ 125

模块四　商务会议文书

项目一	会议通知	/ 127
项目二	会议议程、日程	/ 134
项目三	会议记录	/ 139
商务会议文书综合实训		/ 145

模块五　商务宣传文书

项目一	商业广告文案	/ 147
项目二	产品说明书	/ 154
项目三	商务消息	/ 160
项目四	微信文案	/ 165
商务宣传文书综合实训		/ 173

模块六　商务告启文书

项目一	启事	/ 175
项目二	声明	179
商务告启文书综合实训		184

模块七　商务契约文书

项目一	业务洽谈纪要	187
项目二	意向书	193
项目三	协议书	199

项目四	经济合同	206
项目五	招标书	217
项目六	投标书	226
商务契约文书综合实训		234

模块八
商情调研文书

项目一	市场调查报告	/ 237
项目二	市场预测报告	/ 251
项目三	可行性研究报告	/ 261
商情调研文书综合实训		/ 272

参考文献

模块一

商务管理与事务文书

模块要点

本模块由章程、制度、商务计划、商务总结、商务报告、备忘录、商务短信七个项目构成。通过项目训练，旨在使学生了解章程、制度、商务计划、商务总结、商务报告、备忘录、证明信、介绍信的含义、特点与作用，掌握其写作格式、结构与要求，能够结合实际任务撰写规范的常用商务管理与事务文书。培养学生数字化、表格化、规范化的工作习惯，使学生逐步具备组织管理者的宏观意识以及遵章守制、严谨规范的职业素养。

> **重点**
- 章程的结构和写法。
- 制度的结构和写法。
- 商务计划的结构和写法。
- 商务总结的结构和写法。
- 商务报告的结构和写法。
- 备忘录的结构和写法。
- 证明信、介绍信的结构和写法。

> **难点**
- 企业章程与组织章程正文写作的区别。
- 内容单一的基层单位的制度写作。
- 商务计划主体的写作内容，条文的具体性和可行性。
- 商务总结中材料的点面结合、观点与材料的统一、寻找规律的问题。
- 商务报告中工作报告与情况报告写作侧重的区分。
- 商务总结与商务报告的区别。
- 根据材料，撰写机关内部备忘录、证明信、介绍信。
- 本模块中各文种的病文析改。

项目一　章程

学习目标

1. 了解章程的含义、特点、分类和作用。
2. 掌握组织章程、企业章程的结构和写法。
3. 能根据任务要求，规范地拟写和修改章程。

情境任务

随着业务的扩大，高科奶业经营有限公司广州分公司的人员也在不断地增长，其中年轻人占了 70% 以上。为了增强年轻人的创业意识，挖掘他们的创业潜能，公司决定成立一个"青年创业家协会"，人事部主管陈浩让专员肖雅负责起草一份协会章程。

要求：请根据以上情境，拟写"青年创业家协会章程"。

任务分析

章程是党派、社团或企事业单位等组织自行制定的关于组织规程或办事规则的文书。它对于强化组织管理，保证各项活动正常进行具有规范保障作用，对其组织或单位内部人员有约束作用。在写作时要做好如下工作：①正确领会领导意图；②学习文体知识，完成构思任务；③写成初稿送主管领导审阅并修改；④熟悉文种格式，按规定形式印制。在写作中注意培养并逐步具备组织管理者的宏观意识。

学习指引

章程

知识点

章程是政党、团体、企业或其他组织依据法律法规，对本组织的性质、宗旨、任务、组织原则、成员条件及义务、权利、机构设置、职权范围、行为规则、纪律措施等做出规范要求的规章文书，也是组织的纲领性文件。章程一旦生效，便是该组织的根本法，具有很强的规范性和约束力。

国家行政机关及其职能部门一般不使用章程这一文种。

一、章程的特点

1. 组织性

根据国家有关规定，章程是成立一个团体组织的必要条件。

2. 准则性

章程是组织或全体成员必须遵守的工作、行为准绳，违反者将受到处罚。

3. 稳定性

章程一经规定，就具有长期的稳定性，不能朝令夕改。当然，随着时间的推移，对章程做一些补充和修改也是必要的，但这些修改须经充分讨论和表决通过。

二、章程的常见类型

1. 组织章程

组织章程，即用于制定政党、社团组织的组织准则和成员行为规范的章程，如《中国共产党章程》《中国写作学会章程》等。

2. 企业章程

企业章程，即用于规范企业的性质、组织原则、机构设置和经营管理等的章程，如《广东中南公司章程》等。

技能点

一、章程的结构和写法

章程一般由标题和正文组成。

1. 标题

（1）团体组织名称+章程，如"富华服饰有限公司章程"。
（2）团体组织名称+事项+章程，如"××有限公司发行股票章程"。

注意事项

> 标题下方有时有题注，可用括号注明何时、由何会议通过，或何时、由何机关批准，或何时公布。

2. 正文

章程的正文由总则、分则、附则三部分构成。第一章即"总则"，中间各章为"分则"，末章为"附则"。

（1）总则是章程的纲领，对全文起统率作用。

1）组织章程的总则部分写作一般要求阐明：组织的名称、性质、宗旨、任务、指导思想和组织本身的建设等。

2）企业章程的总则部分写作涉及的内容一般有：企业名称、宗旨、经济性质、隶属关系、服务对象、机构等。

（2）分则即基本规则部分，也即总则和附则之间的各章。

1）组织章程的分则部分，通常需写明的内容有：

组织人员：加入条件，加入程序，权利和义务，纪律规定等。

组织机构：领导机构、常务机构和办事机构的设置、规模、产生方式和程序、任期、职责、相互关系等。

组织经费：来源，管理方式。

组织活动：内容、时间和方式。

其他事宜：根据不同组织、团体的需要而确定。

2）企业章程的分则部分通常需写明：组织关系、资本构成、人事制度、资产管理、业务范畴、运作规程、利润分配等。

> **注意事项**
> 分则是章程的主体部分，要全面考虑，合理分章，各章内容相互独立，先后位置安排有序，一条一款，清楚分明。

（3）附则为补充说明的部分。

组织章程、企业章程的附则一般都要写：解释权，修订权，实施要求，生效日期，本章程与其他法规、规章的关系，以及其他未尽事项等。

二、章程的写作要求

1. 内容完备

如社团章程，要包括社团名称、宗旨、任务、组织机构、会员资格、入会手续、权利义务、领导者的产生和任期、会费的缴纳和经费的管理使用等。必要的项目要完备，不能漏掉某些重要项目，表达内容要明白切，不要含糊其词。

2. 结构严谨

全文由总则、分则到附则，要有合理的顺序。分则部分，一般是先讲成员，再讲组织，后讲经费；组织之中，先讲中央，次讲地方，后讲基层，或先讲代表大会，次讲理事会，再讲常务理事会；政策，先讲对内政策，再讲对外政策。这样环环相扣，逻辑严密。条款要完整和单一，一条表达一个意思，忌把一个意思拆分成几条，也不要把几个意思糅合在一条之中，交叉杂乱。

3. 语言简洁

要开门见山，单刀直入，不转弯抹角，不比喻夸张，不展开论证。用条文表达，按内容的内在联系安排材料，加上序码，不用关联词，句与句、段与段间有一定的跳跃性。

4. 程序合法

凡章程从撰写初稿到定稿，须经历讨论、修改和会议通过等环节。通常是成立起草小组，先拟出草案；接着召开座谈会征求意见；最后，组织章程由代表大会（会员大会）通过，企业章程由董事会（理事会）通过，才能成为正式章程。

范例评析

例文1

××股份有限公司发行股票章程
第一章 总 则

第一条 为加快公司发展，提高公司综合竞争力，更好地维护广大投资者的合法权益，经中国人民银行××分行和××部门的批准，特制定本章程共同遵照执行。

第二条 公司发行的股票名称为：上海××股份有限公司股票。

公司发行的股票为不定期限的记名式股票，并以人民币计值，每股股值为人民币100元，股份总额为25万股，合计人民币2500万元。

第三条 公司股票是发给入股者的股份所有权凭证。股票持有者享有按股领取红利等公司章程规定的股东权利，并在股票金额范围内承担公司经营亏损或破产的有限经济责任。

股票可以转让、抵押和继承，股票遗失可以申请挂失。

第二章 发 行

第四条 公司向社会公开发行股票6.09万股，总计金额为609万元，其中单位股3.59万股，总计金额为359万元，主要向横向联合投资方发行。个人购2.5万股，总计金额为250万元，主要向本公司职工发行。个人购买股票至多20股。

第五条 公司发行股票委托金融机构代理发行。

第六条 公司按季向中国人民银行××分行金融行政管理处报送财务报表，并向股票持有者公开公司经营情况。

第七条 公司股票按20××年×月×日××人民政府发布的《××股票管理暂行办法》中规定的范围发行。

第三章 转 让

第八条 公司股票可以转让买卖，但必须通过经中国人民银行×××分行批准经营股票交易业务的金融机构办理。单位股股票只限于单位之间转让。

第九条 股票交易价格可由交易双方自行商定。委托金融机构进行交易的，股票价格可由委托方自行决定。

第十条 公司按季向社会公开经注册会计师查核鉴证的财务报表。

第四章 分 配

第十一条 公司在依法向国家缴纳税金后的利润中先提取一定比例的盈余公积金，剩余部分列为按股分红基金，用于当年分红。当按股分红基金过大时，则适当留存作分红后备基金，用于以丰补歉。

第十二条 公司股票只计红利，不计股息。红利预期年化利率由董事会决定。

第十三条 公司发放红利于每年年终决算后进行。股票发行的第一年，自发行日至年终决算日不满1年的，红利并入下一年度发放。

第十四条 公司在发放红利日前登报公告。

第十五条 公司如发生经营亏损，且未建立分红后备基金，当年不发红利。以后也不再补付，投资人对亏损负有限经济责任。

第五章 附 则

第十六条 本章程由××股份有限公司董事会负责解释。

第十七条 本章程自中国人民银行××分行批准之日施行。

【评析】

这是一篇企业业务章程。例文结构为章断条连式。总则三条，分别说明制定本章程的目的、股票持有者的权利及股名、股值等。分则三章，分别规定了股票的发行、转让、分配等方面的具体规范。末章附则规定了章程的解释权和施行日期。例文符合规范章程的一般写法，构思周密、条款完整、语言简洁明了。

例文 2

兴华行政学院 2022 届同学会章程
(第五次会员大会通过)

第一章 总 则

第一条 本会是由兴华行政学院 2022 届毕业的学员组成的自我管理和自我服务的群众团体。

第二条 本会的宗旨：组织和团结 2022 届学员，积极开展各种有益的活动，加强学员之间的联系，增进友谊、互相帮助、携手前进，为××市的经济建设和精神文明建设多做贡献。

第三条 本会的任务：
（一）发动和组织全体会员开展各种有益的活动。
（二）关心会员，帮助会员解决工作、学习和生活等方面的实际问题。
（三）收集和印制会员的通信资料。
（四）加强同母校的联系，在母校与学员间起桥梁和纽带作用。
（五）激励会员为××特区建设多做贡献。

第二章 会 员

第四条 凡是兴华行政学院 2022 届毕业的学员和兴华行政学院的教职员工，承认本会章程，参加本会组织的活动，均可成为本会会员。

第五条 会员的权利：
（一）有参加本会举办的各种活动的权利。
（二）有选举权、被选举权和表决权。
（三）有对本会的工作提出建议和批评的权利。

第六条 会员的义务：
（一）有遵守章程，承担工作任务，履行职责的义务。
（二）有学习、宣传和执行党纪国法的义务。
（三）有联系校友、团结校友和服务校友的义务。
（四）有捐助本会经费，帮助本会开展各项活动的义务。

第三章 组 织

第七条 本会的组织原则是民主集中制。

第八条 会员大会每年七月八日召开一次，特殊情况可提前或延期召开。设立理事会，理事会由会员大会推选产生，每届任期三年，理事可连选连任。

第九条 理事会的权利和职责：
（一）定期召开会员大会。
（二）推选会长和秘书长。会长和秘书长负责处理本会活动事务，可连选连任。
（三）解释和修改本会章程，组织开展本会的各项活动，审查本会经费的收支情况。

第四章 经 费

第十条 本会的经费，主要来自会员捐助，同时，可考虑参与办一些实业，解决活动经费的来源。

第五章 附 则

第十一条 本章程由兴华行政学院2022届同学会负责解释。

第十二条 本章程自20××年×月×日起生效。

【评析】

这是一篇章条项式组织章程。标题名称由组织名称加文种构成,标题下有题注。

全文共分五章十二条。第一章(前三条)是总则,概述了该同学会的性质、宗旨和任务。第二章至第四章(第四条至第十条)是分则,分别阐述了该同学会的会员、组织和经费。第五章(第十一条、第十二条)是附则,说明了本章程的解释权和生效期。文章条款具体,清晰简洁。

任务实施

一、环境要求

可选择模拟办公室或多媒体教室等场所进行,备好纸、笔,配备计算机、投影仪等设备,最好每名学生都有条件进行上机写作。

二、实施步骤

第一步,通过网络查找章程写作的相关材料。

第二步,分组讨论章程写作的内容要点,主要包括:

(1)总则。总则又称总纲,总体说明组织团体的性质、宗旨、任务和指导思想。

(2)分则。分条阐明组织团体的权利、义务、组织原则、活动规则、组织纪律和经费等内容。

(3)附则。附则说明本章程的生效日期、施行要求、解释权等内容。

第三步,每人执笔或上机,写作初稿。

第四步,各小组组员间相互评阅初稿,然后讨论并选出本组代表作进行修改。

第五步,以小组为单位上交一篇章程并在多媒体上展示,师生共同点评。

拓展训练

训练一

盛达经济联合总公司与东方贸易有限公司本着平等互利的原则,共同投资成立天地工贸有限公司,新成立的公司需要有自己的章程,行政部助理张平受命起草了公司的章程草案。请阅读该章程草案,讨论其写作存在的问题并进行修改。

天地工贸有限公司暂行章程
(20××年×月×日通过)

第一章 总 则

第一条 依据《中华人民共和国公司法》和国家有关法律、行政法规及广东省人民政府有关政策制定本章程。

第二条 天地工贸有限公司是由盛达经济联合总公司与东方贸易有限公司本着平等互利的原则,联合组成的工贸、技贸、内外贸相结合,具有独立财产、自主经营、统一核算、自负盈亏、独立承担经济责任的经济实体。

第三条　本公司为股份制有限责任公司，具有法人资格，遵守国家法律，并受到国家法律保护。

第四条　本公司的注册资本为人民币贰佰万元，由双方共同投资。每年所得利润，20%留企业，其余按75:25分成，即东方贸易有限公司得75%，盛达经济联合总公司得25%，所得税各自缴纳。如亏损，亦按上述比例由双方分别承担。

第五条　本公司设在深圳市，根据业务发展需要，可在其他地方设立分公司、办事处或代理机构。

第六条　本公司联合经营期限暂定五年，无特殊原因，任何一方不得中途退出。如其他单位要求加入本公司，要经董事会讨论同意。

第二章　经　营　范　围

第七条　本公司主营：家用电器、电子器材、纺织品。兼营：五金、服装、钢材、木材、化工原料、工艺品、玩具、粮油。

第八条　本公司的经营方式：批发。

第三章　组　织　机　构

第九条　本公司实行董事长领导下的总经理负责制。

第十条　本公司董事会由联营双方共同组成。

第四章　附　　则

第十一条　本公司实行经济承包责任制，工作勤恳、效果显著的，给予奖励；严重违反规章制度或经济效益很差者，给予惩处解聘。

第十二条　本章程如有未尽事宜，由总经理提出修改、补充意见，报经董事会讨论审定。

训练二

李小龙、王安、赵枫共同出资筹建"安琪化妆品有限公司"，请代其写一份"安琪化妆品有限公司章程（草案）"。

训练三

南方职业技术学院学生社团搞得很活跃，经过一段时期的筹备，最近要成立"南方职业技术学院大学生影评协会"。请你为这个协会起草一份章程。

项目二　制度

学习目标

1. 了解制度的含义、特点、分类和作用。
2. 掌握制度的结构和写法。
3. 能根据任务要求，规范地拟写和修改制度。

情境任务

随着业务的发展,实达公司的公车数量不断增加,公务开支明显增加。为节省开支,建设节约效能型公司,公司董事会决定加强对小汽车的管理,出台《实达公司公务用车管理制度》,行政专员李珊受命,起草了这份制度。

要求:请根据以上情境,拟写《实达公司公务用车管理制度》。

任务分析

没有规矩,不成方圆。工作中牢牢树立规章意识,才能令行禁止,提高效率。制度的适用范围广泛。任何依法成立的组织单位都需要以规章制度的形式来约定有关人员共同遵守的事项、职责范围或要求达到的标准,以保证生产、工作、学习、生活等的正常秩序。写作这份公务用车管理制度,应首先明确制定该制度的目的,其次要界定公务用车的各种管理规范。当然,这要在掌握制度写作的相关知识与技能的基础上才能完成。

学习指引

知识点

制度是国家机关、团体、企事业单位为了加强对某项工作的管理而制定的要求有关人员共同遵守的管理操作规程和行为准则。

常见的制度有:会议制度、财务管理制度、保密制度、门卫制度等。

建立制度的目的:明确职责、规范行为、提高工作质量、优化管理。

一、制度的特点

1. 规程具体性

制度体现的工作规范和工作程序是针对某项具体的工作或岗位而制定的。

2. 准则性

制度对人们的制约比不上规定,制度主要是作为一种行为准则。

3. 发布形式多样性

制度除作为文件发布外,还可以张贴或悬挂在某一岗位和工作现场。

二、制度的主要类型

1. 岗位性制度

岗位性制度,即对做好某一个岗位的工作而制定的管理操作规程和行为要求,如《东山公司保安工作制度》《平安汽车修理公司门卫制度》等。

2. 法规性制度

法规性制度,即根据有关政策法规而制定的某一项工作的工作程序和管理规范,如《庆丰银行资金营运管理制度》《安达公司用电管理制度》等。

技能点

一、制度的结构和写法

制度一般由标题、正文和落款组成。

1. 标题

（1）制发机关＋制度内容＋文种，如"东洋科技公司财产管理制度"。

（2）制度内容＋文种，如"会计岗位责任制度""行政事业单位审计制度"等。

2. 正文

（1）内容较多、涉及面较广的制度，正文的内容分三部分：

总则：说明制文的目的、根据和指导思想。

分则：总则和附则之外的中间部分，是对某项工作的实质性规范。

附则：说明执行要求及生效日期等事项。

（2）内容较单一、基层单位的制度，其正文一般如下：

第一条：说明制定制度的目的、要求、适用范围等。

中间各条：说明制度的各项具体规范。

最后一条：说明施行制度的要求及生效日期。

（3）特殊情况。有的制度各条均写具体规范，略去制定制度的目的、适用范围和生效日期等。

注意事项

制度有两种常用的结构形式：

◆ 章条体例法。内容比较复杂的制度，可分为总则、分则、附则。即把全文分成若干章，每章有若干条，每条下可有若干款。用条号统编，款号分列，自始至终，条号不因分章断开，每一条里的款号各自成序，不与前条款号相衔接。

◆ 条目序号编排法。内容比较简单的制度，只分条不分章。

3. 落款

写在正文右下方，内容包括制发机关名称、制发时间。如果标题已注明制发单位，则此处可省略。

二、制度的写作要求

（1）内容必须符合党和国家的方针、政策及法律。

（2）条文必须具体、实在，针对性强，有可行性。

（3）语言准确、明晰、简练，不含糊笼统，以免产生歧义。

范例评析

门卫管理制度

一、为强化门卫管理，保障公司的正常工作秩序，特制定本制度。

二、门卫工作人员实行八小时轮流值勤。发生治安事件或灾害事故时，轮值人员应采取积极有效的应对措施，及时向单位主管部门报告及公安机关报案，并做好记录。

三、凡进入本院内人员均须验明身份。公司员工凭工作证进出；来访人员与被访人取得联系后凭身份证件填写来访登记单后方允许入内，来访人员一时没有联系上被访人时，可在门卫值班室内或指定地方等候；严禁闲杂或与单位工作无关人员进入院内。

四、严格执行物资管理规定，任何物资出入院内均需办理有关手续。凡协作单位、施工单位的非本院内物资进入院内时，需在门卫值班室登记，未经登记的物资不得放行；凡购买、加工、借用的材料、半成品、工具等物资运出须持相关部门出具的有效证明，经核对无误后方可放行。

五、严格执行车辆出入制度，确保停放有序。内部机动车辆凭综合部发放的"车辆出入证"进出公司大院，外来车辆临时进出公司需检查并做好登记。各种车辆按指定地点停放。

六、门卫值班室要保持干净和安静，物品放置应定位规范，严禁在门卫值班室内饮酒、打牌。无关人员不得在门卫值班室逗留、闲聊、打闹、借故刁难、纠缠门卫值班人员，违者，视情节轻重，严肃处理。值勤人员态度粗暴，不文明、不礼貌，故意刁难员工或外来人员，一经发现，将按照有关规定严肃处理。

七、本制度的解释权属公司综合部。

八、本制度自公布之日起执行。

未来生物科技有限公司
××××年×月×日

【评析】

这一份企业的"门卫管理制度"，是一种岗位性制度，内容涉及出入公司人员、物品和车辆管理。篇幅不长，但条理清晰、规定明确，针对性强，便于执行。

任务实施

一、环境要求

可选择模拟办公室或多媒体教室等场所进行，备好纸、笔，配备计算机、投影仪等设备，最好每名学生都有条件进行上机写作。

二、实施步骤

第一步，通过网络查找制度写作的相关材料。

第二步，分组讨论《实达公司公务用车管理制度》写作的内容要点，主要包括：制度制定的目的、公务用车的范围、公务用车的标准、公务用车的审批程序、公务用车的费用核算方法等。

第三步，每人执笔或上机，写作初稿。

第四步，各小组组员间相互评阅初稿，然后讨论并选出本组代表作进行修改。

第五步，以小组为单位上交一篇《实达公司公务用车管理制度》并在多媒体上展示，师生共同点评。

拓展训练

训练一

国家电力资源供应紧张，作为一家耗电量较大的企业，丰华钢铁股份有限公司成立不久，公司动力科就着手制定了《用电管理制度》，请阅读该制度，讨论其写作存在的问题并进行修改。

用电管理制度

第一条　制定本制度，是为了合理利用国家电力资源，充分发挥用电设备潜力，达到安全、经济、合理、节约用电的目的。

第二条　加强用电管理、严格用电制度。实行内部经济合同制，每月根据生产、工作任务把用电指标下达到车间、部门，做到日清、旬结、月考核，实行节奖超罚，充分调动各用电部门的积极性。

第三条　所有用电部门应切实做到"五有"：

1．用电有计划

各用电部门不得随意更换生产设备、照明设备，以搞好计划用电；特殊情况需要更换时，需经动力科批准，否则动力科有权停止供电。

2．消耗有定额

工艺科根据产品数量、加工性质、工艺流程，制定当日用电定额，下达到车间和所有用电部门，同时交能源办公室一份备考。

3．考核有计量

所有用电部门的电度表不许任意更动，以免损坏，影响考核；不属于同一电度表的线路不准自行接线使用，违者罚款100～200元。

4．使用有制度

各用电部门要认真执行动力部门许可的用电时间，否则动力部门有权停止供电。劝阻不改者，每千瓦时用电罚款80元。

5．节约有措施

所有用电部门的生产、照明设备均应有专人负责，做到人走灯灭、机床停。

第四条　变电所（室）人员要严格按规定做好用电记录，发现问题立即报管电人员，并按规定时间将用电记录呈报有关部门，登记考核。

第五条　所有办公室、集体宿舍的照明设施功率不得超过60瓦（有特殊需要者需经总经理批准），违者罚款100元。不经批准擅自接线使用电熨斗、电炉者，根据不同情节，处以200～1 000元罚款。由此造成损失者，须负经济责任。

第六条　对常年坚持节约用电有贡献的集体或个人，根据贡献大小，分别在不同范围内予以表扬，或作为评先条件之一；对提出用电合理化建议和改革措施，并且有节电经济效果的集体或个人，要给予物质奖励。

第七条　各部门要经常开展用电安全和合理节约用电教育，普及用电常识，使有限的电力资源在我公司发挥应有的作用。

训练二

为了约束、规范员工的行为，迅捷客服有限公司决定在管理部门建立承办周期制度，对接应电话、回复电话询问、回复信件、回复电子邮件、处理投诉、文件归档等工作的完成速度和时间确定衡量标准，以提高企业办事的时效性，并按照制度监督检查。

假如你是该公司的行政助理，接受了这一任务。请起草一份企业管理工作方面的承办周期制度。

> **训练三**
>
> 舒适鞋业有限公司有四百多名员工，公司内部设有食堂。为防止"病从口入"，搞好食堂卫生是关系全体员工身体健康的大事，必须引起厨房工作人员思想上的高度重视，必须花大力气搞好食品、厨房、餐厅及周围的环境卫生。请起草一份食堂卫生管理制度。

项目三 商务计划

学习目标

1. 了解商务计划的含义、特点和分类。
2. 掌握商务计划的写法和写作要求。
3. 能根据任务要求，规范地拟写和修改商务计划。

情境任务

随着生活水平的提高，人们对运动健身的需求越来越强烈。巨大的市场需求使得众多厂家纷纷进入运动器材这一市场。秘书小丁是广州天美运动器材开发有限公司市场部的员工，该公司主要生产运动器材，为了扩大产品的市场份额，公司决定利用春天即将到来的良好时机开展促销活动。为了使活动有条不紊地顺利进行，市场部经理召集部门成员针对活动的目标、方式、时间、范围及经费预算等进行商讨。经过全体成员反复斟酌，确定了此次促销活动的具体内容与步骤，小丁根据商讨结果制订出促销活动计划。

要求：请根据以上情境，拟写促销活动计划。

任务分析

凡事预则立，不预则废。无论工作、学习还是生活，有了全面而完整的计划才能主动应对，最大限度减少失误，把事情做好。要想使该促销活动取得成功，首要环节是制订周密的计划。要写作这份商务计划：一要明确促销活动的目的、时间、地点；二要构思活动开展的具体步骤；三要掌握商务计划写作的相关知识与技能。

学习指引

知识点

商务计划是商务部门和企业为未来一定时期制定的商务工作目标，以及为完成目标做出具体安排的文书。企业的一切商务活动都围绕计划开展和运营，制订计划、实施计划、监控计划是企业管理系统的三大支柱，所以，计划在商务运营中起到极为重要的作用，是企业在现在和将来之间架设桥梁的日程表。

商务计划

商务计划是个统称，企业中常用的"规划""安排""方案""要点""打算"等都属于商务计划的范畴。它们的主要区别体现在涉及范围的大小、时限的长短和内容的详略上。

一、商务计划的特点

1. 目的明确

任何一份商务计划都是为了达到某种目标、完成某项任务而制订的。一份计划的终极效果将通过预定目标是否实现得到集中反映。

2. 科学预期

任何计划都是先于实践活动而制订的，预期是计划的前导，制订计划要认真吸取以往的经验，认识当前的情况，对未来进行科学预见，确定达到什么目标、做什么、如何做、会遇到什么问题、应采取什么对策等。若设立不实际的目标，预期出现失误或偏差，就会给工作带来损失，或造成被动局面。

3. 切实可行

为实现预期目标，商务计划中必须有切实可行的实施步骤和有力的措施，并符合制订者的自身实际，包括人力、资源、重点、时间表等，这些是目标能够实现的保证。

4. 系统整合

企业的商务运作是严密复杂的系统运动，企业整体的计划组合了不同部门的计划。例如，生产计划中的质量计划、数量计划、成本计划等都要加以整合，与企业的运作系统相匹配。

5. 监督调整

计划在实施过程中要及时检查和监督，发生不可预测的情况或发现不尽合理的问题时，需要计划制订者适时加以修订。

二、商务计划的分类

商务计划按性质可分为综合性计划和专题性计划。

商务计划按内容可分为管理计划、生产计划、销售计划、财务计划、培训计划等。

商务计划按时间可分为长期规划（3年以上）、中期计划（2～3年）、年度计划、季度计划、月计划等。

商务计划按范围可分为总公司计划、分公司计划、地域（华北地区）计划、部门计划、个人计划等。

商务计划按格式可分为条文式计划、表格式计划和文表结合式计划。

技能点

一、商务计划的结构和写法

商务计划一般由标题、正文、落款三部分构成。

1. 标题

商务计划标题常见的写法有：

（1）单位名称＋时限＋内容摘要＋文种名称，如"恒达商业集团2023年增产节约计划"。

（2）单位名称＋内容摘要＋文种名称，如"东方公司实行经营责任制计划"。

（3）时限＋内容摘要＋文种名称，如"第四季度华东市场推广方案"。

（4）内容摘要＋文种名称，如"新入职员工岗前培训计划"。

> **注意事项**
> ◆ 内容摘要要标明计划所针对的问题（提炼）。
> ◆ 文种名称根据实际确认使用（计划、规划、安排、方案、打算、要点等），不成熟或未经批准的计划，在标题后或正下方括号注明"草案"或"讨论稿"。
> ◆ 个人工作计划标题中不必写名字，常在标题下或文后日期之上具名。

2. 正文

正文是商务计划的具体内容，其写作结构并不统一，常用的计划正文结构包括前言、主体、结尾三个部分。

（1）前言。前言主要交代"为什么做"的问题，说明制订计划的指导思想、缘由、目的、依据等相关内容或概述背景情况，并说明完成计划的必要性和可能性。

前言部分行文要简明扼要，不宜做过多阐述，忌套话、大话、空话。

（2）主体。主体是计划写作的重点部分，阐述"做什么""怎么做""何时做"的问题。一般必须写清以下三方面的内容：

1）目标任务——"做什么"。明确制订出要达到的目标（指标、数量和质量上的要求）。

2）措施办法——"怎么做"。写清楚采取何种办法，利用什么条件，动员哪些力量，由何单位何人具体负责，如何协调配合完成任务。

3）步骤程序——"何时做"。写明实现计划分几个步骤或几个阶段。

> **注意事项**
> ◆ 目标任务、措施办法、步骤程序，可分开写，也可措施办法和步骤程序放在一起写。
> ◆ 根据计划的内容和表述需要，选择写条文式、表格式或文表结合式。
> ◆ 许多商务计划是需要带有附件的，如图表、图片、文字说明等，这也是计划的重要组成部分，应逐一将附件名称列于正文之下、落款之上，并将所有附件与计划装订在一起。

（3）结尾。结尾可以说明计划的执行要求，也可以提出希望或号召；有的计划不专门写结尾，主体部分写完后全文自然结束。

3. 落款

在正文右下方写明制订计划的单位名称和日期。如果标题中已经标明单位名称，并在下方注上日期，那么落款也可以不写。

二、商务计划的写作要求

1. 客观求实

计划内容必须根据自身的实际情况，分析自身存在的各种条件，量力而行，提出新目标、新任务和解决的措施。这就要求制订者要领会有关的方针政策，认真调查研究，使计划的写作紧紧依据客观实际和企业发展需要，追求企业效益的最大化。为了应对市场竞争中瞬息万变的形势，指标、措施的制订要留有余地，确保计划经过努力得以实现。

2. 准确清晰

计划的表述必须清楚、准确，没有歧义，要避免长篇大论，避免抽象笼统的空话、套话，力求用简洁易懂、平实确切的词语把计划的目标任务、措施步骤落实，不用"大概""左右""估摸"等模糊词语。数字、百分比等数据以及一些专业词汇不能有丝毫差错，以免贻误大计。

3. 有条有理

无论是条文式、表格式还是文表结合式计划，在整体安排上都要做到结构合理、层次分明、条理清楚、逻辑性强。安排时要考虑任务的主次和急缓，按照先重点后一般、先急后缓的逻辑顺序展开。每一项工作都要先指出目标和任务，再说明措施和步骤，让实施者一看就明白。

范例评析

例文1

光华玻璃公司第三季度生产计划

为了加强计划管理和生产调度，实现1～9月公司总产值××××万元，完成全年指标的78%，特制订第三季度生产计划。

一、指导思想

必须认真贯彻提高经济效益的指导思想，全面提高各项经济技术指标，努力增产短线产品，厉行节约，实现增产增收，力求达到一个没有水分的增长速度。

贯彻五个原则：

（1）贯彻公司和职代会确定的今年生产比上年实际增长4%的原则，全年总产值要达到或超过××××万元。

（2）继续贯彻以质量求生存，生产抓提前不靠后的原则。

（略）

二、要抓好四方面的工作

（1）加强市场预测，狠抓产品质量和品种，千方百计生产适销对路产品，特别是安瓿、玻璃管及青霉素瓶要根据市场需要进行生产。仪器产品方面要摸清市场变化情况，打开销路，防止库存积压。

（2）通过企业整顿，建立和健全各项生产管理制度，把工作转移到提高经济效益上来。（略）

（3）切实抓好原材料和能源的供应和节约，确保生产稳定增长。（略）

（4）搞好安全生产，做好防暑降温和防台防汛工作，安排好高温人员宿舍，搞好清凉饮料供应和食堂卫生等工作。（略）

三、各车间生产安排

一车间：

1号炉四台行列机生产青霉素瓶，其中：1号、2号、3号机生产7CC，日产72.6万只，设备利用率95%，全程合格率92%，责任人王直星。

4号机生产10CC。（略）

9月份1号、2号机各安排中修一次,1号机扣除10天,2号机扣除7天计。

2号炉一台六组行列机生产盐水瓶。(略)

(其他车间生产安排略)

生产安排中要注意的几个问题:

(1)根据药厂需要,本季度需要增加7CC、减少10CC的青霉素瓶,因此,4号机在6月底前要做好调换7CC的准备工作。

(2)2号炉要加强维护保养,争取年内不修。(略)

附件一:总产值计划表。(略)

附件二:产量计划表。(略)

光华玻璃公司
××××年×月×日

【评析】

该商务计划言简意赅、内容完整、条理清楚、用词朴实。前言以简洁的文字说明制订计划的依据和目的。第一部分提出目标,摆明五条原则。虽用的是"原则"这个词,但每一条都说明了具体任务要求。第二部分列出了达标的四方面措施,先重点后一般,先急后缓,每一条措施都具体有力,如第(1)条指出以销定产的关键点。第三部分具体落实生产计划,用极为精练的语言细化、量化有关设备、操作、产量、合格率、责任人等生产安排和要求,使计划切实可行。最后将总产值计划和产量计划以表格形式用附件附上,便于实施者查询进度和检查执行情况。

例文 2

首届"广东国际旅游文化节"活动安排

时间	内容
1月16日 星期一 13:30—14:30	新闻发布会
15:00—17:30	开幕式
20:00—21:30	联欢晚会
1月17日 星期二 9:30—17:00	各旅游景点发布品牌(新景点)
1月18日 星期三 9:30—17:00	广东国际旅游交流会
20:00—21:30	品牌热线展示暨颁奖晚会

注:本届广东国际旅游文化节,除1月16日新闻发布会在广州陈家祠广场举行外,其余都在越秀公园左侧的广东国际旅游中心会议厅举行。

【评析】

表格式的商务计划写法简洁、明了,令人一目了然。会议计划、活动计划、生产计划等用这种写法都很合适。关键是表格的设计要合理、醒目、美观。

任务实施

一、环境要求

可选择模拟办公室或多媒体教室等场所进行,备好纸、笔,配备计算机、投影仪等设备,最好每名学生都有条件进行上机写作。

二、实施步骤

第一步，通过网络查阅促销活动计划写作的相关材料。

第二步，分组讨论广州天美运动器材开发有限公司促销活动计划写作的内容要点，主要包括：活动主题、活动时间、活动地点、活动目的、活动口号、活动步骤、活动要求、经费使用等。

第三步，每人执笔或上机，写作初稿。

第四步，不同小组组员间相互修改并签名。

第五步，选取学生作品在多媒体上展示，师生共同点评。

拓展训练

训练一

宋小山2022年6月从一所高职院校毕业后应聘到广东中创包装有限公司销售部从事销售工作，2023年即将到来，销售部经理召开了本部门员工会议，要求每位销售人员制订一份新的年度工作计划。宋小山很快写好了自己的工作计划并交给经理，可经理看后却说不过关。下面是宋小山的工作计划，请帮助其修改。

销售员2023年个人工作计划

宋小山

2022年刚接触这个行业时，在选择客户的问题上走过不少弯路，那是因为对这个行业还不太熟悉，总是选择一些食品行业，但这些企业往往对标签的价格是非常注重的。所以，今年不再选一些只看价格，对质量没要求的客户，没有要求的客户不是好客户。

2023年的计划如下：

（1）对于老客户和固定客户，要经常保持联系，在有时间、有条件的情况下，送一些小礼物或宴请客户，以便稳定与客户的关系。

（2）在拥有老客户的同时还要不断从各种媒体获得更多客户的信息。

（3）要有好业绩就得加强业务学习、开阔视野、丰富知识，采取多样化形式，把学业务与交流技能相结合。

（4）今年对自己有以下要求：

1）每周要增加一个以上的新客户，还要有三到五个潜在客户。

2）每周一小结，每月一大结，看看有哪些工作上的失误，及时改正下次不要再犯。

3）见客户之前要多了解客户的状态和需求，做好准备工作才有可能不会丢失这个客户。

4）对客户不能有隐瞒和欺骗，否则不会有忠诚的客户。在有些问题上你和客户是一致的。

5）要不断加强业务方面的学习，多看书，上网查阅相关资料，与同行们交流，向他们学习更好的方式方法。

6）对所有客户的工作态度都一样，但不能太低声下气。给客户一个好印象，为公司树立更好的形象。

7）客户遇到问题，不能置之不理，一定要尽全力帮助他们解决。要先做人再做生意，让客户相信我们的工作实力,才能更好地完成任务。

8)自信是非常重要的。要经常对自己说你是最好的,你是独一无二的。拥有健康、乐观、积极向上的工作态度才能更好地完成任务。

9)和公司其他员工要有良好的沟通,有团队意识,多交流,多探讨,才能不断增长业务技能。

10)为了今年的销售任务,每月要努力完成两万元到四万元的任务额,为公司创造更多的利润。

以上就是我这一年的工作计划,工作中总会有各式各样的困难,我会向领导请示,与同事探讨,共同努力克服,为公司做出自己最大的贡献。

训练二

你是沙河市大地家电产品有限公司销售部的员工,公司定于两个月后的春节期间在市郊农村搞一次冰箱和洗衣机的促销活动,你是筹备组成员,请将筹备工作中你负责的部分列出计划,制成表格。

促销活动时间为一天,你的工作为:①印制在现场发放的宣传材料1万份,包括产品介绍、价格表和广告散页;②准备300份宣传小礼品;③租借、布置活动场地,包括横幅、彩旗、气球、展台等;④准备活动当天员工的午餐及饮料。

训练三

天宇软件开发有限公司工会拟于2022年国庆节前举办以"祖国在我心中"为主题的唱红歌活动,请你代表该公司工会拟一份活动计划。

项目四　商务总结

学习目标

1. 了解商务总结的含义、特点、分类和作用。
2. 掌握商务总结的写法和写作要求。
3. 能根据任务要求,规范地拟写和修改商务总结。

情境任务

2022年,明珠大酒店在悦达投资有限公司和前进商业集团的共同经营下有了较大的变化,两家股东投入大量的资金对酒店部分设备设施进行了更新和改造:荒废多年的三楼经过装修后重新营业,弥补了酒店娱乐项目的空缺,使酒店的服务项目更加完善;同时酒店对客房旧电视进行了更新……所有的这些给酒店带来了生机和希望。酒店设备的更新、服务项目的完善、员工服务水准的进一步提高,使明珠大酒店在2022年的星评复核中取得有史以来的最好成绩——第二名,也使明珠大酒店在酒店业有了较高的声誉。酒店注重员工的精神文明建设，给员工创造了良好的生活空间，将酒店的洗衣房改造成一个宽敞的员工用餐和员工活动的两用室，并添置了桌球、乒乓球、棋牌等娱乐项目，多次开展各项比赛，既增强了员工的体质又丰富了员工的业余生活，酒店还将太阳能热水器安装到了员工宿舍，解决了员工冬天洗澡的问题。2022年即将过去，明珠大酒店对本年度的工作认真进行了总结。

要求：请根据以上情境，拟写明珠大酒店2022年度工作总结。

任务分析

明鉴既往，有利将来。不断地总结经验，有所发现，有所发明，有所创造，有所前进，才能够齐心协力步调一致地继续奋斗，企业只有不断地总结反思才能稳固发展。要完成此任务，既要熟悉商务总结的写作知识与技能，又要全面了解2022年度明珠大酒店的工作情况，如客房部、公关部、餐饮部、后勤部等各部门工作的完成情况，在充分占有材料的基础上，再进行分析与归纳，提炼出规律性认识，以指导今后工作。

学习指引

知识点

商务总结是企业对已完成的商务实践活动进行系统的回顾、检查、分析、评价，找出经验与教训，并归纳、综合、探索规律，为未来的商务工作提供借鉴和帮助的一种商务管理文书。

在企业经营过程中，对商务计划完成的情况、企业管理中取得的成绩和存在的问题，都需要通过总结，才能获取比较全面的认识和清醒的评价，才会明确自己：做了什么，做得怎样，该怎样做，不该怎样做；哪些成功的案例可以宣传推广；哪些缺点和教训应该引以为戒等。要善于把平日工作中的感性认识上升为理性认识，既要抓住现象，更要看清本质；既要"回头看"，又要"向前看"。所以，商务总结是企业掌握客观规律不可缺少的好方法。

一、商务总结的特点

1. 实践性

从内容上说，商务总结是对以往商务实践工作的回顾分析，从时态上说，是完成时态。

2. 自述性

总结范围限于总结者亲历的商务活动，以"我"或"我们"的身份出现，不能做他人或其他部门的总结。

3. 理论性

通过总结，将实践中获得的感性认识上升为理性认识。能否找出带有规律性的认识，用以指导今后的工作，是衡量总结质量好坏的标准。

二、商务总结的分类

商务总结按性质可分为综合性总结和专题性总结。

商务总结按内容可分为生产总结、销售总结、市场推广总结、人力资源工作总结等。

商务总结按时间可分为年度总结、季度总结、月总结、阶段总结等。

商务总结按范围可分为公司总结、部门总结、车间总结、班组总结、个人总结等。

技能点

一、商务总结的结构和写法

商务总结一般由标题、正文和落款三部分组成。

1. 标题

（1）公文式标题：由总结单位名称、时限、事由和文种组成，如"火炬电器工业公司2022年度工作总结""二车间一季度技术改造总结"。

有时可省略单位名称或时限，如"2022年销售工作总结""争先创优活动总结"。

（2）文章式标题：由概括总结的核心内容或基本观点组成，标题中不标明"总结"字样，如"信通公司是如何扭亏为盈的""科技立厂，人才兴业"。

（3）正副式标题：常由正题与副题组成，正题揭示观点或概括内容，副题标明单位名称、时限、文种，如"安全生产是企业运营的基本保障——虎山煤矿2022年度生产总结"。

> **注意事项**
> ◆ 以单位名义写的总结如果标题中出现了单位名称，文后不另署名，只写日期，也可把日期写在标题下。
> ◆ 标题中没有单位名称的，要将署名和日期放在文后。
> ◆ 以个人名义写的总结，常在标题下或文后署名，在文后写上日期。

2. 正文

正文包括如下内容：

（1）前言。前言简要概括总结的目的、对象、时间、地点、背景等基本情况，为下文做铺垫。有的也通过结论、提问的方式对总结的主要内容进行提示，或对总结的核心问题归纳定论，或为引起读者的关注提出问题，以明确总结的重点。

（2）主体。主体一般包括以下三方面内容：

1）基本做法、成绩和经验。在什么思想指导下，做了哪些工作，采取了哪些措施，取得了哪些成绩，主客观原因是什么，有哪些体会。成绩、做法是基础材料，经验体会是重点。

2）问题与教训。写工作中存在的问题与不足，不同的总结，可以有不同的侧重。反映问题的总结，此部分重点分析其主客观原因，以及由此得出的教训；典型经验总结，这部分不写；常规工作总结，则概括写存在的主要问题。

3）今后的工作和努力的方向。这部分内容需写得简单明了。

> **注意事项**
> 主体部分内容很多，要以合适的方式来安排结构。通常有以下三种结构方式：
> ◆ 横式结构，也称并列结构。这种结构和各项内容按性质范围排列，即将同一性质的内容归纳成一个部分。综合性总结常用这种写法。
> ◆ 纵式结构，也称阶段式。有两种写法：一是"过程式"，即按过程写，把整个工作按时间顺序分为几个阶段，然后就每一个阶段的工作情况、经验、教训去总结；二是"经验式"，把工作中的主要经验按性质归纳出来，一条一条地分开来写，各条间

有严密的逻辑关系，通过研究、分析，从中提炼出规律性的东西。专题性总结常用此写法。

◆ 纵横式结构。这种结构是横式结构和纵式结构的综合，往往内容复杂、规模宏大的总结采用这种写法。

3. 落款

在正文右下方署上单位名称，名称下面标明时间。如果单位名称已署在标题下面，则可不再落款。

二、商务总结的写作要求

1. 求真务实

商务总结要坚持实事求是的态度，如实反映商务活动的情况，所有内容都要符合客观实际、核实无误，显现文书的科学性和可信性，力戒脱离实际、故意拔高、移花接木、遮盖隐瞒。另外，写出的总结一定要对商务工作有指导意义，那种为写而写、应付交差、流于形式的总结毫无价值。

2. 准备充分

要写好商务总结，在起草前就要有针对性地了解情况、收集资料，包括：反映企业历史与现状、环境与条件、计划目标等相关情况的背景材料；反映事物本质、能说明观点、具有代表性的真人真事的典型材料；反映企业经营过程、显现经营效益和发展势态的各种数据材料等。

3. 分析提炼

商务总结的目的是回顾以往的经营管理活动，提出新的目标，所以要突出重点，抓住关键的有特色的问题深入分析，找出事物内在联系，并提炼出规律性的、有指导意义的观点。那种"摆土豆式"的罗列工作，"喊口号式"的空洞花架，只能误导决策。

范例评析

例文 1

从落实责任制入手加强企业管理的基础工作

前两年，我们公司建立了工人岗位责任制和管理职务责任制，这对于克服职责不清和无人负责的现象，起到了较好的作用。但是在执行中没有明确每项工作要干到什么程度，达到什么标准。结果衡量没有尺度，考核没有依据，往往是责任制写在纸上、贴在墙上，执行不执行一个样。员工反映，责任制好像"橡皮尺子，可长可短，不好衡量，容易流于形式"。事实说明，生产水平越高，越要落实责任制，把基础工作搞扎实。

1. 制定岗位考核标准

我们对全公司劳动管理和岗位责任制的现状进行调查，摸清情况，然后根据各厂赶超国内外先进水平的目标和多快好省的要求，制定了工人岗位考核标准和管理者的办事细则，要求做到"全、细、严"。（具体标准略）

2. 严格按标准进行考核

制定出考核标准后，我们坚持从严考核，用一套定额、计量、原始记录和统计方法，精确地计算每个岗位的生产效果,科学地分析每项技术操作,使各项经济活动和生产技术操作规范化、标准化、最佳化。各厂对工人普遍实行了班统计、日公布、周分析、月总结的制度。(考核方法略)

3. 根据考核结果实行奖惩

在严格考核的基础上,我们把考核同奖惩紧密结合起来,做到赏罚分明。

发放利润提成奖金的根据是:在赶超先进水平、实现优质低耗方面是否有成绩,在降低成本、完成订货合同、实现内部利润等方面经济效益是否显著。(奖惩标准和方法略)

实践说明,制定岗位考核标准,严格按标准进行考核和根据考核结果实行奖惩三位一体,是落实岗位责任制、把企业各项基础管理工作进一步推向高水平的行之有效的办法。

东湖矿山机械总公司

人力资源部

2022 年 10 月 31 日

【评析】

这是一篇专题商务总结,专项总结了该企业人力资源管理工作中的岗位责任制制定后如何落实的问题,内容集中,针对性强,求精求实。这也是一篇经验总结,着重总结了制定岗位考核标准、考核方法和实行奖惩的成功做法和体会,获得了规律性的认识,具有普遍意义。该总结标题采用文章式标题,概括了核心内容,点明了岗位责任制是企业管理的基础工作;正文的前言简明交代了落实岗位责任制的目的和背景情况。主体非常清楚地总结了制定岗位考核标准、考核方法和实行奖惩的具体做法,并归纳提炼出行之有效的"三位一体"经验,对其他企业很有借鉴意义。该总结观点鲜明、条理清楚、行文简洁、文风平实。

例文 2

××化工公司 2022 年工作总结

2022 年,化工公司在集团总公司的大力支持和帮助下,秉持艰苦创业精神,紧紧围绕集团公司"提升素质、提升核心竞争力"的工作方针和"三个着力、两个实施、一个团队"的工作重点,持续强化分销能力、经营管理能力和资源配置能力,顺利完成了全年经营目标。

一、各项经营指标完成良好

(一)主要预算指标完成情况

项　目	2022 年预计	2022 年预算	完成预算	2021 年实际	同比增减
销售额(亿元)	41	33	124.24%	27.6	48.55%
实物量(万吨)	50	38.5	129.87%	28.5	75.44%
进出口总额(亿美元)	1.29	1.42	90.85%	1.5	−14%
其中:进口	1.17	1.33	87.97%	1.38	—
出口	0.12	0.09	133.33%	0.7	—
销售收入(亿元)	35	27	129.63%	23.7	47.68%
利润总额(万元)	4 600	3 500	131.43%	3 018	52.42%
净资产收益率(%)	22.54	17.61	128.00%	18.36	22.77%
销售利润率(%)	1.31	1.29	101.55%	1.27	3.15%
流动资产周转率(次)	6	5.42	110.70%	8.64	−30.56%
资产负债率(%)	79.98	75	106.64%	71	12.65%
流转费用水平(%)	2.4	2.8	85.71%	1.55	54.84%

（二）2022年主要实物销售量

单位：吨

项　　目	2022年预计	2022年预算	完成预算	2021年实际	同比增减
PX	90 000	100 000	90.00%	118 000	−23.73%
PTA	100 000	120 000	83.33%	81 000	23.46%
MEC	35 000	30 000	116.67%	17 000	105.88%
PET（屯河）	40 000	40 000	100%	—	—
塑料原料	86 000	80 000	107.50%	51 000	68.63%
混醇	8 000	10 000	80%	8 200	−2.44%
其他液化	71 000	15 000	473.33%	9 900	617.17%
橡胶	1 400	3 000	46.67%	—	—

二、主要工作成效显著

（一）供应链服务，继续深化

聚酯原料上下游供应链延伸服务是公司的重头业务，正在不断的探索与深化之中。2022年，代理华联三鑫和宁波逸盛采购进口及国产PX 9万吨，供应江西龙鹏、浙化联、四川聚酯、临安南庄等聚酯厂PTA 10万吨，销售MEG 3.5万吨。同时PTA的供应链服务与期货的套期保值有机结合，提高了赢利水平。

（二）委托加工，创新业态

公司在稳定发展常规销售业务的同时，积极探索委托加工的新模式。与新疆屯河聚酯公司开展了委托加工业务，充分发挥公司在采购和销售两个环节的优势，借用屯河聚酯公司的产能保证了PET货源的稳定供应。全年向中石油西北公司采购PTA 3.5万吨、MEG 1.5万吨，加工PET 4.2万吨，2022年销售PET 4万吨，获取了较好的回报。

（三）网络建设，有序推进

塑料产品的销售面向千家万户的中小型企业，因此网络建设尤为重要。公司根据现有的人力资源实际情况，积极响应集团提倡的区域集成化运作的号召，率先在台州区域设立了分公司，因企制宜地制定了管理运行模式。分公司从2022年7月开始运作，全年预计销售塑料1.5万吨，销售额1.4亿元。网络建设促进了塑料产品的销售，全年销售塑料8.6万吨，比去年增长68.63%。

（四）液化经营，初显端倪

公司在充分重视老业务继续发展的同时，加大了液体化工产品的开发力度，克服对新行业、新品种和新客户不熟的困难，进行大胆探索。2022年，经营产品扩大到甲醇、乙醇、辛醇、冰醋酸、醋酸乙酯等品种，与上下游企业建立起了良好的合作关系。2022年销售以上产品7.1万吨，销售额4亿元。液化产品90%以上供应到终端用户。

（五）工厂建设，开始启动

医药中间体基地建设一直是公司贸工一体化的既定突破点。2022年上半年，公司全力推进的长兴项目因环保等客观因素意外停止后，公司积极进行多方考察，在集团公司的全力支持帮助下，最终确定收购浙江宏元医药化工有限公司60%股权（含派往合资公司的有关自然人股权5%），在国家级原料药生产基地拥有了医药中间体生产工厂。控股后的浙江宏元医化将以降血脂原料药为核心产品，立足成为论证齐全、管理一流的原料药生产基地。

（六）强化管理，提高质量

（1）财务管理。一是优化融资品种，积极推进国内信用证收付，探索以买方议付解决客户议付困难；二是关注汇率波动，及时调整贷款结构，新增美元贷款实现汇兑收益；三是开展进口押汇，节约了财务费用；四是加强银企合作，争取到了工行贷款和开证免担保的优惠政策。

（2）信息管理。8月份着手新ERP系统开发。新系统融合了各业务部门和职能部门的最新需求，将实现对业务员、供应商和下游客户的全方位跟踪分析与考核。

（3）人力资源管理。制订并落实了涵盖入职培训、周培训、拓展训练、岗位培训的系统培训计划，并组织实施，效果良好。年终采取员工互评与领导考评相结合的方式对员工进行全方位的综合考评，为绩效评价和职务调整提供了有效依据。

三、存在的问题及今后努力的方向

（一）贸工一体化经营水平有待提高

由于公司从传统流通行业进入生产领域是跨行业的尝试，缺乏必要的经验和积累，因此，今年的长兴项目在环保等客观因素影响下被迫下马，人力、财力都遭受了一定的损失。公司要认真分析原因，吸取教训，尽快熟悉医药中间体生产领域，为收购并发展浙江宏元医化做好充分的准备，提高贸工一体化经营水平。

（二）营销能力有待提升

公司分销网络也处于初建阶段，覆盖广度和深度都有待加强；业务扩张速度快，迅速扩编的团队过于年轻化（平均年龄28.4岁），员工个人能力和团队协作能力都有待加强和提升。

（三）专业服务能力有待强化

目前，公司经营上还停留在传统贸易商层面，主要靠赚时间差、区域差、批零差获得利润。今后，更要注重集成服务能力的培养，利用公司的三大平台优势不断开拓各类增值服务，进一步提高专业服务能力，拓展公司可持续发展的空间。

【评析】

这是一篇企业综合性的全年工作总结。开头概括介绍了工作的背景、取得的整体成绩，然后根据企业总结的特点以表格的方式列出全年预算完成情况和主要实物销售量，数据一目了然。接着按工作的重点概括了六方面的成绩。最后，客观地分析了存在的问题，并针对问题提出了今后的努力方向。全文逻辑关系清晰，事实、数据材料充分，有点有面，叙议结合。

任务实施

一、环境要求

可选择模拟办公室或多媒体教室等场所进行，备好纸、笔，配备计算机、投影仪等设备，最好每名学生都有条件进行上机写作。

二、实施步骤

第一步，通过网络查找商务总结写作的相关材料。

第二步，分组讨论明珠大酒店年度总结写作的内容要点，主要包括：

（1）分点归纳出该年度工作的主要做法、成绩、经验。

（2）分点归纳出该年度工作中存在的问题与教训。
（3）提出下一年度的工作方向。
第三步，每人执笔或上机，写作初稿。
第四步，各小组组员间相互评阅初稿，然后讨论并选出本组代表作进行修改。
第五步，以小组为单位上交一篇《明珠大酒店2022年工作总结》并在多媒体上展示，师生共同点评。

拓展训练

训练一

兴华食品有限公司上半年工作已告一段落，各方面都取得了令人可喜的成绩，下面是其公司的上半年工作总结，请指出其存在的问题并进行修改。

兴华食品有限公司上半年工作总结

本公司在精神文明和物质文明方面做了许多工作，取得了很大成绩。半年来，主要做了以下工作：动员组织公司干部和广大群众学习中央文件；安排、落实全年生产计划；推行、落实工作责任制；修建子弟小学校舍；建方便面生产车间厂房；推销果脯、食品、编织产品；解决原材料不足问题；美化环境，栽花种草；办了一期计算机技术培训班；调整了工作人员，开始试行干部招聘制。

半年来，在工作繁杂、头绪多而干部少的情况下，能做这么多工作，主要是：

（1）上下团结。公司领导和一般干部都能同甘共苦，劲往一处使。工作中有不同看法，当面讲、共同协商。互相间有意见能开展批评与自我批评，不犯自由主义。例如，有干部对经理未做商议，擅自更改果脯销售奖励办法，影响产量一事有意见，经当面提出，经理做了自我批评，并共同研究了新的奖励办法，销量又出现了增产势头。

（2）不怕困难。本企业刚刚起步，困难很多，技术力量薄弱、原材料不足、产品销路没有打开等。为此，领导干部共同想办法，他们不怕辛苦，放弃自己的休息时间，忍饥挨饿，四处联系，终于解决了今年所需要的原材料，推销了一些产品。

（3）领导带头。公司的几位主要领导带头苦干、实干。他们白天到下边去调查了解情况，解决问题，晚上再开会研究问题，寻找解决的办法。领导干部夜以继日地工作，使公司工作上了台阶。

兴华食品有限公司
2022年7月10日

训练二

下面是一家旅游公司有关"十一"黄金周工作的主题句，请你对这些材料进行分类，说明它们当中哪些是反映"十一"黄金周基本情况的，哪些是反映经验的。

（1）出游规模和旅游收入与去年同期基本持平。
（2）安全情况总体良好。
（3）旅游投诉情况较去年同期减少。

（4）市场秩序总体健康。
（5）旅游综合接待能力和服务质量不断提高。
（6）节前旅游促销力度大，效果显著。
（7）假日旅游统计预报和宣传报道，在"十一"黄金周旅游中发挥了积极的引导作用。
（8）旅游新景点、新项目不断涌现，旅游活动丰富多彩。
（9）旅游拉动作用明显增强，综合效益不断提升。
（10）餐饮红火，客房爆满，游客吃住舒适。

训练三

当2022年即将结束的时候，请你回顾一年来的工作、学习情况，写一篇个人的年度总结。

项目五　商务报告

学习目标

1. 了解商务报告的含义、特点、分类和作用。
2. 掌握商务报告的写法和写作要求。
3. 能根据任务要求，规范地拟写和修改商务报告。

情境任务

恒达集团总公司业务发展迅速，其业务已辐射多个省、市、区。2022年6月，集团总公司拟在江苏省成立分公司并组建江苏分公司筹备小组。总公司领导要求筹备小组成员结合当地市场需要，积极稳妥地落实各项筹备工作。筹备小组于2022年7月奔赴江苏全面开展工作，经过三个月的努力，第一阶段的筹备工作基本告一段落，完成了分公司营销总部、企业部及仓储地的选址、租赁，与当地政府和相关部门达成初步合作意向等。为解决在筹备工作当中遇到的资金困难等问题，及时获得集团总公司的工作指导意见，顺利完成第二阶段的筹备工作，筹备小组商议，拟行文向集团总公司汇报第一阶段筹备工作的进展情况。

要求：请根据以上情境，以恒达集团总公司江苏分公司筹备小组的名义拟写一份报告，向集团总公司汇报第一阶段筹备工作的进展情况。

任务分析

商务报告与公文报告的属性一致，都是用来汇报工作、陈述情况的，要求汇报者本着实事求是的精神，及时报告，杜绝弄虚作假，欺上瞒下，只是商务报告侧重企业的经营活动，面更宽；受文对象有上级管理层，有同级有关部门，有股东等公众；写作结构虽有约定俗成的体式，但应用中灵活得多。要完成上述任务，一要明确写报告的目的；二要掌握需要报告事项的详细情况；三要熟悉商务报告写作的相关知识与技能。

学习指引

知识点

商务报告是用于向上级管理层、有关部门或董事会、股东大会汇报工作，反映情况，答复有关方面咨询的一种商务管理文书。

在企业经营中，凡是必须汇报和陈述的经营内容，一般都采用商务报告的形式，如上市企业每年向股东做的企业年度报告、某分公司向总公司做的盈利情况报告等。这些商务报告的提交，使得上级管理层能及时掌握信息，统筹全局，为科学地决策和有针对性地指导提供依据。同时，也便于上级管理层和有关部门有效地监督、控制企业的经营和管理。

一、商务报告的特点

1. 目的明确

商务报告的写作和提交有明确的目的，是针对某些需要或某些指示有的放矢而写，这也体现了报告的严肃性和价值。例如，上市企业每年必须将企业的生产经营情况、财务情况、业绩及重大事件等写成书面年度报告向主管部门和股东汇报。

2. 陈述为主

商务报告的目的就是让阅读对象了解情况，它需要汇报做了什么、怎么做的、出现了什么情况、怎么解决的等，这些都是以平实的语言及可信的信息进行客观陈述，真实反映实际发生的事务。

3. 注重时效

商务报告具有时效性，只有将最新实际情况和问题及时报告，才能赢得时间解决问题。如果耽搁时间，情况发生变化，商务报告就失去意义，无法发挥作用。例如，企业财务部发现技术改造耗用资金过多，出现资金紧缺、周转困难的现象，就应该立即向企业领导报告，以及时调整解决。

二、商务报告的分类

商务报告按内容涉及面可分为综合性报告与专题性报告。

商务报告按时间可分为年度报告、季度报告等。

商务报告按用途可分为工作报告、业务报告、情况报告、答复报告、呈送报告等。

三、商务报告与商务总结的区别

商务报告与商务总结的共同点是：都需要客观、全面地反映实际情况。

商务报告与商务总结的区别是：商务总结是为"自我"（本单位本部门）而写，通常在内部流通，除了介绍、推广经验，一般不需向外公布；商务报告是写给上级或有关部门、人员看的，如果向上级汇报工作，反映情况，要用"报告"而不是"总结"。从表达上看，商务总结采用夹叙夹议的方法，通过分析评议，找出经验教训，而商务报告则是以叙述为主，反映情况。对今后的工作，报告的意见常常是具体的，而总结只需概括今后的进取方向即可。

技能点

一、商务报告的结构和写法

商务报告的结构没有公文报告那样规范，比较齐全的报告包括标题、受文者、正文、落款四部分。

1. 标题
（1）由事由和文种两部分构成，如"关于小家电产品的质量抽查报告"。
（2）由发文单位、事由和文种三部分构成，如"华贸通用公司2022年利润分配情况报告"。

> **注意事项**
> 篇幅长的和内容多的报告往往要列出报告的目录，放在标题后面，让阅读者清楚报告的主要内容。

2. 受文者
有的答复性报告、呈送报告等需要在标题下面顶格书写主送单位或主送人；有的工作报告、业务报告、调查报告等没有特别需要，也可以不写受文者。

3. 正文
商务报告的正文一般由引言、主体和结语构成。
（1）引言。用简洁的话语交代报告的目的和依据，说明缘由。
（2）主体。主体部分是报告的核心，内容是陈述报告有关事项。不同报告用意不同，内容相差很大，写法也不同。例如：工作报告要在总结情况的基础上，提出下一步的工作设想和安排；情况报告要陈述事情的起因、现状、发展、趋势及可能的结果影响；答复报告则需正确答复所咨询的问题，提供上级需要的情况、资料；呈送报告只需要写明报送件的名称、数目，将文件或实物随报告发出。

> **注意事项**
> 许多工作报告、业务报告文字不多，而各类数据、图表占很大篇幅。

（3）结语。有的商务报告用类似公文报告的结语，如"特此报告"等结束，有的也可以不写结语。

4. 落款
在正文右下方写上呈报者单位或姓名及日期。如需要，可以加盖公章。

二、商务报告的写作要求

1. 如实呈现
商务报告要尊重事实，将企业经营中的真实情况完整地反映出来，呈现事物的本来面貌，不需要过多描述修饰，不需要讲大道理或做长篇分析，力戒陈述中掩盖问题、谎报数据、扩大事实、脱离实际。

2. 叙述简明
商务报告在陈述情况、过程时，要脉络清晰、线条分明、重点突出、层次有序。尤其是内容繁多、篇幅较长的报告，应该列出分项标题，做出目录。向上反映情况的报告不要把几件事放在一份报告中陈述，应遵从一事一报的做法。

3. 呈现多样化
商务报告不能只使用文字表述，而应利用现代工具，选择各类信息的最优呈现形式，如表格、图形、图画、流程图等,强化读者的视觉效果。如果报告需要演讲,则更应该利用多媒体音像设备,以便直观反映。

范例评析

例文 1

关于江苏分公司筹备工作进展状况的报告

总公司:

江苏分公司筹备小组在总公司领导指示和安排下,于2022年7月×日抵江苏开展分公司筹备工作,迄今已工作××天。现将第一阶段筹备工作主要进展情况汇报如下:

一、筹备工作中,我们始终坚持奉行总公司领导,结合市场需要,积极稳妥地落实各项工作的指导精神。在具体项目办理中,注重市场调查研究,结合实际,以充分的调查数据作为决策的前提和指导。

二、分公司营销总部拟选址于该市××街××号××大厦,拟租××间办公用房,总面积×××平方米,租价意向为年××万元。我们是依据办公地点是否有利于业务声誉及价格是否合理的标准选择办公地址的。如果这一地址能得到总公司批准,下一阶段我们将进行装修、购买办公设备及发布招聘公司职员广告等准备工作。

三、分公司接运总公司材料的仓储地及企业部拟选择该市××区××镇。选用这一地址的标准是节省成本,如在该市市区内选点,经我们匡算,总成本将比现选址高出15%以上。目前我们已与该镇人民政府确定该选点意向。

四、分公司筹备小组在该市开展工作,其困难程度要比预想的大得多,目前尚有不少工作落后于预计日期。主要问题是和本地有关单位协调的问题。我们原匡算的资金投入与现在的市价水平有一定的差距,这是造成在原有意向的基础上谈判期延长的主要原因。为此,请总公司领导考虑加大资金投入力度,加大部分所需比例约为原计划的3%(具体数据匡算另见请示行文)。

筹备工作虽有种种困难,但我们准备加大工作力度,相信第二阶段筹备工作能如期完成。

请总公司领导及时将工作指导意见电传给我们。

特此报告。

恒达商业集团公司江苏分公司筹备小组
2022年10月×日

【评析】

本文开篇直截了当,导语部分简要说明了报告的原因,过渡自然;主体部分反映具体情况,按横式结构组织材料,先总后分,先陈述筹备工作开展的基本原则,再分别报告筹备工作开展的具体事项,条理清晰,层次分明。

例文 2

恒康药业股份有限公司是一家上市公司,每年董事会都要向全体股东呈上该年的年度报告。

在报告的前面，公司董事还做了重要提示。提示及报告框架见例文2。

本公司董事会及其董事保证本报告所载资料不存在任何虚假记载、误导性陈述或者重大遗漏，并对其内容的真实性、准确性和完整性承担个别及连带责任。

董事陈功先生、安华女士、张小同先生未出席审议本年度报告的董事会会议。

公司负责人董事长王进先生、主管会计工作负责人副总经理兼财务总监李宇先生、会计机构负责人计财部经理王川先生声明：保证年度报告中财务报告的真实、完整。

恒康药业股份有限公司2022年年度报告（框架）

一、公司基本情况简介

二、会计数据和业务数据摘要（年度经营业绩，近三年会计数据和财务指标，股东权益变动情况）

三、股本变动及股东情况（公司股本变动情况，股票发行与上市情况，股东情况介绍）

四、董事、监事、高级管理人员和员工情况（董事、监事、高级管理人员基本情况，董事、监事、高级管理人员年度报酬情况，期内董事、监事、高级管理人员的新聘、解聘及离任情况，公司员工情况）

五、公司治理机构（公司治理情况，独立董事履行职责情况，公司业务、人员、资产、机构、财务独立情况，高级管理人员的考评及激励机制）

六、股东大会情况简介（2021年股东大会，2022年临时股东大会，选举、更换公司董事和监事情况）

七、董事会报告（期内经营情况，公司投资情况，公司财务状况，环境、政策、法规变化对生产的影响，新年度经营计划，董事会日常工作）

八、监事会报告（期内会议情况，公司依法运作情况，检查公司财务状况，募集资金投入承诺项目使用情况等）

九、重要事项（重大关联交易事项，重大合同履行情况等）

十、财务报告（审计报告、会计报表等）

十一、备查文件目录

【评析】

该年度报告是一份很正式、很严肃的商务报告，涉及的项目很齐全，该向股东汇报的内容都清楚可见。报告前做了"重要提示"的声明，保证内容的真实性。报告前面列出11项目录，方便读者查阅某一项内容。年度报告不用引言，也不用结语。整个报告以小五号宋体字打印，共计80页，内容极为丰富，但文字陈述只占20页，数据表格占52页，图片、图表和流程图占8页。可以看出，报告的绝大部分内容，也就是公司的业绩、情况，不是用文字描述的，而是用真实的数据呈现的，这一方面增加了内容的可信度，另一方面使所汇报的内容更直观、更清晰，让人一目了然。

任务实施

一、环境要求

可选择模拟办公室或多媒体教室等场所进行，备好纸、笔，配备计算机、投影仪等设备，最好每名学生都有条件进行上机写作。

二、实施步骤

第一步，通过网络查找商务报告写作的相关材料。

第二步，分组讨论恒达集团总公司江苏分公司筹备小组商务报告写作的内容要点，主要包括：

（1）筹备工作中奉行的指导精神。

（2）分公司营销总部的选址地点、租金情况、选址依据。

（3）企业部及仓储地的选址地点、租金情况、选址依据。

（4）筹备工作中存在的问题及成因、解决的方法。

第三步，每人执笔或上机，写作《关于江苏分公司筹备工作进展状况的报告》初稿。

第四步，不同小组组员间相互修改并签名。

第五步，上交后选取学生习作在多媒体上展示，师生共同点评。

拓展训练

训练一

天山漂染有限公司是天山纺织集团公司下属的一家分公司，2022年9月底，漂染公司经理李浩准备到集团公司总部汇报第三季度工作情况，行政助理张文受命起草了工作报告，请讨论该报告存在的问题并进行修改。

天山漂染有限公司2022年第三季度工作报告

我公司现有职工389人，2022年产量1 756万米，上缴税利2 577万元，平均每个职工为国家提供税利6.24万元，是本省纺织系统创造纯收入水平较高的企业。今年9月以来，完成情况与去年同期相比，产值增长3.2%，产量增长4.2%，上缴税利增长13.6%，取得了增收大于增产的优异成绩。

今年年初，我公司全面分析了生产上存在的不平衡情况，看到退浆、染色、整理三个工序的设备能力是两头小中间大，解决增产的关键在于提高退浆和整理两道工序的生产能力。方向明确后，我们对这两道工序就抓得很紧。

为了多出口、多创汇、多增利，我们密切与外贸部门联系，了解国外市场的需要，积极增产利润水平高、在国际市场畅销的中华牌中长纤维产品，今年计划生产500万米，比去年增加两倍以上。1~9月已完成385万米，预计全年可增加利润42万元。

同时，我们也十分重视内销市场的变化。今年在青年中流行"米黄热"，市场需求大增，我们及时改变产品结构，生产出大量米黄色布料，满足了市场需求。仅这个产品，1~9月就增加利润136万元。

在生产计划的安排上也动了许多脑筋，如适当调节车速，使前后供需环环扣紧。如整理机的车速，从原来1分钟35转加速至40转，提高了整理工序的生产能力。

我公司在降低成本上也积极想办法，确定了节约染料成本5%的奋斗目标，在保证产品质量的前提下，采取以国产染料代替进口染料，以低价染料代替高价染料的方式，取得较好的效果。如对颜色染料的配方就做了三次修改，从开始用每公斤 78 元的进口染料，改用每公斤 48 元的国产染料。通过不断改进配方，使今年的染料成本，从去年每百米 26.70 元降为 24.52 元，降低了 8.2%，预计全年可节约染料成本达 60 多万元。

我公司还积极争取财政部门、银行部门的支持。今年贷款 108 万元，增添烘干机和退浆车各一台，现在都已投入生产，每月增产中长纤维 15 万米，年内预计可增加利润 82 万元。

目前，公司领导和群众都积极表示，要再接再厉，借经济发展的良好势头，积极生产、勇于革新，全年争取上缴税利 2 900 万元，实现平均每个职工年纯收入 9.5 万元。

训练二

制作折线图、柱状图。

飞跃汽车生产公司 2016～2022 年汽车的销售量依次是 2 000、3 000、3 500、4 500、4 000、4 500、5 000 辆，请根据这些数据绘制一张折线图、一张柱状图。

训练三

制作饼状图。

海仓公司的生产总成本是 6 000 万元，其中：原材料成本是 2 800 万元；劳动力成本是 1 200 万元；生产管理费用是 1 500 万元；办公费用是 500 万元。请把这些数字转换成角度，绘制一张完整的饼状图。

训练四

绘制流程图。

非凡公司将产品的开发销售过程总结为七个环节，它们是：①确定产品品种；②开发产品；③制造产品原型；④原型产品在市场试销；⑤反馈改良；⑥大规模生产；⑦做适应性调整。请将创建产品的整个过程用计算机绘成流程图。

项目六　备忘录

学习目标

1. 了解备忘录的含义、特点、分类和作用。
2. 掌握备忘录的写法和写作要求。
3. 能根据任务要求，规范地拟写和修改备忘录。

情境任务

恒博公司为了丰富员工的业余生活，决定举办一次"电影之夜"活动，该公司宣传部秘书李晓需要起草一份备忘录，张贴在宣传栏里，邀请公司所有的员工参加，要求在备忘录里写清楚电影之夜举办的时间、地点，而且还要恳请大家对如何开展好这次"电影之夜"活动提出好的建议和设想。

要求：请根据以上情境，拟写一份备忘录。

任务分析

该任务是机构内部工作备忘录的写作。要完成此任务，需要了解备忘录的含义、特点，熟悉备忘录的类型，掌握备忘录的结构写法与格式要求。在完成任务的同时，注意养成细致入微的工作态度。

学习指引

备忘录

知识点

备忘录是记录有关公务活动或事务，以备忘和提醒的一种事务性文书。

备忘录主要用来提醒、督促对方，就某个问题提出自己的意见和看法，在业务上一般用来补充正式文件的不足。它也是非正式的外交文件，在对外交涉中经常用到这一文种。

一、备忘录的特点

1. 事务性

备忘录记录的事项有两类：一类是记录发生过的事实真相，如谈判中双方表达的承诺、一致或不一致的意见等；另一类是提前记下的计划办理的事项，如上级发给下级的工作要点备忘录。

2. 简明扼要

备忘录应使用最简洁的语言，写清何时、何地、应做何事、怎样做等，以使人明白、不产生歧义为要旨。如果是提出意见或看法，也应简明扼要地写出主要看法，不进行阐述。

3. 形式灵活

备忘录的形式不拘一格。在一些商务机构内部，有时会自行规定某种格式，或采用装订成册的形式，以方便沟通和管理。

二、备忘录的分类

备忘录按性质可分为协议类备忘录、非协议类备忘录。

备忘录按内容可分为外交类备忘录、商务合作类备忘录、技术转让类备忘录、提示类备忘录、补充类备忘录等。

备忘录按范围可分为机构之间备忘录、机构内部备忘录。

备忘录按形式可分为工作备忘录、谅解备忘录、合作备忘录等。

> **技能点**

一、备忘录的结构和写法

备忘录的结构一般由其类型决定，具体如下：

1. 标题

（1）直接写文种名称，即"备忘录"。

（2）单位名称+文种，如"大华电器设备有限公司备忘录"。

（3）单位名称+事由+文种，如"天意电器设备公司与丰茂集团公司合作开发机电产品会谈备忘录"。

2. 机构内部工作备忘录的结构：文头+正文

（1）文头包括以下几部分：

1）发给或致：填写受文者姓名。

2）发自或自：填写发文者姓名。

3）日期：填写备忘录发出的日期。

4）抄送：填写需要知道该信息的人员姓名（根据需要）。

5）编号：可有可无。

6）主题：简明扼要地说明备忘录的主题思想。

> **注意事项**
>
> 许多企业制作了备忘录信笺，使用者只要逐项填写即可。

（2）正文。直截了当写清要办的事，如果内容多，可分条写。

3. 机构之间商务谈判备忘录正文结构

（1）导言。记录谈判的基本情况，包括：双方单位名称、谈判代表姓名、会谈时间、地点、会谈项目等。

（2）主体。记录双方的谈判情况，包括：讨论的事项、一致或不一致的意见、观点和做出的有关承诺。通常采用分条列项式记录。

（3）结尾。多数不另写结尾。

（4）落款。各方谈判的代表签字、标明时间。

二、备忘录的写作要求

1. 责任明确

事务的交办者、承办者和事项一定要写清楚，以明确责任和按时完成。备忘录是用于完成当前工作的，一项工作的延误有可能直接影响后续的工作，所以交代工作时必须明确，并便于检查核实。

2. 不用敬语

机构内部工作备忘录通常不用书信结尾的致敬语，又因为前面已经写明发文者，故结尾也不需要署名。

范例评析

例文 1

备 忘 录

发给：初萌——秘书
发自：施林——行政部经理
日期：2022 年 1 月 10 日
主题：总经理来京行程安排

总经理将于 2022 年 1 月 12 日星期三到达北京，并将于 1 月 14 日下午离开，返回杭州。希望你安排一下总经理在北京期间的行程，并经我确认后发到杭州办公室。

【评析】

这是一则企业内部计划式备忘录。正文首部写收、发对象，时间和内容提要，主体部分内容是上司对下级近期工作的提示。

这种企业自印的工作计划备忘录稿笺，使用时只要填上受文者、发文者和正文内容即可，很方便。

例文 2

龙湖公司与××公司会谈备忘录

中国龙湖公司（简称甲方）与×国××公司（简称乙方）的代表，于 2022 年 10 月 15 日在××市甲方总部就兴办合资项目进行了初步协商，双方交换了意见，并做出有关承诺。为便于将来继续洽谈，形成备忘条款如下：

一、依据双方的交谈，乙方同意就合资经营××项目进行投资，投资金额大约为×××万美元。投资方式待进一步磋商。甲方用厂房、场地、机器设备作为投资，其作价原则和办法，亦待进一步协商。

二、关于利润分配的原则，没有取得一致意见。乙方认为自己的投入既有资金，又有技术，应该占 60%～70%，甲方则认为应该按投资比例分成。乙方代表表示，利润分配比例愿意考虑甲方的意见，希望另定时间协商确定。

三、合资项目生产的××产品，乙方承诺在国际市场上销售产量的 45%，甲方希望乙方将销售额提高到 70%～75%，其余的在中国市场上销售。

四、工厂的规模、合资年限及其他有关事项，尚未详细讨论，双方都认为待第二项内容向各自的上级汇报确定后，再商议。

五、这次洽谈虽未能解决主要问题，但双方都表达了合作的愿望。期望在今后的两个月内再行接触，以便进一步协商洽谈合作事宜。再次洽谈的具体时间待双方磋商后再定。

中国龙湖公司　　　　　　　　　　　×国××公司
代表×××（签章）：　　　　　　　代表×××（签章）：
　　　　　　　　　　　　　　　　　　　　2022 年 10 月 15 日

【评析】

这是一篇商务谈判备忘录。正文导言简介了谈判的基本情况和写作本文的目的；主体部分分条列项记录了会谈中的一致或不一致的意见和愿望，内容实在、具体，可为下一次双方继续谈判起提示作用，或者提供基础平台。全文语言朴实、格式规范，颇能体现交往备忘录的特点。

任务实施

一、环境要求

可选择模拟办公室或多媒体教室等场所进行，备好纸、笔，配备计算机、投影仪等设备，最好每名学生都有条件进行上机写作。

二、实施步骤

第一步，分组讨论恒博公司备忘录写作的内容要点，主要包括：
（1）文头部分确定受文者、发文者、发出日期、主题的提炼。
（2）正文部分明确"电影之夜"举办的时间、地点、对参加人员的相关要求。
第二步，每人执笔或上机，写作备忘录初稿。
第三步，不同小组组员间相互修改并签名。
第四步，上交后选取学生习作在多媒体上展示，师生共同点评。

拓展训练

训练一

张明是公司市场部副经理，他有一个同事将于下周离职并出国深造，部门经理决定在该同事离职之前为他举办一场欢送会，届时邀请本部门所有同事参加。张明受命负责起草一份备忘录，请分析该备忘录存在的问题并进行修改。

备 忘 录

发给：部门经理
发自：张明
日期：2022年10月8日
主题：同事离职

本部门一同事将于下周离职，部门经理决定于本周五下午在悦丰酒店为他举办欢送会，届时邀请本部门所有同事参加。

训练二

2022年3月1日一上班，经理牛矫健就让助理孔淇赶快给天湖公司发一份传真，将本公司关于合资项目利润分配原则的最新意见告知对方，征求对方的看法。请你代牛经理写一份备忘录。

训练三

兴盛公司副总经理定于2022年5月10日～12日来光明公司访问并洽谈技术合作事宜，行政经理苏明给秘书田苗发备忘录，请她按公司要求草拟接待方案并交回确认。

项目七　商务短信

学习目标

1. 了解介绍信、证明信的含义、特点、分类和作用。
2. 掌握介绍信、证明信的写法和写作要求。
3. 能根据任务要求，规范地拟写和修改介绍信、证明信。

情境任务

上海国际会展中心将于近日举办一次大型会展活动，中创集团决定派业务副总王子渔前去学习取经，秘书小陈要为王副总分别准备一封介绍信和证明信。

要求：请根据以上情境，拟写介绍信、证明信。

任务分析

企业对外联系时，常需要出具书面信息说明身份等，虽然这类文书字数不多，但具有相当的严肃性，需要认真书写。要完成此任务，需要了解需要被介绍、被证明的人或事的缘由，掌握各类介绍信、证明信的结构写法，熟悉书信的格式。商务短信的写作要体现严谨、求实的职业精神。

学习指引

介 绍 信

知识点

介绍信是企业用来介绍所派遣人员的姓名、职务等有关身份和说明接洽任务事项的专用书信。

企业人员出差办事、出席会议、商洽公务等都需要使用介绍信。持介绍信的人能够凭此信代表企业与有关单位或个人联系，所以，介绍信具有介绍和证明双重作用，要严肃对待。

技能点

一、专用介绍信

专用介绍信是企业专门印制、装订成本并编有序号的介绍信。一般有两联，一联是存根；另一联是外出使用的介绍信本文，正中有虚线孔的间缝，使用时按照编号顺序填写。这种介绍信是需要留有存根时才使用的。专用介绍信见范例评析中的例文1。

1. 介绍信存根部分

内容一般包括标题、编号、持介绍信者姓名、人数、前往何处、联系何事，以及日期几项，存根是供本企业在必要时查考用的。

2. 介绍信本文部分

内容一般包括标题、编号、联系单位或联系人、持介绍信者姓名、职务、人数、联系何事或有何要求、祝颂语、署名、日期、公章等。如有必要，可以注明有效期限。

> **注意事项**
> ◆ 介绍信应该填写持信者的真实姓名、职务等身份信息，不得冒名顶替。
> ◆ 接洽事宜要写得简明扼要，语言严谨规范，无关的事项不要写。
> ◆ 书写工整、不得涂改。
> ◆ 介绍信的存根和本文部分的内容要完全一致，并加盖骑缝章。
> ◆ 需要时，开具的介绍信要经企业有关负责人过目或在存根上签字，以示慎重。

二、普通介绍信

普通介绍信与专用介绍信的内容基本相同，只是不带存根，也不需要编号，用在企业一般性工作的接洽联络上，具体可参见例文 2。

三、书写介绍信

书写介绍信是为了向某人介绍第三者或说明某种情况，而用企业的信笺单独给对方书写的信函。这类介绍信和上述两种介绍信不同，每一封都有其特定的目的和内容。写作要求与商务信函相似，要介绍清楚所介绍的人，叙述清楚所说的事，用语委婉、语气亲切、用词得体，还必须使用信封递送。在商务工作中需要比较详细地介绍某人时常使用这种介绍信，具体可参见例文 3。

范例评析

例文 1

云桥电梯有限公司专用介绍信（存根）
（＿＿字第＿＿号）

＿＿＿＿＿＿＿等人前往＿＿＿＿＿＿＿联系＿＿＿＿＿＿＿＿＿＿＿＿。

　　　　　　　　　　　　　　　　　　　　　　　　　年　　月　　日

┄┄┄┄┄┄┄┄┄┄┄字第　　号（盖章）┄┄┄┄┄┄┄┄┄┄┄

云桥电梯有限公司专用介绍信
（＿＿字第＿＿号）

＿＿＿＿＿＿＿：

　　兹介绍＿＿＿＿＿＿＿等＿＿＿＿＿位同志（系我公司＿＿＿＿＿＿）前往贵处联系＿＿＿＿＿＿＿＿＿＿＿＿＿＿＿＿＿＿＿，敬请接洽并予以大力支持。

　　此致

敬礼！

　　　　　　　　　　　　　　　　　　　　　云桥电梯有限公司（盖章）
　　　　　　　　　　　　　　　　　　　　　　　年　　月　　日

【评析】

　　这是企业专门印制、装订成本并编有序号的专用介绍信。虚线以上是留底的存根，虚线以下是外出使用的介绍信本文。使用时按照编号顺序，将相关内容填写在空白处、加盖印章，并沿虚线撕下。

例文 2

云桥电梯有限公司介绍信

_____：

　　兹介绍_____等_____位同志（系我公司_____）前往贵处联系_____，敬请接洽并予以大力支持。

　　此致

敬礼！

云桥电梯有限公司（盖章）
年　　月　　日

【评析】

　　这是一封企业普通介绍信，常用在一般性工作的接洽联系上，内容与专用介绍信基本相同，只是不带存根，不需编号。

　　银象地板有限公司联系西南地区分销商的业务员李敏霞因产假休息，安排程楚方先生接替。为此，公司人力资源部经理特别给西南地区分销公司吴经理写了介绍信，告知人事变动。

例文 3

尊敬的吴经理：

　　您好！

　　由于与贵地区分销商联系的业务员李敏霞准备休产假一年，特向您介绍接替李敏霞的程楚方先生。

　　程楚方先生在商科大学毕业后，在我公司销售部已经工作两年，曾参与过三次公司销售策划方案的制订和实施，有较强的工作能力。程楚方先生为人直爽、乐于助人，又是四川人，相信由他担任西南地区的业务员一定会与各分销商搞好关系，取得更出色的业绩。

　　程楚方先生将于下月5号拜访贵公司，烦您接洽，并能向各位分销商介绍。

　　若还需何信息，望来函。

　　顺颂

商祺！

左树堂
人力资源部经理
2022 年 6 月 25 日

【评析】

　　这是一封向合作方具体介绍接洽工作人员的书写介绍信，写作原因与目的明确，介绍内容紧紧围绕工作，清楚明了，语言得体，语气亲切。

证 明 信

知识点

证明信是以企业或个人名义，凭着确凿的证据证明某人的身份、经历、收入，或者证明有关事项，或者证明代理的权限范围的专用文书，有的称作证明书，有的称作委托书。证明信的内容一定要真实、可靠。出具的证明信具有法律效力。

所有这类证明信（证明书、委托书）的写作都要持慎重态度，内容简短干脆，用词用语要严谨、准确，认真推敲，不致产生理解上的偏差和歧义。有些证明书、委托书已经有比较规范的结构，需要时只要套用即可。

技能点

一、法定代表人身份证明书

法定代表人是指依照法律或法人组织章程规定，代表法人行使职权的负责人，通常是法人单位的正职负责人。法定代表人的行为就是法人行为，他可以直接代表法人对外签订合同、在法院起诉和应诉、处理其他的法律事务。他在自身的权限范围内所为的一切活动，其法律后果由法人承担，见例文4。

1. 标题

写"法定代表人身份证明书"或"证明"等字样。

2. 正文

正文写明姓名、性别、年龄、职务、法定代表人身份。

结束语另起一行空两格书写"特此证明"，后面不加标点符号。

3. 落款

单位署名、加盖公章、成文日期。

4. 附注

有时为便于对方联系确认，需附上地址、电话等信息。

二、委托书

委托书是指当事人把代理权授予委托代理人的证明文书。授权委托书有多种类型，例如，在法律工作中有民事诉讼代理的授权委托书、民事代理的授权委托书。在企业经营中，最常用到的是法定代表人的授权委托书和商务活动的授权委托书。

1. 法定代表人授权委托书

法定代表人授权委托书是企业法定代表人因事不能亲自为某种行为时，可以通过授权委托方式，指派他人去办理。这时，就需要制作法定代表人的授权委托书，被委托人在授权范围内进行活动，对委托人直接产生法律效力，见例文5。

（1）标题。写明"委托书"或"授权委托书"。

（2）正文。写明被委托人姓名、性别、年龄、工作单位、职务等基本情况，授权的范围和逐项内容。结语要写明委托书的有效期限。

（3）落款。除单位署名、公章、日期外，法定代表人应亲笔签名。

2. 商务活动委托书

企业在商务活动中所确定的某项工作、某阶段工作，可以通过授权委托方式，指派某人办理，这时就要制作该商务活动的委托书，见例文6。

（1）标题。写明"委托书"或"授权委托书"。

（2）正文。写明被委托人的身份、委托的事项、委托的权限范围、委托的期限等。

（3）落款。单位署名、加盖公章、成文日期。

三、身份情况证明信

身份情况证明信是有权出具证明的单位或个人对某人的身份、经历、收入、纳税、房产以及有关事件等真实情况所做的书面证明。这些证明信可归档，长期保存，见例文7。

（1）标题。可用"证明信"三个字，也可用"证明"两个字。

（2）称谓。写明需要该证明信的单位名称。

（3）正文。针对对方所要求的要点写明被证明的事项。如证明某一事件，要写清参与者的姓名、身份、在此事件中的地位、作用和事件本身的因果关系。

结尾注明"特此证明"四个字。

（4）落款。写清楚证明单位的全称或证明人个人的名字并盖章，下面注明证明的日期。

注意事项

◆ 出具身份情况证明信要严肃认真，因为这类证明信有时要作为结论的依据使用，所以一定要对被证明的人或事有清楚的了解才可以书写。

◆ 写作要实事求是，言之有据，不夸张、想象、推理，不模棱两可、含糊其辞，字迹清晰，没有涂改。

◆ 若有涂改，必须在涂改处盖章。

范例评析

例文 4

法定代表人身份证明书

李志强，男，48岁，在我公司任董事长兼总经理职务，是我公司的法定代表人。

特此证明

飞扬服装设计有限公司（印章）
2022 年 3 月 9 日

附：

法定代表人住址：天源市和平区兴旺街 5 号

电话：32563456

【评析】

这是一份法定代表人身份证明书，姓名、性别、年龄、职务及有关附属信息介绍清楚明了，行文简洁。

例文 5

委 托 书

我作为正大科技有限公司的法定代表,委派王振中先生(男,38岁,系我公司项目部经理)代表本企业为"正大、华欣合作开发财务软件项目"的代理人,其权限如下:

一、负责与华欣电脑有限公司的业务谈判。

二、负责与华欣电脑有限公司的合同签订。

三、代为承认或放弃与华欣电脑有限公司的合作关系。

本委托书有效期自 2022 年 6 月 1 日至 2022 年 12 月 31 日。

委托单位:正大科技有限公司(盖章)
法人代表:杨正华(签字)
2022 年 5 月 21 日

【评析】

这是一份法定代表人授权委托书,正文部分介绍了被委托人的信息、授权的范围、期限,落款处除单位印章外,还有授权人的签字。授权范围不止一项,分条来写,清楚明了。

例文 6

委 托 书

兹委托邹祝凯先生代表本公司(杭州蓝天广告有限公司)与本企业在广东的各客户单位取得联络,为各客户提供咨询服务、信息传递、协议签署事宜。

本委托书有效期自 2022 年 7 月 1 日至 2023 年 6 月 30 日。

望邹祝凯先生的工作能够得到在粤客户的大力支持。

杭州蓝天广告有限公司(盖章)
2022 年 6 月 25 日

【评析】

这是一份商务活动的授权委托书,呈送对象是在粤客户单位。委托的事项和权限范围写得很明确,只三项,超越这三项的职能均不在委托范畴,注意不要用"等"字含糊其范围。委托有效期起止日期也写得很明确,注意不要只写到月。授权单位署名并盖章,表示委托生效。商务活动的授权委托书的接收对象多是商务伙伴,所以可以写一句加强情感联络的结束语。

例文 7

证 明

丰泰商贸有限公司:

2022 年 8 月 10 日来信收悉,根据信中要求,现将何平同志情况介绍如下:

何平同志于 2019 年 9 月至 2022 年 7 月在我院工商管理系市场营销专业学习。该同志在校学习期间品学兼优,2019—2022 年连续三年被评为校级三好学生,2022 年被评为市级优秀毕业生。

特此证明

南方职业技术学院(印章)
2022 年 8 月 15 日

【评析】

这是一份组织出具的证明。正文首先交代了出具证明的依据，然后用过渡语转入证明材料，清晰说明了被证明人的学习时间、所学专业、所获荣誉。全文除建立在事实基础之上的主观性评价"该同志在校学习期间品学兼优"一句外，均用客观事实证明，主观评价与客观事实相得益彰，具体、实在。

任务实施

一、环境要求

可选择模拟办公室或多媒体教室等场所进行，备好纸、笔，配备计算机、投影仪等设备，最好每名学生配备一台计算机进行上机写作。

二、实施步骤

第一步，分组讨论介绍信、证明信写作的内容要点，主要包括。
（1）明确介绍信、证明信的收信方与发信方。
（2）明确持介绍信者姓名、职务、联系事项及要求。
（3）明确持证明信者姓名、性别、身份。
第二步，每人执笔或上机，写作介绍信、证明信初稿。
第三步，不同小组组员间相互修改并签名。
第四步，上交后选取学生习作在多媒体上展示，师生共同点评。

拓展训练

训练一

马涛最近从中伟电脑有限公司跳槽到兴业电脑有限公司任职，兴业电脑有限公司致函中伟电脑有限公司，请中伟电脑有限公司出具马涛在该公司的任职经历及表现证明。下面是中伟电脑有限公司出具的证明，请分析该证明信存在的问题并进行修改。

证 明 信

兴业电脑有限公司：
　　贵公司销售部经理马涛同志，男，26岁，研究生学历，未婚，原系我公司销售部经理。他在我公司期间，工作积极，有开拓创新精神，密切关注市场动态，给我公司创造了良好的经济效益。
　　特此证明。

中伟电脑有限公司
2022年8月4日

训练二

向你的合作伙伴卓越信息有限公司的行政经理赵希泉先生介绍你熟悉的一位同事或同学到该公司应聘秘书工作。

> **训练三**
>
> 杭州丽都广告有限公司委托张起华女士代表本公司与上海的各客户单位取得联络，并为客户提供信息咨询、售后服务事宜。请代杭州丽都广告有限公司起草一份委托书。

> **训练四**
>
> 南方职业学院张老师带10名商务英语专业的实习学生去广州交易会担任翻译工作，行前到学院教务处开具介绍信。请你替教务处拟写一份专用介绍信。

商务管理与事务文书综合实训

一、实训目标

要求学生在真实的工作情境下，利用所掌握的理论知识与写作技能，完成相应情境中的写作任务，旨在全面锻炼和提高学生的商务管理与事务文书写作的综合能力。

二、情境任务

（1）恒盛玩具制造有限公司是专业从事毛绒玩具设计、生产、销售的企业，公司生产加工的玩具产品以新颖独特的造型设计和良好的质量赢得了广大客商的一致好评。一直以来，公司都与家乐福、沃尔玛、新大新、友谊商场等知名超市、商场建立了良好的合作伙伴关系。

2022某国际马拉松赛吉祥物形象发布后，该公司抓住赛事吉祥物面向社会公开招标的机遇，积极竞标，参与国内外竞争，并成功获得该国际马拉松赛吉祥物的生产权与销售权。

面临市场的竞争和挑战，该公司始终一如既往地以质量为本、信誉为魂、精益求精、开拓创新为己任，为达到双赢目标愿与所有合作伙伴一起进步，携手并肩，共创辉煌。

2022年年底，恒盛公司取得了令人瞩目的成果，除在当地各大商场设立吉祥物销售专柜外，还在全国设立100平方米以上零售连锁网络门店50家。公司坚持"纳贤、守信、勤奋、俭朴"的经营理念，奉行"资本＝责任，业绩＝财富"的价值理念，努力打造"诚信恒盛"的企业核心竞争力，诚信经营，不断创新，着力打造"恒盛"品牌，先后被评为"×省重合同守信用单位""×省十佳公益形象示范单位""×市先进基层党组织"。公司总裁李民被评为"2022年度×市优秀民营企业家"。展望未来，公司将在做好国内业务的同时，加大商品出口贸易，计划在三年内实现创汇300万美元。

请根据以上情境，完成如下写作任务：

1）以该公司销售部名义拟订一份2022年度销售工作计划。

2）假如现在是2022年年底，恒盛玩具制造有限公司总裁要求办公室尽快做好年度工作总结，办公室主任李明要在一周内拿出初稿，代其完成任务。

3）恒盛玩具制造有限公司2022年度总结表彰大会即将召开，请你为公司总裁李民拟定一份主题报告。

（2）因业务发展需要，恒盛玩具制造有限公司拟在北京设立分公司，经董事会讨论决定，任命刘建担任分公司法人并全权负责分公司的组建工作，公司组建期间需要到工商、税务部门办理工商注册与税务登记手续，需开具法人身份证明信与介绍信，同时递交分公司章程。

分公司成立后，人力资源部以专业功底扎实、实际工作能力强、综合素质高为主要条件招聘文员，张欣荣顺利通过了面试、笔试。上班后，部门经理刘力发给他一份备忘录，期待他在三个月内建立一套规范化、科学化的办公室管理文书工作等方面的制度，为新公司建立相应的工作规范。

请根据以上情境，完成如下写作任务：
1）完成证明信、介绍信的写作。
2）对分公司的章程内容进行讨论并拟写分公司章程。
3）代部门经理写一份备忘录。
4）讨论张欣荣如何开展自己的工作，并代他制作具体文本。

三、任务实施

（一）环境要求

本实训可选择模拟办公室或多媒体教室等场所进行，备好纸、笔，配备计算机、投影仪等设备，最好每名学生均有条件进行上机写作。

（二）实施步骤

第一步，分小组讨论各项写作任务的内容要点。

第二步，小组内分工合作，一人完成一部分内容，具体由组长根据讨论结果安排每位组员的写作任务。

第三步，每人执笔或上机，完成任务初稿。

第四步，各小组就本组的各项任务初稿进行讨论并修改。

第五步，以小组为单位上交。

考核评价

按作文质量评定每组每项写作任务的成绩。

优	各项任务写作格式正确，结构完整，内容明确具体，主题突出，条理清楚，文字通顺，标点符号使用正确，在规定时限内快速完成，打印装订与展示规范美观，完全符合要求
良	格式正确，结构完整，内容具体，主题明确，条理清楚，文字通顺，及时完成，打印规范
中	格式基本正确，结构基本完备，内容具体，条理清楚，按时完成，打印规范
及格	格式基本正确，结构基本完备，内容基本符合要求，按时完成，打印规范
不及格	格式不正确，结构不完整，内容不符合要求，不能按时完成，没有打印

模块测试一

模块二 商务函电

模块要点

本模块由 11 个项目组成，内容涉及首次联系函、推销信、询问信、报价信、还价信、订购信、接受订购信、索赔信、理赔信、催款信、致歉信、婉拒信、商务传真、电子邮件。通过项目训练，旨在使学生了解各种常用商务函电的含义与作用，掌握其写作格式、结构与写作要求，能够结合工作任务撰写规范的常用商务函电。培养学生实事求是、严谨认真的工作态度，商务业务沟通能力和团队协作精神。培养学生数字化、表格化、规范化的工作习惯，使学生逐步具备组织管理者的宏观意识。

➢ **重点**
- 首次联系函的结构和写法。
- 推销信的结构和写法。
- 询问信的结构和写法。
- 报价信、还价信的结构和写法。
- 订购信、接受订购信的结构和写法。
- 索赔信、理赔信的结构和写法。
- 催款信的结构和写法。
- 致歉信的结构和写法。
- 婉拒信的结构和写法。
- 商务传真的结构和写法。
- 电子邮件的结构和写法。

➢ **难点**
- 处理日常事务的联系函写作。
- 推销信写作的 AIDA 公式。
- 询问信中如何写明询问事项。
- 报价信与还价信写作侧重的区分。
- 索赔信、理赔信的写作要求。
- 不同阶段发出的催款信的写作要求。
- 致歉信的内容与结构。
- 代表企业对外发送的商务传真的正规结构。
- 电子邮件体的书写。
- 本模块中各文种的病文析改。

商务函电概述

一、商务函电的定义

商务函电是指在日常的商务往来中，用来传递信息、联络沟通以及处理商务事宜的信函、电讯文书。商务函电是开展对外经济贸易业务和有关商务活动的重要工具，是国际商务往来中使用最广泛的联系方式。

二、商务函电的特点

（一）地位作用中心化

随着世界经济一体化步伐的加快，国际商务合作日益加强。在当今世界贸易蓬勃发展之际，商务函电是国际商业交往中必不可少的手段，对外贸易的各个环节大多通过函电进行。从建立业务关系到达成交易、执行合同，以及执行合同过程中的纠纷等，大都需要通过函电解决。因此，现代国际贸易又被称为"单据贸易"。在国际贸易的操作实务中，贸易各环节所有的交往函电都构成重要的法律依据。特别是当产生贸易纠纷时，它有可能左右纠纷解决的结果。国际贸易越来越依赖于单据交换的过程，商务函电的中心化作用也日渐明显。

（二）传输方式电子化

随着网络信息技术和多媒体技术的发展，信函在商业交往中不再占主导地位，取而代之的是传真、电子邮件等更为迅速、方便、经济的通信手段，但从信息内容和形式来看，传真、电子邮件的基本格式、表达方式和内容与传统信函没有很大的差别。可以说，传真和电子邮件是一封用电子、网络技术投递的信函。特别是随着电子商务方式的发展，进出口商可在网上轻轻松松地发广告、报价格、下订单、签合同、结货款等。据在外贸行业工作的人员介绍，目前的商务交流 98% 使用的是 E-mail，有时候会采用电话方式。

（三）书写格式国际化

商务函电写作格式有多种风格，有专业式、简洁式和庄重式。随着贸易双方业务联系的增多与贸易关系的加强，国际交往中使用商务函电日益频繁，所以，一般要采用国际通用的商贸信函格式。

（四）语言风格简洁化

一方面，商务函电为了简洁明了、便于阅读，省去了那些客套、多余的话语而直接指向磋商主题；另一方面，电子数据交换、电报等专用语及短句的使用，都使商务函电语言风格简洁化。

三、商务函电的分类

商务函电按其书面形式分为两种：

（1）商务信函，即以书面形式传递的信息。商务信函按发函缘由分为建立关系函、商品推销函、询价报价函、发货催货函、付款索款函、索赔理赔函，按形态分为公函式商函、普通式商函，按行文关系分为致函、复函。

（2）商务电函，即以电文形式传递的信息，包括传真、电子邮件及电报。

四、商务函电的写作要求

商务函电写作主要掌握 7C 原则：

1. 正确（Correctness）

表达的用词用语及标点符号应正确无误。因为商务函电的内容大多涉及商业交往中双方的权利、义务及利害关系，如果出错势必会造成不必要的麻烦。

（1）内容要正确。涉及权利、义务、利害关系，必须正确贯彻上级的意图，尤其是产品价格、名称、规格、编号、数量等信息。

（2）观点要正确。商务函电中的观点要有道理、有依据，不能强词夺理。比如你认为对方的货物质量不好，要求赔偿损失，在质量问题上就应拿出国家或地区权威性的质量检验机关的检验证明，并指出根据合同或有关的法律条款，提出退货或赔偿的要求。

（3）文字表达要正确。商务函电既要沟通交流又要联系感情，所以要选择恰当的表达方法和词语，专业术语要符合国际规范，标点符号要准确无误。

2. 清楚（Clearness）

首先，下笔前必须明确发文的目的，例如，这封信函是询问对方的报价，还是催促对方还款；其次，写作时遵循一文一事的写作要求；最后，商务函电中所有的词句都应能够非常清晰明确地表达发信者真实的意图，避免双重意义的表述或模棱两可、似是而非的含义。

3. 具体（Concreteness）

内容具体明确。商务函电是用来联络事情，进行商务交往的，因此，要将希望对方做的事宜表达清楚，即表达清楚要做什么、要求是什么，尤其是要求对方答复或者对以后的交往产生影响的函电更要注意。

4. 完整（Completeness）

商务函电应完整表达所要表达的内容和意思，何人、何时、何地、何事、何种原因、何种方式等。一封完整的函电，可以避免由于遗漏重要情况（情报）所导致的诉讼。

一封函电写得是否完整，建议用五个"W"来检验：Who、What、Where、When 及 Why（包括 How）。

例如，在订购信中，必须明确说明："需要什么商品"（what do you want）、"何时需要"（when do you need）、"货物发到何地何人收"（whom and where the goods will be sent to）、"如何付款"（how to pay）。

5. 简洁（Conciseness）

在商务往来中，双方大多不愿意花太多的时间看冗长拖沓的信函，所以，写信者应在无损礼貌的前提下，用尽可能少的文字清楚表达真实的意思。

6. 礼貌（Courtesy）

"见信如面"，礼貌是商务函电写作的基本要求。态度诚恳亲切、措辞妥帖得体、语调平和客气的函电可以表现出良好的企业形象和个人修养。另外，在商务交往中肯定会发生意见分歧，但礼貌和沟通能够化解分歧而不影响双方的良好关系，最重要的礼貌是及时回复对方。

7. 体谅（Consideration）

"站在对方立场，为对方着想"这是拟写商务函电时一直强调的原则。在起草商务函电时，始终应该以对方的观点来看问题，根据对方的思维方式来表达自己的意思，只有这样，与对方的沟通才会有成效。

五、商务函电的结构

商务函电的结构以商务信函为基础，传真、电子邮件等在写作结构上基本参照商务信函的结构。商务信函的结构要求包括两大方面：

（一）信纸、信封的要求

商务信函的读者在没有阅读信函之前往往就已经对信封，以及展开的信纸留下深刻的印象。信封、信纸的品质、图案的设计、文稿的布局等都体现出发函公司的形象，所以，对信封、信纸的要求不能掉以轻心，否则会大大降低信函的影响力。信纸、信封最好有企业的有关信息，如企业全称、地址、电话号码、传真号码、网址、邮编、企业标识图案等，且平整、清洁。

1. 信封

（1）信封类型。

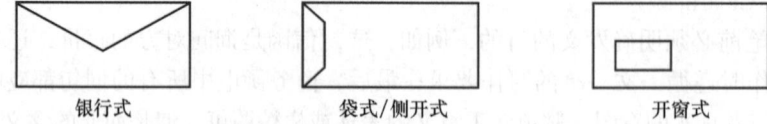

银式　　　　　　袋式/侧开式　　　　　开窗式

（2）信封尺寸。企业使用的横式信封尺寸一般为 110 毫米 ×220 毫米。

（3）信封写法。

横式信封——横排文字，国际信封一律采用横式。

竖式信封——竖排文字，现在一般很少采用。

信封上通常已经印明发信人的地址、邮编等。发信时，信封上的收信人的信息要写清楚，除了写明收信人的邮政编码、详细地址外，还要写清楚收信人的姓名，姓名后通常可写"先生、女士、同志"，用"收、启"作启封词，表示礼貌地请对方拆封。

2. 信纸

（1）信纸的品质。一般使用 18 磅左右的复印纸，也可以用含 25% 棉的高级证券用纸，还可以专门在信纸上设计代表企业文化的浮水印。

（2）信纸的尺寸。国际上通用 A4 纸，即 297 毫米 ×210 毫米的规格，不用 B5 纸。

（3）信纸的颜色。通常用白色或浅淡色，如浅灰、微蓝、淡绿及象牙白等。

（4）信纸的折叠。

1) 三折法——先从信纸的下端往上折到 1/3 处，再从信纸上端下折 1/3，并保持信纸上端高于折叠线 5～6 毫米，方便收信人打开信签时不会倒置。

2) 四折法——先将信纸从下往上对折，再左右对折。

折叠时，折口朝上，装入信封，让收信人打开信即可看到亲切的称谓与问候，也表现出寄信人的谦恭和礼貌。

（二）信函结构的要求

信函的结构包括：

1. 信头

信头是指发信人所在公司的名称和地址，通常是预先印制好的，一般位于信纸的正上方。

内容包括：电话号码、传真和电传号码、信件编号或索引号码、写信日期等。

信件编号主要用于需要存留复件或需要与对方反复回函的信函，便于日后查找发出信函，写法有两种：一种是仿效行政公文发文字号，如"×函〔××××〕72号"；另一种是直接编号，如"第27号"。

2. 信内收信人的姓名、地址

收信人的姓名和地址，通常是在写信日期下面隔两行，位于书信正文的左上方。

3. 标题

用于概括函件的主旨。标题写作要精练准确，使人一目了然，方便归档。

标题主要有两种写法：

① 事由 + 文种，如"关于要求承付复印机货款的函"。

② 事由：直接标写该函的内容，如"事由：085号衬衣发盘"。

4. 称谓

发信人对收信人的称呼用语，自成一行，位于"信内地址"左下方的一、二行处顶格书写。称谓后面用冒号或逗号均可，一般用冒号。如果收信方是单位，就直接写单位全称或部门名称。如果收信方是个人，有两种写法：一种使用泛尊称或不指名尊称，如"尊敬的先生/女士/朋友"或"尊敬的销售部经理"等；另一种在公司名称和对方名称之后加职衔，特别是认识受文者或明确要发给的人时，如"×××百货公司×××经理"。

5. 正文

叙述经贸业务往来联系的实质性问题。要求内容单一、一文一事、文字简明、事实有据、行文注意礼节。正文的基本结构如下：

开头：直截了当、简明扼要地说明发函意图、缘由。如果是复函就要引叙对方来函。

主体：详细陈述具体事项，或针对所要商洽的问题或所联系的事项，阐明自己的意见。

结尾：通常用一两句结尾应酬语礼貌地向收信人表达自己的希望。如"希望上述答复能够满足贵方的要求，并候早复""静候回音""希望速予办理见复""特请贵方惠顾并祈来函询盘""拜托之处，若蒙慨允，将不胜感激之至"。

有的短信不写结尾应酬语。

6. 祝颂语

祝颂语分为祝者自身的"请候语"和收信方的"安好语"两部分。请候语与正文空开两格或另起一行空两格书写，常用的请候语有"谨祝、敬祝、恭祝、敬希、顺颂"等。安好语一定要另起一行顶格书写，表示对对方的尊重，常用语有"商安、金安、商祺"等。

7. 署名

署名是指发信人、书信执笔人或公司代表在书信上签上公司名称或个人名字，通常位于祝颂语下面两行，从中间偏右处开始写，一般占3～4行。第一行是个人签名，要用钢笔；第二行打印自己的名字，用于辨认和复信；第三行打印所属部门的名称及签名人的职称；第四行写公司名称。

如：陈立生（手签）（署名）

　　市场营销部经理

　　可可乐食品有限公司

有时会在个人签名后写上"拜启、敬上、谨复"等启告语。

8. 日期

中文的商务信函通常将写信日期放在署名下方，可以用汉字小写完整书写年、月、日，如"二〇二二年六月二十日"；更常见的是用阿拉伯数字标注，如"2022年6月20日"；还可以使用国际标准简写法，如"2022.06.20"。无论采用哪种写法，都要写齐全年、月、日，以便存档备查。

9. 附件

附件是随函附发的有关材料，如报价单、确认书等，通常要注明附件的名称和件数。位置在落款之前，也可在落款之后，信纸的左下角。如发现内容有漏或有补充说明之事的用附言。

六、商务函电结构示例

杭州腾飞保险公司标准信笺

尊敬的王先生：（称谓）

您好！（问候语）

由香港保险业联合会提出的＿＿＿＿＿＿＿＿＿＿＿＿＿＿＿＿＿＿＿＿＿

＿＿＿＿＿＿＿＿＿＿＿＿＿＿＿＿＿＿＿＿＿＿＿＿＿＿＿＿＿＿＿＿＿＿

希望您能在 4 月 23 日抵达香港。（正文）

有何建议，请不吝赐教。（结尾应酬语）

顺颂

商祺！（祝颂语）

（手签）（署名）
张洪山谨启
副总裁
香港腾飞保险公司
××××年×月×月（日期）

附件：××××

项目一　首次联系函

🡢 学习目标

1. 了解首次联系函的含义。
2. 掌握首次联系函的写法和写作要求。
3. 能根据任务要求，规范地拟写和修改首次联系函。

🡢 情境任务

上海明仁经销店与香港恒丰电子有限公司，就打印机的交易用商函进行业务磋商。上海明仁经销店首先向香港恒丰电子有限公司去函，表明愿意建立合作关系的意图，望得到对方回复。

要求：请根据以上情境，拟写首次联系函。

任务分析

成功的商务运作离不开必要的商务沟通。要成功与潜在客户建立商务关系，首先要诚信为本，通过发送函件表明合作意愿。写作首次联系函：一要明确发函目的；二要构思写作内容；三要正确使用写作格式；四要注意文字表达。

学习指引

知识点

首次联系函是为了与潜在商务伙伴建立商务关系时发出的体现本企业意愿的业务信函，是与新的商务伙伴开展商务业务的首要程序。

适用范围：处理日常事务、生意沟通、告知企业信息、扩大对外联络、介绍推荐人员。

技能点

一、首次联系函的结构和写法

首次联系函一般由称谓、事由（标题）、正文、祝颂语、附件、签署等部分组成。

1. 标题

（1）事由＋文种，如"商务联系函"。

（2）事由：直接标写该函的内容，如"事由：建立业务关系"。

> **注意事项**
> 一般使用有企业标识的信笺用纸质发函件。

2. 称谓

（1）若收信方是单位：单位全称或部门名称。

（2）若收信方是个人：在公司名称和对方名称之后加职衔，如科达电子有限公司李明经理。

3. 正文

（1）开头。先做自我介绍，或先说明如何得知对方，再做自我介绍。

（2）主体。具体明确写明发函者的意图，使对方清楚明白磋商内容。

（3）结尾。表示希望对方回函或提出有关要求。

4. 祝颂语

"顺致（颂）商安（商祺）"。

5. 附件（需要时可用）

随函附发的有关材料。

6. 签署

发函单位名称或个人名称，另起一行书写年、月、日。

常用语句
- 我们愿与贵公司建立商务关系。
- 我们希望与您建立业务往来关系。
- 我公司经营电子产品的进出口业务,希望与贵方建立商务关系。

二、首次联系函的写作要求

(1)采用通用格式。首次联系函的写作结构按照商务书信的通用格式。

(2)内容清晰。企业与客户、供应商、同行间的联络书信要有明确目的,准确表意。

(3)文字简洁流畅。达到既将事情办好,又能强化感情的目的。

范例评析

例文1

事由:建立业务关系

天津轻工业品进出口公司:

　　通过商界朋友的介绍,得知贵公司是天津搪瓷器皿的独家出口商。

　　我公司经销搪瓷器皿已有多年历史,在此期间是最大的批发兼零售商之一。我公司愿与贵公司建立贸易关系。为此,请将贵公司经营的搪瓷器皿目录及报价单寄来,以便我公司试购一批作为开端,如蒙寄来几件实样,更为感激。并希望附告大概装运期。

　　盼复

　　顺致

商祺!

广东丰盛贸易公司(印)
××××年×月×日

通信地址:(略)
邮政编码:(略)
联系电话:(略)
传真:(略)
联系人:(略)

【评析】

　　本文事由概括精练,简洁地点明了去函的主旨。称谓使用全称显得礼貌。正文开头简要说明得到信息的途径,主体部分先自我介绍本公司经营范围,之后说明发函意图,表明合作意愿。表达简洁、具体、明确、语言得体。结束语表明希望对方回函的愿望。祝颂语书写规范、得体。

例文2

商务联系函

尊敬的高××先生:

　　经李××先生介绍,我公司得知贵公司商号和地址,特此致函,真诚希望能够与贵公司建立和发展商务关系。

　　我公司成立12年来,主营丝绸服装和鞋类进出口生意,目前有意拓展业务范围,特请惠寄贵公司产品目录与报价单。如产品价格合理，我公司必定向贵公司下订单。
恭候佳音

　　　　　　　　　　　　　　　　　　　　　　　章××
　　　　　　　　　　　　　　　　　　　　　　科奇公司采购部经理
　　　　　　　　　　　　　　　　　　　　　　××××年×月×日

通信地址：（略）
邮政编码：（略）
联系电话：（略）
传真：（略）
联系人：（略）

【评析】
开头：告知对方是如何得知对方的经营范围和地址的，然后提出愿意建立业务关系，进行交易，希望能与对方合作。
主体：自我介绍企业性质、基本业务状况、经营范围、分支机构等，希望对方回函寄递相关资料。
结尾：礼节性结尾。

任务实施

一、环境要求

可选择模拟办公室或多媒体教室等场所进行，备好纸、笔，配备计算机、投影仪等设备，最好每名学生均有条件进行上机写作。

二、实施步骤

第一步，通过网络查找首次联系函写作的相关材料。
第二步，分组讨论首次联系函写作的内容要点，主要包括自我介绍、发函意图、合作意向、希望要求等。
第三步，每人执笔或上机，写作初稿。
第四步，不同小组组员间相互修改并签名。
第五步，选取学生作品在多媒体上展示，师生共同点评。

拓展训练

训练一

华美公司专门销售化纤产品，为开拓市场，该公司业务助理拟写了一封业务联系函给明达公司，但业务部经理看完后要求助理重新修改，请问应该怎样修改该函。

事由：建立业务关系

尊敬的张经理：
您好。承蒙美达有限公司将贵公司作为化纤大宗买主介绍给我公司，我们十分欢迎和高兴。化纤属于我公司经营范围，我公司经营的化纤质高价廉，品种齐全，属于部优产品，远销海内外，深受客户欢迎。

为了使贵公司对我公司可供销售的各种化纤产品的特性有所认识，现随函附上商品目录和价目单各一份。接到贵公司的询价信后，当即寄去我公司的报价单和样本。我公司所在城市景色秀丽、风光迷人，欢迎您及您的部属亲临我公司洽谈业务并观光游览。

谨祝
身体健康！

华美公司
××××年×月×日

训练二

科达医疗仪器进出口公司销售医疗仪器仪表 50 多年，得知川北地区近年经济发展迅猛，医疗设备添加更新幅度大，许多新型仪器供不应求，为此特向潜在客户发函沟通联系，以期开拓川北市场。请代科达医疗仪器进出口公司拟写一封首次联系函。

训练三

广东××医药保健品有限公司与香港念丰商行，就中药材的交易用商函进行业务磋商。广东××医药保健品有限公司首先向香港念丰商行去函，表明愿意建立合作关系的意图，并说明随函寄去了商品目录，望得到对方回复。请代广东××医药保健品有限公司拟写一封首次联系函。

项目二　推销信

学习目标

1. 了解推销信的含义和特点。
2. 掌握推销信的写法和写作要求。
3. 能根据任务要求，规范地拟写和修改推销信。

情境任务

根据下列信息写一封推销化妆品的书信，字数在 130～150 字。

（1）写信人凯丽是新美化妆品公司的销售经理。

（2）现有一种全新的美容产品，经一些美容院试用，确认对皮肤有很好的长效保湿作用。因此，许多商家正在热购这一新产品。

（3）随信附上产品介绍手册和价格表各一份，计划本周五上午拜访丽姿美容院，届时带上样品若干。

（4）希望届时能与丽姿美容院经理方小姐面谈。

任务分析

化妆品市场竞争异常激烈，怎样才能开拓新产品销路，让广大消费者接受？除了精准的营销策略外，推销信也是销售成功的重要因素之一。要写好推销信，首先要有实事求是的态度；其次要考虑怎么写才能引起客户的注意，要善于运用创新思维，将潜在客户的兴趣提升到有强烈购买意愿的程度；最后运用生动简练的语言表现出产品的与众不同。

学习指引

知识点

推销信是企业为了推销自己的产品或商品而向销售商和客户发出的信函，它是市场营销过程中的一个重要条件，也是企业经营成功不可或缺的重要因素之一。

推销信的内容通常包括业务介绍、产品信息和服务项目推广。其特点是卖方主动介绍和推销自己的产品，并以优惠的价格及付款条件、优良的质量和售后服务承诺来吸引客户。产品价目单、说明书或样品可作为附件一并寄出，以便于客户更多地了解产品。

这种信函写作要求文辞清晰、简洁，产品描述具体、准确，以实现商家和客户之间有效沟通，达到成功销售产品的目的。

技能点

一、推销信的结构和写法

推销信一般由标题、称谓、问候语和正文组成。

1. 标题

标题应准确简要地概括主要内容。

（1）标明文种名称，用"关于"连接各项内容，如"关于优惠出售××的函"。

（2）使用能够表达主旨的词语或短语点明事由，如"事由：建立贸易关系"。

2. 称谓

对方单位名称，有时写对方单位领导人的姓名和职务。

3. 问候语

传达企业对客户的良好问候。

4. 正文

可以由多个段落组成，也可以由一个段落组成，一般分为三个层次：

（1）发函缘由：

1）初次给对方去函，先做自我介绍，使对方了解本企业的业务范围或本企业产品的情况。

2）有长期合作关系的，可以简述合作情况，以示亲近。

3）双方频繁来往的，直截了当说明发函的目的，进入主旨。

（2）发函事项（重点）。列举产品的各种优点及优惠办案，以引起对方的兴趣。价目单、说明书、样品可作为附件一并寄出，以便用户了解更多信息。

为了将潜在客户的兴趣提升到有强烈购买意愿的程度，可以依据事实进行产品介绍，客观分析产品的特点和不同之处，突出特色；也可以提及价格的合理性；还可以适当采用用户的表扬信，增加认同感。

（3）对受文者的希望与要求。呼吁、激发读者的购买欲，如希望他填一个订单或打一个电话，最后感谢对方。有的没有希望和要求，就用习惯语结束全文："特此函商，务希见复""特此函达"。

（4）祝颂语。"顺致（颂）商安（商祺）"。

（5）附件（需要时可用）。随函附发的有关材料。

（6）签署。发函单位名称或个人名称，另起一行书写年、月、日。

二、推销信常用语句参考

（1）我方十分乐意给您寄上我们最新的××商品目录。

（2）想必贵方对××感兴趣。

（3）敬告贵方，我方可提供××的特殊折扣。

（4）盼贵方试用我们的产品，相信其一定能使你们满意。

（5）我们坚信，本产品质量优良，必能打开销路。

（6）兹奉上样品，敬请试用。

（7）我们从……获知贵公司的名称，不知贵公司对这一系列的产品是否有兴趣。

（8）我们盼望能成为贵公司的……供应商。

（9）我们的新产品刚刚推出上市，相信您乐于知道。

（10）相信您对本公司新出品的……会感兴趣。

注意事项

除非价格是一个突出特色，否则不要在首段或末段谈价格，要在概括产品优点的句子中谈价格。通常要用具体数字说明购买该产品可省钱若干，可与具有类似特色的同类产品进行比较。

三、推销信的写作要求

1. 谨记 AIDA 公式

AIDA 由 attention（对方的注意）、interest（兴趣）、desire（意愿）、action（行动）组成，即引起对方注意激发购买兴趣，了解购买意愿，促成购买行动。

2. 切忌虚假浮夸、欺骗诱导

推销信中所有关于产品的质量规格、包装形式、价格、收费方式，以及给予客户的优惠或奖品等信息，都是白纸黑字的证据，要事后兑现，所以不可夸张，不可虚构，否则有损企业诚信。

3. 生动，有特色

推销信的写作目的是引起潜在客户的兴趣和购买欲望，因此，可以写得生动、有特色、引人注意。

范例评析

推销工艺品函

高科公司：

　　从来信中获悉贵公司希望与我方建立业务联系。我们高兴地通知贵公司，我们愿意在工艺品的贸易方面与贵公司合作。

　　我公司经营的工艺品有绣品、草竹编、灯具、涤纶花、珠宝首饰，以及仿古器物和书画等。这些品种均制作精美、质量上乘。特别是涤纶花，式样新颖、色泽鲜艳、形态逼真，可与鲜花媲美，深受消费者的喜爱。现寄上涤纶花样照一套，供参考，欢迎来信联系。

艺美进出口公司（印）
××××年×月×日

【评析】

　　该信函一开始表明希望与对方合作的意愿，拉近双方的距离；接着着重介绍公司经营的工艺品的品种、质量、特征和优点；最后附上产品样照，以表诚意。文章重点突出，语言流畅。

任务实施

一、环境要求

　　可选择模拟办公室或多媒体教室等场所进行，备好纸、笔，配备计算机、投影仪等设备，最好每名学生均有条件进行上机写作。

二、实施步骤

　　第一步，通过网络查找推销信写作的相关材料。

　　第二步，分组讨论推销信写作的内容要点，主要包括：企业的自我介绍、与客户合作情况、所推销商品的特点、对客户的希望要求等。

　　第三步，每人执笔或上机，写作初稿。

　　第四步，不同小组组员间相互修改并签名。

　　第五步，选取学生作品在多媒体上展示，师生共同点评。

拓展训练

训练一

　　家住文明路的王太太收到一封推销信，她展开一看，连说："骗人、骗人。"让我们一起看看这封让王太太直摇头的推销信，指出其存在的问题并修改。

亲爱的顾客：

　　您好！

　　告诉您一个惊人的消息！再也不用洗锅盆了！我们当真这么说："再也不用洗锅盆了！"现在您可以用漂亮的搪瓷器皿从事各种烹调——煮、煎、烤、烘，搪瓷器皿样样都行。如果您愿意，还可以在该器皿内冰冻食物。这些漂亮的器皿用制造导弹外壳的特殊材料制成，能够从冰箱内取出，放上火炉，再端上餐桌。您随后将它们放入洗碗机或者洗涤槽同其他碟子放在一起就行了。再也无须费神擦拭。请周三、周四、周五来金源商店的家用器皿部，观看搪瓷器皿的展销，感受一下这些能烹调和盛放食物的器皿，亲手试试。您会对它们实用而又漂亮的设计留下深刻印象，而最重要的是它那令人惊诧的合理价格。

● 训练二

高力洗涤用品有限公司经多年的研究，对传统的洗衣粉配方进行重大改革，向市场推出新配方洗衣粉，现向客户推介该产品，希望客户会对产品感兴趣。

● 训练三

明达化工产品进出口公司了解到某外方公司对化工产品有需求的信息，立即向潜在客户发出简短的推销信及产品目录。

项目三　询问信

学习目标

1. 了解询问信的含义。
2. 掌握询问信的写法和写作要求。
3. 能根据任务要求，规范地拟写和修改询问信。

情境任务

广州宏发贸易有限公司从某种渠道获知江都市富达手套有限公司生产的各类手工制人造皮革手套品质优良，欲购买一批，于是发函询价。江都市富达手套有限公司接到询价信后，予以答复报价，随后双方就价格问题反复发函磋商，最终广州宏发贸易有限公司以双方接受的价格从江都市富达手套有限公司订购一批手工制人造皮革手套。

要求：请根据以上情境，拟写询价函。

任务分析

客户对某种商品产生了兴趣，进而主动写信向卖方询问商品的价格或咨询有关商品的信息，虽然双方没有开始正式交易，但都希望能有所收获，所以写作时，发信人要态度诚恳，言语表达注意礼节。所询问题要内容具体、表达明确、让人一目了然。结尾写明自己的联系方式。

学习指引

知识点

询问（询价）信也称询问（询价）函，是潜在客户向卖方咨询有关产品信息或询问商品价格的信函，也可能是卖方向客户和收信人征询对某产品意见（价格或其他信息）的信函，是常见的商务业务书信之一。

询问（询价）信并没有开始实质性的交易，因此不会产生法律效力。

询问（询价）信的适用范围：

（1）客户向卖方询问商品的价格或咨询信息。

（2）卖方征询客户和收信人对某产品的意见。

询问信

技能点

一、询问信的结构和写法

（1）称谓、问候语（根据需要）。

（2）正文。

1）开头：感谢对方公司所提供的产品目录，说明本公司对哪几项产品有兴趣，应明确说出品名及货号。若双方公司是第一次接触，应说明由何处获知对方公司的信息。

2）主体：明确写明询问的事项。

① 将本公司有意购买的商品的货号、数量、规格等明确列出，请对方公司报价，并将出货时间、付款条件、保险、包装、折扣等详细列出。

② 应介绍本公司的经营项目及范围，并说明本公司的经营状况、优点及经验。也可说明本地市场的供需情况。

3）结尾：说明与对方公司贸易往来的诚意，并诚恳期望对方回复。

（3）联系方式与联系人。

（4）祝颂语。"顺致（颂）商安（商祺）"。

（5）签署（落款）。发函单位名称或个人名称，另起一行书写年、月、日。

二、询问信的写作要求

（1）询问事项要明确。

（2）所提的问题要有逻辑性。

（3）如果是询问有关事项，问题不宜过多。

（4）务必写清本公司的联系方式、联系人。

（5）注重礼貌、尊重对方。

范例评析

例文 1

尊敬的先生/女士：

您好！

多位同行向我公司推荐贵公司的除湿机，深知它为国内名牌产品。我公司目前需要除湿机若干台，有意订购贵公司的产品。贵公司能否将除湿机的产品性能、配套装置等有关细节资料、价格目录、结算方式寄给我公司，供我公司参考。

若贵公司能在 6 月 20 日前告知，我公司将不胜感激。

再次感谢，盼望回复。
联系地址：×××
联系电话：×××
联系人：×××
　　顺颂
商祺！

广西立达公司业务部（印）
××××年×月×日

【评析】

　　这是一封典型的商家使用的询问信。首先，交代了获知对方信息的途径；其次，表达了合作的意向；再次，以极简洁的语言向对方提出了明确要求；最后，还为对方提供信息的日期做了限定。

例文 2

　　广东骏亿公司的电吹风销售一个阶段后，希望通过问卷调查了解用户的意见。

尊敬的先生/女士：
　　您好！
　　由衷感谢您使用我公司生产的电吹风，成为我公司忠实的朋友。为了更好地为您服务，我公司正在进行征询用户意见的活动，热切希望您能在百忙中将您的宝贵意见反馈给我公司，不胜感激。
　　恭祝
夏安！

广东骏亿公司（印）
××××年×月×日

　　附件：调查问卷一份
　　　　　回函信封一个

【评析】

　　这是一份征询客户对某产品意见的询问信。询问的对象是群体，所问的信息和回复的方式均放在附件中，还周全地为客户准备好信封，附上邮资。这类希望对方填写问卷的信函，特别要注重礼貌，问题设计要精简，尽量用打钩的方式填写，少占用客户的时间。

任务实施

一、环境要求

　　可选择模拟办公室或多媒体教室等场所进行，备好纸、笔，配备计算机、投影仪等设备，最好每名学生均有条件进行上机写作。

二、实施步骤

　　第一步，通过网络查找询问信写作的相关材料。

第二步，分组讨论询问信写作的内容要点，主要包括发函的缘由、发函询问的事项、对受文者的希望要求等。

第三步，每人执笔或上机，写作初稿。

第四步，不同小组组员间相互修改并签名。

第五步，选取学生作品在多媒体上展示，师生共同点评。

拓展训练

训练一

迈克在最近的广交会上认识了王伟先生，迈克对王伟先生所在的公司展出的新款手机很感兴趣，希望和对方建立长久的商务关系。交易会结束后，迈克写了一封询问信，向王伟先生了解产品的详细信息，包括产品的规格、颜色、价格和功能。请分析该询问信存在的问题并进行修改。

亲爱的王伟先生：

很高兴在广交会上认识了你！我很欣赏你公司的新款手机，通过考察和研究，我确定它将有良好的市场销售前景。请说明一下产品的详细信息，包括产品的规格、颜色、价格和功能等，希望能和贵公司建立长久的合作关系。

你的朋友迈克

训练二

华北地区对中等价格的高品质手套一向有稳定的需求。广达贸易商行获悉长瑞皮革有限公司生产各类手工制人造皮革手套，特去函详询有关价目与付款条件并希望长瑞皮革有限公司把样品一起寄来。

训练三

广州宏发贸易有限公司从某种渠道获知万利制衣厂生产的服装款式新颖、用料上乘，欲购买一批，于是发函询价。

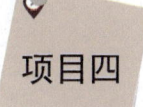

项目四　报价信、还价信

学习目标

1. 了解报价信、还价信的含义。
2. 掌握报价信、还价信的写法和写作要求。
3. 能根据任务要求，规范地拟写和修改报价信、还价信。

情境任务

××××年×月×日，雪芽茶叶厂收到荣达副食品公司的茶叶询价信，信中希望了解君山毛尖茶的有关信息。

要求：请根据以上情境，拟写报价信、还价信。

任务分析

在商业往来中，一封询价信就意味着一次销售的黄金机会，卖方收到客户的询价信应立即做出回应，针对客户的询问及时发出有关商品信息的报价信，信中要清楚地写明商品的规格型号、质量标准、价格和优惠情况、包装及交货方式、结算方式等，最后还应写上礼貌结语。

商品交易过程中，买卖双方必然会产生一些分歧，提出不同的意见和要求，这时就需要写作还价信，以期达成共识。还价信写作必须围绕商品交易中的分歧问题，如规格、包装、价格、运输等方面，遣词用语要委婉，不能用胁迫的语气。书信往来过程中应体现出良好的职业素养。

学习指引

报 价 信

知识点

报价信也称报价函，是卖方接到客户的询价信后，专门答复询价信的商务信函，是企业与潜在客户进行信息沟通的特定形式。

一封询价信意味着一次销售的黄金机会。

企业对对方询问的承办时限体现一个企业的效率。

技能点

一、报价信的结构和写法

（1）称谓、问候语（根据需要）。

（2）开头。说明接到对方来信，感谢对方的询问。

（3）主体。针对询问的事项，具体周到地答复。通常来说，报价信中应该明确以下条款：

1）产品的名称、数量和质量。

2）产品规格、标号。

3）产品单价、总价和优惠情况。

4）产品的包装。

5）货物的运输。

6）产品的交货时间、结算方式等。

（4）结尾。"如有问题，欢迎再询"。

（5）祝颂语。"顺致（颂）商安（商祺）"。

（6）签署（落款）。发函单位名称或个人名称，另起一行书写年、月、日。

注意事项

◆ 开头忌讳过多介绍自己,因为会给人一种推销的感觉,事实上,没有几个客户会有耐心来阅读你的长篇介绍,不过多介绍自己反而会给客户一种很自信、很专业的印象,所以介绍性语言不可超过两句。

◆ 简洁开头后,必须立即进入正文,即报价。立即进入报价,证明你是专业从事该行业的,你是有诚意、实实在在想做生意的。

◆ 所报的价格必须是实价,必须与现有的市场行情相吻合。价格太低,客户认为你不专业,不会理你;价格太高也会吓跑客户,客户也不会回复你。所以,切勿乱报价,应了解清楚、多比较后再报,对新产品、外贸公司来说,这点尤其重要。

二、报价信的写作要求

(1)回函要及时。要按照企业"承办周期规定"对时限的要求回复客户询价,以防因为回复延误而丢掉潜在的客户。

(2)内容真实、确切。报价信体现企业对客户的承诺,必须体现企业的诚信,信口开河、不切实际、不能兑现的回复必定影响企业的声誉。

(3)答复要周到。回函的内容要针对对方所询问的事项,并尽可能地将交易中会遇到的问题答复周到。

范例评析

例文1

报 价 信

经纬发展有限公司:

贵方××××年×月×日第23号询价信收悉。兹按贵方需求报价如下:

商品:××节能灯管

规格:一级

单价:每支××元

包装:标准硬质纸箱,每箱25支

结算方式:商业汇票

交货方式:送货上门

送货日期:收到订单3日内

我方所报价格很有吸引力,如果贵方订货量在300箱以上,可按照94%的折扣计算。如符合贵方要求,敬请早日订货。

恭盼佳音。

天贸光源有限公司(印)
××××年×月×日

【评析】

该报价信回复及时、答复周全、语言温和友好,既尊重对方,又体现了己方的诚信。

还 价 信

知识点

还价信是商务活动双方在生意成交前对商品价格、规格、包装、运输等进行书信磋商、达成共识过程中使用的商务信函，是讨价还价的体现。当买、卖双方不能接受对方所提供的某项贸易条件时，可以通过还盘说明原因，表示遗憾，或建议对方给予一定让步。贸易条件在这个过程中逐一确定，直至交易达成。

技能点

一、还价信的结构和写法

（1）称谓、问候语（根据需要）。

（2）开头。说明接到对方发来的报价信并表示感谢，表明对对方报价信中提供的信息的态度。

（3）主体。针对交易中有争议的相关信息，表达自己的看法、理由、要求或条件。

（4）结尾。表达希望得到对方的认可。

（5）祝颂语。"顺致（颂）商安（商祺）"。

（6）签署（落款）。发函单位名称或个人名称，另起一行书写年、月、日。

二、还价信常用语句参考

（1）你方报价与市价有差异，所以我方相信降价百分之三的建议是可行的。

（2）假如你方能修改报价，比如：降价百分之一，我方很可能说服终端客户成交。

（3）请将单价降低三美元，这样就可缩小我方实际利润率与预期利润率的差距。

（4）由于市场看好，你方建议的价格偏低，现在我方无法接受你方的还盘。

（5）我方无法把价格降低到你方提出的限度，我们各让一步吧。

（6）我们认为没有必要开立信用证支付，由此产生的费用会加大我们的成本。

三、还价信的写作要求

（1）平等沟通、相互协商。双方可以平等地表达自己的看法和要求。

（2）为了更多地为己方争得利益，写还价信的时候一定要强调己方无法接受对方要求价格的原因，并要提出双方都能接受的条件。

（3）用词委婉，不宜使用胁迫语气。如果确实不能满足对方的要求，要婉转说明，以获得对方的谅解。

范例评析

例文2

还 价 信

尊敬的××先生：

贵方××××年×月×日的还价信收悉，得知贵方难以接受我方报价，我方感到非常遗憾。我公司生产的××节能灯管品质优良、使用寿命长、价格合理，贵方的还价我方难以接受,我方最多只能将原报价降低 1%。

恭候佳音。

天贸光源有限公司(印)

××××年×月×日

【评析】

这是天贸光源有限公司第二次给经纬发展有限公司复信,这是针对经纬发展有限公司发来的还价信的回复。该还价信并没有在信中指责对方所要求的降价,而是以友好的态度合情合理地分析了不能降价的原因,语气礼貌温和,体现了双方平等沟通。

任务实施

一、环境要求

可选择模拟办公室或多媒体教室等场所进行,备好纸、笔,配备计算机、投影仪等设备,最好每名学生均有条件进行上机写作。

二、实施步骤

第一步,通过网络查找报价信、还价信写作的相关材料。

第二步,分组讨论报价信、还价信写作的内容要点,主要包括:产品的名称、数量和质量;产品规格、标号;产品单价和总价、优惠情况;产品的包装;货物的运输;产品的交货时间、结算方式等信息,买卖双方提出的要求及理由。

第三步,每人执笔或上机,写作初稿。

第四步,不同小组组员间相互修改并签名。

第五步,选取学生作品在多媒体上展示,师生共同点评。

拓展训练

训练一

文达贸易公司从事商品进出口业务已多年,经营商品质量上乘、价格合理。现宏力公司来函提出希望与其进行贸易合作,并询问商品价格,文达贸易公司特回函给对方报价。请分析该报价信存在的问题并进行修改。

敬启者:

你好!我公司从事一般商品进出口业务已有多年,在商界赢得客户和朋友们的赞誉。经营商品质量上乘、工艺精湛、价格合理。现随函附寄我公司商品价格表一份,请参考。虽然此表已过时数周,其价格亦可能不适于当今市场,之所以寄上此表是为了使你公司了解一下我公司所经营的项目。如能收到贵方对我商品提出的详细要求,将不胜感激,确信你我双方能圆满地达成交易。

若对我表中所列报价无兴趣,亦请帮忙转告对此感兴趣的朋友或公司为盼,顺致最良好的祝愿。

张力敬上

训练二

广州宏发贸易有限公司从某种渠道获知万利制衣厂生产的服装款式新颖、用料上乘，欲购买一批，于是发函询价（询盘）。万利制衣厂接到询价信后，予以答复报价，随后双方就价格问题反复发函磋商，最终广州宏发贸易公司以双方接受的价格从万利制衣厂订购一批冬季男女服装。请分别代双方拟写报价信和还价信。

训练三

下面是一张客户报价单，请根据这张报价单草拟报价信，并代立信商贸公司拟写一封还价信。

新立食品有限公司销售价格表

条码	品名	重量（g/袋）	规格（袋/箱）	供货价（元/袋）	建议售价（元/袋）
6932085802313	话梅糖	88	90	2.00	2.5
6932085802306	薄荷糖	88	90	2.00	2.5

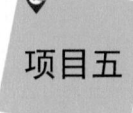

项目五　订购信、接受订购信

学习目标

1. 了解订购信、接受订购信的含义。
2. 掌握订购信、接受订购信的写法和写作要求。
3. 能根据任务要求，规范地拟写和修改订购信、接受订购信。

情境任务

广州宏发贸易有限公司从某种渠道获知万利制衣厂生产的服装款式新颖、用料上乘，欲购买一批，于是发函询价（询盘）。万利制衣厂接到询价信后，予以答复报价，随后双方就价格问题反复发函磋商，最终广州宏发贸易公司以双方接受的价格从万利制衣厂订购一批冬季男女服装。

要求：请根据以上情境，拟写订购信。

任务分析

订购信是对卖方报价的认可信，写信前一定要考虑清楚或得到上司的批准。写信时，要明确说明所订购的商品名称、质量和数量要求、商品的价格、交货方式、结算方式等，通常这些信息要分条列项。撰写前后要仔细核对相关信息，让严谨细致成为工作习惯。

订 购 信

订购信

> **知识点**

买卖双方经反复磋商，在彼此均接受交易条件后，由买方向卖方出具的商品订购函件。订购信的形式有两种：一种是写信说明所需订购的货物；另一种是下订单，以表格形式制作订单（有的供应商会提前制好）。

> **技能点**

一、订购信的结构和写法

（1）称谓、问候语（根据需要）。

（2）开头。开头直接说明订购的意图。

（3）主体。主体一般包括：

1）商品——品种、编号（目录编号）、式样（规格）、颜色、质量、检验方式。

2）数量——多少、长度、最高和最低限制。

3）价格——单位价格、折扣率（或佣金）、总额。

4）包装——箱装、盒装、袋装、瓶装（视货物需要）。

5）装运——装运须知、时间、地点（起运地、到达地）、运输方式、保险。

6）付款——付款方式。确认双方议定的付款条件，以及代理银行。

（4）结尾。诚恳向对方提出希望和要求，并表示谢意。

（5）祝颂语。"顺致（颂）商安（商祺）"。

（6）签署（落款）。发函单位名称或个人名称，另起一行书写年、月、日。

二、订购信的写作要求

（1）将需求信息向对方讲清楚，表述准确。

（2）对订购的货物及各类服务的要求要写得具体、完整、正确，不得涂改。

（3）发出的信息要写清楚，如地址、电话、联络人。

> **范例评析**

> **例文 1**

尊敬的王先生：

您好！

贵公司4月16日的报价单收悉，非常感谢。我公司对货物的品质和价格均感到满意，特订购下列货物：

| 喜乐女表 | B340420 | 100 只 | 单价 170 元 | 金额 17 000 元 |
| 超薄对表 | B341470 | 30 对 | 单价 300 元 | 金额 9 000 元 |

> 总金额：肆万陆仟玖佰元整（人民币）
> 交货日期：××××年×月×日前
> 交货地点：××市××路11号百花公司
> 联系人：张永宽先生
> 联系电话：4804477
> 结算方式：转账支票
> 货物要求迫切，盼望准时交货为荷，谢谢。
> 　　顺颂
> 商祺！
>
> 　　　　　　　　　　　　　　　　　百花日用品公司市场部（印）
> 　　　　　　　　　　　　　　　　　　　　××××年×月×日
>
> 【评析】
> 该函开头简洁明了、开门见山；正文条理清晰，说明订购事项；结尾对必要事项进行提醒，结构严谨。

接受订购信

知识点

卖方接到买方订单后应该回函给予答复，表示接受对方的订购，并说明需要告知对方的其他事项。

技能点

一、接受订购信的结构和写法

（1）称谓、问候语（根据需要）。

（2）正文。正文往往包括如下内容：

1）收到对方订单的具体时间。

2）同意并确认接受订购交易。

3）告知对方发货的具体时间及货物运送等事宜。

4）明晰货款支付事宜。

5）询问对方还有何要求，展示良好的服务态度。

（3）结尾。诚恳向对方表示谢意。

（4）祝颂语。"顺致（颂）商安（商祺）"。

（5）签署（落款）。发函单位名称或个人名称，另起一行书写年、月、日。

二、接受订购信的写作要求

（1）回复及时。

（2）回答明确。

（3）表态肯定。

（4）礼貌周全。

范例评析

例文 2

尊敬的张先生:
  您好!
  贵公司 4 月 20 日的订购信收悉,所需 4 种款式时尚手表我公司备有现货,我方即速办理,保证货物将在贵方要求日期内送抵指定地点。
  交货时请贵方将支票备齐。
  贵方对货物还有何要求,请即函告。
  感谢贵方的惠顾,望保持联络。
  顺颂
商祺!

飘逸时尚饰品公司销售部(印)
××××年×月×日

【评析】
该信内容简洁、层次分明、回复及时、回答明确、表态肯定、礼貌周全,显示出企业的信誉。

任务实施

一、环境要求

可选择模拟办公室或多媒体教室等场所进行,备好纸、笔,配备计算机、投影仪等设备,最好每名学生均有条件进行上机写作。

二、实施步骤

第一步,通过网络查找订购信写作的相关材料。
第二步,分组讨论订购信写作的内容要点,主要包括:明确订购意图;明确订购目标的具体信息。
第三步,每人执笔或上机,写作初稿。
第四步,不同小组组员间相互修改并签名。
第五步,选取学生作品在多媒体上展示,师生共同点评。

拓展训练

训练一

文海发展有限公司拟订购一批冰箱,经供应商提供报价后,该公司回函落实订购事宜。请分析该订购信存在的问题并进行修改。

李先生:
  贵公司 7 月 8 日的报价单收悉,谢谢。贵方报价较合理,特订购下列货物:

ESCL 冰箱 5 台　　　　　单价 1 200 元　　　　　总计 6 000 元
ECDL 冰箱 5 台　　　　　单价 1 100 元　　　　　总计 5 500 元
ESEL 冰箱 5 台　　　　　单价 1 000 元　　　　　总计 5 000 元
ECCL 冰箱 5 台　　　　　单价 800 元　　　　　　总计 4 000 元

结算方式：转账支票
交货地点：××××年×月×日天宇港口
交货日期：××××年×月×日前

请准时运达货物，以利我方市场需要。我方接到贵方装运函，将立即开具转账支票。请即予办理为盼。

　　　　　　　　　　　　　　　　　　　　文海发展有限公司（印）
　　　　　　　　　　　　　　　　　　　　　　××××年×月×日

训练二

李丽收到 DD 公司数码照相机的价格表和样品，对报价和产品质量感到满意，决定订购。请你代李丽写一封订购信，告诉对方订购数量、价格、货运期、付款方式，并希望对方来函确认订购。

训练三

DD 公司收到李丽的订购函后，立即进行回复，表示所订购的数码照相机备有现货，保证能在指定时间送达，希望交货时即办理转账支付手续。请你代 DD 公司写一封接受订购信。

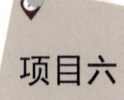

项目六　索赔信、理赔信

学习目标

1. 了解索赔信、理赔信的含义和特点。
2. 掌握索赔信、理赔信的写法和写作要求。
3. 能根据任务要求，规范地拟写和修改索赔信、理赔信。

情境任务

（1）甲公司与乙公司签订合同，乙公司向甲公司供应花生油 15 吨，符合国家标准，每桶 5 千克，××××年 9 月 5 日前交货，但乙公司推迟至 9 月 10 日才交货，此时零售价每千克已降低 1 元，给甲公司带来损失，同时，部分产品包装出现瑕疵，生产日期标准离保质期仅半年，请代甲公司拟写索赔信。

（2）以上题的索赔信为依据，以乙公司的身份写一封理赔信，指明未能按时交货是由于西南地区重大洪涝灾害所致，并表示愿做赔偿。

任务分析

出现贸易纠纷后,无论是索赔方还是理赔方,都要秉承重合同、重时效、重证据、重关系原则,在平等互利的基础上处理矛盾纠纷。

受损一方可以通过索赔信协商解决问题,明确向对方提出要求赔偿损失,以维护自身的权利。拟写索赔信,需要掌握对方违约的事实及证据;有理有据地提出索赔意见和要求;掌握索赔信的写作格式及技能。

企业收到索赔信,应认真对待,以维护企业的良好形象。拟写理赔信,需要认真研究索赔信;及时向领导汇报情况,提出建议;明确解决的意见和处理的方法;掌握索赔信的写作格式及技能。

学习指引

索 赔 信

知识点

索赔信也称索赔函,是在出现商务争议及贸易纠纷后,受损一方为了维护自身权益,也为了解决问题,用书面形式向违约一方提出索赔要求的信函。它是受损方维护自身利益所采用的重要手段之一。

索赔信

索赔信尽可能发给违约公司,也可酌情发给新闻媒体、消费者协会等监督部门。

一、索赔信的分类

(1)保险索赔书。凡属承保范围内的货物损失,向保险公司索赔,此时出具的索赔信函称为保险索赔书。

(2)承运索赔书。凡属承运人的责任所造成的损失,向承运人索赔,此时出具的索赔信函称为承运索赔书。

(3)××责任索赔书。如果是合同当事人的责任造成的损失,则向责任方索赔,此时出具的索赔信函称为××责任索赔书。

二、索赔信的特点

1. 依据性

每一项索赔要求都要以合同为依据,要重事实、重依据,依据不充分的要求不但会遭到对方的拒绝,而且可能因此破坏双方的合作关系。

2. 节制性

在贸易过程中双方的地位是平等的,差错往往也是特定原因造成的,因而索赔要有理有节。当对方出现错误时要坦率、诚恳地摆事实,讲道理,不能怒气冲天、盛气凌人。赔偿要求要合法、合理。

技能点

一、索赔信的结构和写法

索赔信的结构一般由标题、编号、受函者、正文、附件、签署六部分组成。

1. 标题

标题的形式比较灵活,既可以根据实际情况写成包括索赔事由、文种的完全标题样式,如"关于××的索赔信";也可以简明扼要地写成不包括索赔事由而只写文种的简单标题形式,如"索赔信"。

2. 编号

编号是为了联系与备查用,写在右上角。一般由代字、年号、顺序号组成。

3. 受函者

写受理索赔者的全称。

4. 正文

(1)缘起。提出引起争议的原因。

(2)索赔理由。具体指出合同项下的违约事实及根据,进而陈述对方违约给自己带来的损失。

(3)索赔要求和意见。根据合同及有关国家的商法、惯例,向违约方提出要求赔偿的意见或其他权利。

5. 附件

为解决争议,以有关的说明材料、证明材料、来往的函电作为附件。

6. 签署

要写明索赔者所在地和全称,以及致函的日期。

二、索赔信的写作要求

(1)分清是非责任。

(2)收集足够的书面文件和证明,可作为信函的附件。

(3)冷静说明索赔项目,清楚具体地解释索赔的理由。

(4)索赔要求合情合理,不漫天要价。

(5)措辞和语气讲究礼貌,促使事态朝有利于赔偿的方向发展。

范例评析

例文 1

××先生:

第 546 号销售合约项下的 200 吨白水泥已于 4 月 20 日运抵本公司,我方已于 4 月 25 日传真告知贵方有关事宜。

我方检查货物时,发现有 180 袋破损,估计损失 9 000 公斤白水泥。其后安排检验,有关报告与估计的损失相符。该报告指出,这次损失是由于包装袋不合标准引致,故应由贵公司承担该损失。

现按照报告结果向贵公司索偿:

损失白水泥价值 180 英镑

检验费 50 英镑

合计 230 英镑

随函附上第 TS6478 号检验报告，烦请早日解决赔偿事宜。

×××× 公司（印）

××××年×月×日

【评析】

该索赔信首先向对方说明索赔相关情况，明确指出责任归属；然后提出索赔意见；最后附上相关的检验报告作为证据。此信义正词严，遣词造句礼貌而有分寸。

理 赔 信

知识点

理赔信也称理赔函，是指违约方收到索赔信后，用于答复受损害一方所提赔偿要求的书面材料。它是索赔、理赔双方交换意见，并最后达成共识的重要手段与依据。

理赔信的特点：

1. 时效性

理赔要讲究时效，经办人员收到对方的索赔信后，要及时核对事实并向领导汇报情况，寻找解决纠纷的最佳方案，并及时把处理意见以书面形式反馈给对方。拖延时间只会导致更多纠纷。

2. 针对性

要针对对方提出的索赔理由与要求一一做出明确的答复，是己方责任的要承担责任；难以定论的，要表明态度，告诉对方正在积极处理；对不合理的索赔，在解释后予以拒绝。

3. 礼貌性

由于理赔通常是因己方有一定过失，在行文时一定要注意语言温和、礼貌，即使是对方因不明原因而提出了一些无理要求，也不能怒气冲冲，要做到有理、有利、有节。

技能点

一、理赔信的结构和写法

（1）称谓、问候语（根据需要）。

（2）开头。先引对方来函及事由。

（3）主体。首先提出对争议的看法。责任在己方，真诚道歉，解释原委；责任不在己方，分析原委，提出改善建议。然后写明解决的意见和处理方法。

（4）结尾。礼貌感谢对方的合作态度并表示促进友谊的愿望。

（5）祝颂语。根据需要选择确定，如"顺颂 商祺""顺致 商安"等。

（6）落款。发函单位名称及成文日期。

二、理赔信的写作要求

（1）认真阅读对方的索赔信，搞清缘由。

（2）仔细调查，明确原委，然后再复信。

（3）以诚恳的态度处理问题，有错认错，无则加勉。

（4）语言朴实，礼貌得体。

范例评析

例文 2

亲爱的托马斯先生：

　　从贵方 7 月 15 日信函得知，第 108 号销售合同项下的照相机在运至贵方时有所毁坏，我方深表歉意。我方当然同意贵方建议，依照发票金额给予 10% 的折扣。

　　为避免今后给客户带来不便和烦恼，同样也为了减少我方的损失，我方将咨询一些客户的意见，以寻求改进措施。

　　非常抱歉让贵方不得已写信通知我方，并保证今后能为贵方安全发货。

万方科技公司（印）
××××年×月×日

【评析】

　　在商业往来中，无论怎样小心地为客户服务，总不免出现失误。然而，失误本身并不可耻，重要的是勇于承认并诚心致歉。本理赔信首先道歉，并说明准备采取纠正失误的措施；接着令人信服地提出改进工作的方法；最后主动、礼貌地结束信件，希望失误能被原谅，并做出承诺，以求恢复正常贸易关系。本信诚恳，易于被客户接受。

任务实施

一、环境要求

可选择模拟办公室或多媒体教室等场所进行，备好纸、笔，配备计算机、投影仪等设备，最好每名学生均有条件进行上机写作。

二、实施步骤

第一步，通过网络查找索赔信、理赔信写作的相关材料。

第二步，分组讨论索赔信、理赔信写作的内容要点，主要包括：

（1）索赔的缘由、索赔的依据、索赔的要求等。

（2）理赔的缘起、理赔的意见、理赔者的态度。

第三步，每人执笔或上机，写作初稿。

第四步，不同小组组员间相互修改并签名。

第五步，选取学生作品在多媒体上展示，师生共同点评。

拓展训练

训练一

　　马来西亚柯斯达公司于××××年 10 月 8 日与东华工艺品进出口公司成交一批仿古竹编提篮。第二年该客户参加了春交会，发现去年 10 月的定价比现价高出 40%，感到去年 10 月的订货吃了大亏，于是来函提出补偿损失的要求，理由是订货时间与降价时间仅隔半年。东华工艺品进出口公司复函对此事做了解释，理赔信如下，请分析该信存在的问题并进行修改。

柯斯达公司：

　　×月×日来函收悉。

　　我方仿古竹编提篮的价格在今年春交会上做了调整。在对外贸易中，价格变动是常有的事，这次价格调整可能幅度大了些，今后我方会加以注意。你方上述来信中所提之货是去年10月订购的，11月装出，我方于今年4月调整价格，你方已有足够的销售时间，因此，对你方补偿差额的要求歉难同意。希望今后加强联系，密切合作，不断发展双方间的业务往来。

　　特此函复。

东华工艺品进出口公司
××××年×月×日

训练二

天泰公司（甲方）向人文创新集团（乙方）订购了一批东坡文化衫，双方约定××××年2月下旬由甲方来广州提货，在乙方多次催促下，甲方直至6月中旬才来提货。因广州5月份已进入梅雨季节，公司仓库地势较低，仓库有被淹的危险，被迫将该批货物转仓，途中因雨水致使部分货物受潮，乙方为此付出仓储费、转运费共计15 000元，甲方提货后发现15%的货物有少许霉点，要求乙方退回全部货款。请你分别代双方拟写索赔信和理赔信。

训练三

大洲集团公司近日在科达商贸公司门市部购买了一部NECP5彩扩机，货品送达后，大洲集团公司发现该机身有明显尘迹，边部有脏痕，应该是一台长期陈列的样品机。大洲集团公司为此特向科达商贸公司发信要求退换新货。

科达商贸公司接到该函后马上回函，说明该机属名优产品，质量经检验合格（有合格证）。"尘迹""脏痕"不影响质量功能，故不同意调换。

请你代大洲集团公司和科达商贸公司分别拟写相关信函。

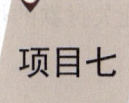

项目七　催款信

学习目标

1. 了解催款信的含义。
2. 掌握催款信的写法和写作要求。
3. 能根据任务要求，规范地拟写和修改催款信。

情境任务

新艺装潢材料公司曾于2022年1月2日与合力钢铁公司签订了一份购买钢材的合同，后来因对方发来的钢材不符合质量要求,新艺装潢材料公司要求退货。而在此之前,新艺装潢材料公司已经交付 20% 的货款计 8 万元。经过多次交涉,最后双方在 2022 年 4 月 10 日协商达成协议:合力钢铁公司在一个月内退回货款,并将钢材自行运走,就此解除合同。但事后合力钢铁公司仍未将货款退还,新艺装潢材料公司就于 2022 年 5 月 15 日、6 月 15 日分别以新艺〔2022〕5 号、16 号函催讨,未得回音。2022 年 7 月 15 日该公司再次发函催讨。

要求:请根据以上情境,拟写三封催款信。

任务分析

该情景任务强调了良好信用的重要性,无论做人做事都应以诚信为本。面对对方拖欠货款的问题,新艺装潢材料公司首先要了解清楚具体情况及拖欠的原因。在催款信中应明确指出处理的意见和办法,还要注意讲究策略与语言分寸。三封催款信分别在三个不同的时间发出,语气应逐渐强烈,要体现出坚定的态度。

学习指引

知识点

催款信也称催款函,是指业务相对方有拖欠付款时,收款方友好发出的请求对方支付款项的书函。

催款信不是断交信,是卖方在规定期限内未收到货款,提醒或催促买方付款的函件,旨在提醒对方付款结账,同时还要用信函方式继续保持双方的友好关系。

催款信既有商务性质又有法律内涵。

催款信

一、催款信的作用

1. 查询

催款信可以及时了解对方单位拖欠款项的原因,沟通信息,以便采取相应的对策和措施,协调双方的关系。

2. 催收

债权方为了加速资金流动及合理周转,扩大再生产,会对债务方有意或无意拖欠付款的行为采取催款措施。通过催款可以及时追回拖欠款项,尽可能避免或减少经济损失。

3. 凭证

如果由于拖欠款项给债权方造成了实际经济损失,催款信又可以起到记载凭证作用,即当催款单位向有关方面提出追究对方的经济责任时,催款信可以作为一种有力的凭证。

二、催款信的形式

1. 便函式

以信函的形式写作。

2. 表格式

人们在长期实践基础上约定俗成的固定表格,使用时直接填写即可。

技能点

一、催款信的结构和写法

1. 标题和编号

如果催收的是紧急的款项，可在标题前写上"紧急"二字。标题一般要注明编号，以便于查询和联系；也有的则不编号。一旦发生了经济纠纷而诉诸法律，催款信也是一份有力的凭证。

2. 称谓欠款方名称

3. 正文

正文应清楚、准确、简明地写出双方发生往来的原因、日期、发票号码、欠款的金额及拖欠的情况，以便使受文单位明确情况，及时交款。

（1）摆明事实。

（2）要求付款。

（3）处理意见。催款方在催款信上提出处理办法和意见。这种意见一般都是从以下三个方面予以说明：

1）要求欠款方说明拖欠的原因。

2）重新确定一个付款的期限，希望对方按时如数交付欠款。

3）再次逾期不归还欠款将采取的罚金或其他措施。

4. 落款

写明催款单位的全称，并加盖公章，然后注明发文日期。

二、催款信的写作要求

（1）讲究时机。根据不同情况选择最佳时机。

（2）讲究策略。尽可能以保持友好关系为前提，内容力求简单，指明问题即可，避免形成敌意。

（3）讲究语言分寸。既不尖酸刻薄，又不要挟对方。

范例评析

例文 1

关于尽快支付货款的函

科奇公司：

现就贵公司未及时支付我公司货款一事向贵公司致函如下：

××××年×月×日，贵公司与我公司签订了计算机购销合同。双方约定，贵公司应货到即付30%的货款。××××年×月×日，我公司依约将货物交给了贵公司，然而贵公司却并未能按约定及时支付货款，现共欠货款30万元。

我公司认为，双方既已有约在先，当全力守信方能长期友好合作，故特致函请贵公司于××××年×月×日前将所欠货款支付我公司。
　　顺致
商安！

金达科技有限公司（章）
××××年×月×日

【评析】

本文开门见山引出写作催款信原因，接着重申合同相关约定，指出对方拖欠货款事实，最后提出支付货款限期。态度得体礼貌，语气坚定。

例文 2

某公司从文昌办公用品公司销售部购买了一批打印机，超过了规定的期限仍没有将款额付清，文昌办公用品公司销售部分别于 2 月 10 日、2 月 28 日、3 月 20 日向该公司研发部发函催讨。

××××公司：

　　自贵我公司合作以来，双方互相信赖，关系一直良好，希望这种互利友好的关系永远保持下去，热切盼望上批打印机款额尽快寄来，为我们今后的合作关系奠定更坚实的基础。
　　顺致
商安！

文昌办公用品公司（章）
××××年×月×日

××××公司：

　　贵公司××××年×月×日从我公司购买的一批打印机，双方协议于××××年×月×日付款，现已过期 20 余日，请尽快付清款额。良好的信誉是我们应共同遵守的，如果贵公司有什么困难，可以来人来函商议付款事宜。联系电话：4567123，联系人：王冬。
　　望速回音。

文昌办公用品公司（章）
××××年×月×日

××××公司：

　　贵公司应于 2 月 3 日向我公司付款一事迟迟未兑现，现已过付款期 1 月有余，此间多次去函催问，未见回音。我公司投入再生产急需该笔款额，请务必于 3 月 31 日前付清全部货款，以免发生向法院提出诉讼等不愉快事宜。
　　专此函告。

文昌办公用品公司（章）
××××年×月×日

【评析】

第一阶段的催款信用友好的口吻强调以往和对方的良好关系，相信对方能付清款项，所以致函只是予以提醒；第二阶段直截了当要求对方付款，并邀请对方商议付款事宜，要求对方注重信誉，语气坚决；第三阶段毫不含糊要求对方付款，并给出最后期限，否则将采取法律行动，措辞严厉，语气坚定。

任务实施

一、环境要求

可选择模拟办公室或多媒体教室等场所进行,备好纸、笔,配备计算机、投影仪等设备,最好每名学生均有条件进行上机写作。

二、实施步骤

第一步,通过网络查找催款信写作的相关材料。

第二步,分组讨论催款信写作的内容要点,主要包括:不同阶段发函的态度;对方拖欠的具体情况;对拖欠方的希望要求等。

第三步,每人执笔或上机,写作初稿。

第四步,不同小组组员间相互修改并签名。

第五步,选取学生作品在多媒体上展示,师生共同点评。

拓展训练

训练一

兴发公司于××××年×月×日向前进集团公司订购了120台打印机,前进集团公司已按照订购信的要求将货发出,但兴发公司收货后一直没有支付货款。按合同规定,兴发公司应于收货后的一个星期内支付货款,前进集团公司遂发函催讨。请指出该函存在的问题并进行修改。

兴发公司

　　于××××年×月×日向我公司订购了120台打印机,到今日我方已经按照订购信的要求,将货发出一个星期,货款金额总计185 000元人民币,发票编号为3456。可能由于贵方业务过于繁忙,一直忽略承付,故致函提醒,请即结算。如有特殊情况,请即与我公司财务部张怡联系,电话为87654321,地址是杨柳路18号。

　　特致此函。

前进集团公司
××××年×月×日

训练二

金华肉制品加工公司曾为一大型超市供应过500公斤各式香肠,但至今应收的货款还未收到,请代该公司拟写一封催款信。

训练三

时代百货商店向顺达制衣厂订购了1 000件羽绒大衣,货款金额共计30万元。货物已发出一个月,但时代百货商店至今未付货款,故顺达制衣厂特发函提醒。

项目八　致歉信

学习目标

1. 了解致歉信的含义。
2. 掌握致歉信的写法和写作要求。
3. 能根据任务要求，规范地拟写和修改致歉信。

情境任务

一家汽车维修公司和一位客户发生了一些矛盾：客户来维修公司更换轮胎，维修公司员工帮其测试后，更换了轮胎和其中一个轮毂，客户当时是在场的。但是客户回家后发现更换的轮毂不是爆胎的轮胎的轮毂，而是另一个，表示不理解，因此双方发生了矛盾。现在请你代汽车维修公司发一封致歉信给客户，与客户妥善沟通。

要求：请根据以上情境，拟写致歉信。

任务分析

拟写这封致歉信时，一要明确写作的背景、目的；二要表明歉意；三要积极主动寻求解决问题的对策；四要通过致歉信加强与客户的沟通，增强服务意识，树立正确的服务理念。

学习指引

知识点

致歉信一般是因自己失误或拒绝，引起对方的不快，以表示赔礼道歉，消除误解，增进友谊和信赖的信函。

致歉信要向对方表达因自己不当行为而给对方造成不利影响的歉意，或者陈述无法答应对方不违常理的所托的原因。对不愿为的事，可声明自己的一贯主张；对不能为的请托，更应陈述理由，说明自己为什么不能为。

技能点

一、致歉信的结构和写法

（1）称谓、问候语（根据需要）。

（2）正文。诚恳说明造成对方不快的原因并表示歉意，请对方予以理解、见谅。正文一般包括三个部分：

1）说明为何事而致歉。

2）解释造成过失或不能履约的原因。

3）再次致歉或提出解决方案。

（3）署名、日期。写明致歉单位的全称，并加盖公章，如有可能，最好由企业的相关领导亲自签名，以示重视；最后注明发文日期。

注意事项

- 首先要明确告诉对方经过你方的调查，确定此事的真实性。
- 认同对方的感受并给予安慰。
- 适当的赔偿是必要的。为了表示重视程度，一般应写成"经××研究决定××"。
- 最后一点，也是最重要的地方。要记住你这封道歉信的目的是什么。希望得到对方的谅解，不要因为此事改变对你方的友好态度，希望对方一如既往地支持你方。

二、致歉信的写作要求

（1）坦率地致歉。若确实是己方的过失，则应在"做了一件实在抱歉的事"这一认识上，坦率地致歉。

（2）不做类似的辩解表达。在己方无直接过失的情况下，简述己方的实情，注意不要做任何辩解，将重点放在明确己方的责任、反省和道歉方面。

（3）提示解决事态的对策。致歉之后，阐明处理该事件的解决方法。若有必要，应提出赔偿损失等措施，例如，"短缺部分已另行寄出。"

（4）阐述防止再次发生的对策。尽量具体阐述防止再次发生的对策，要明确肯定地表示此类错误不会再犯第二次。

范例评析

例文1

尊敬的E人E本客户：

在此首先感谢您一直以来对E人E本的厚爱。

3月4日凌晨到上午10点，由于邮件发送系统存在的错误，导致不少用户大量重复收到《E本VIP专刊》，给您的工作和生活带来了严重困扰，我们对此向您深表歉意。

《E本VIP专刊》是面向E人E本用户定期发送的电子邮件，以让尊贵的客户及时获知系统升级信息、使用E人E本常见问题解决的客服信息、最新的图书和应用信息，起到让用户用好E人E本的目的。

我们对此次邮件发送给您造成的困扰深表歉意，并着手优化系统，争取为您提供更优秀的服务和更精彩的内容。

再次感谢您对E人E本的支持和理解。

北京壹人壹本信息科技有限公司
网络客服中心（印）
××××年×月×日

【评析】

致歉信要写得坦诚，表达出真心的歉意。该信首先诚挚感谢客户的支持，然后实事求是地向广大用户承认己方的责任，并对由此给客户带来的困扰表示歉意，最后再次感谢客户的支持。该致歉信结构完整、逻辑性强、语言礼貌得体、语气平和朴实。

例文 2

李先生：

你好！

对本次产品存在的质量问题，我首先以个人的名义向您致以最诚挚的歉意，如果还有机会的话，也非常希望您再给我机会，我们一定保证以后提供的产品绝不会再有类似的情况发生，并郑重立下此承诺。

关于本次产品的质量问题，按我本人的意见，在您交货时间允许的情况下，本想全数退货再换货，但您还是考虑到不让我方损失太大，而采用全检的方式特例收下这批货，令我十分感激，同时仍让我心存愧疚。

针对本次质量方面存在的问题，我们从全方位反思过，逐一与加工商进行协商。

最终采取如下措施和方法……，以杜绝类似情况再发生！

其他方面希望李先生能再提宝贵意见，对我方存在的不足，请及时指正，我方愿全力合作，争取最大限度地满足客户的要求，达到双赢，也让我方提高更快。

谢谢！

×××敬上
××公司
××××年×月×日

【评析】

该信首先诚挚地向客户表达歉意，并许下承诺，给客户信心。接着对客户的体谅再次表达谢意，然后针对实际情况提出可行的解决办法并征询客户的意见，力求妥善解决问题。文章态度诚恳，语言谦和。

任务实施

一、环境要求

可选择模拟办公室或多媒体教室等场所进行，备好纸、笔，配备计算机、投影仪等设备，最好每名学生均有条件进行上机写作。

二、实施步骤

第一步，通过网络查找致歉信写作的相关材料。

第二步，分组讨论致歉信写作的内容要点，主要包括：致歉的缘起；造成过失或不能履约的原因；解决问题的方案。

第三步，每人执笔或上机，写作初稿。

第四步，不同小组组员间相互修改并签名。

第五步，选取学生作品在多媒体上展示，师生共同点评。

拓展训练

训练一

张小姐到盛立商场购买冷冻食品，因包装问题与商场服务员发生几句争执。该商场服务员态度傲慢，出言不逊，张小姐深感不满，事后去函商场进行投诉。商场经理要求部门主管给张小姐写一封致歉信，以期得到顾客谅解，挽回商场声誉。请指出下文存在的问题并修改。

张小姐：
3月8日来函指示因敝店店员态度不佳而引发不快之事，诚属不胜汗颜。

但店员对特地前来敝店惠顾的客人如此无礼，令客人不悦，对敝店的信用及将来有重大负面影响，实不能置之不理。经行训斥后，本人彻悟过错，发誓今后不再犯，是故仰请张小姐见谅。

盛立商场谨启
××××年×月×日

训练二

润祥家具有限公司于××××年×月×日在和平东路39号和平饭店举行5周年庆典活动，特邀请锦宏家具有限公司总经理王锦宏参加。但当天王经理刚好要出差到北京与外商签订重要合同。请你代王经理秘书给润祥家具有限公司写一封致歉信，说明原因。

训练三

请给IBM的销售经理马田写一封致歉信，对没有及时回复他之前的两封要求提供计算机键盘供货单的信表示歉意，解释这是因为办公室装修而产生的延误，并将所需清单附上。

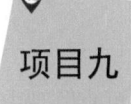

项目九　婉拒信

学习目标

1. 了解婉拒信的含义。
2. 掌握婉拒信的写法和写作要求。
3. 能根据任务要求，规范地拟写和修改婉拒信。

情境任务

信诚贸易公司给东方食品进出口公司发来一份函件，请求增订海味干货。但因货源紧张，东方食品进出口公司无法满足客户要求，李经理要求助理小文拟写一份回函。

要求：请根据以上情境，拟写婉拒信。

任务分析

交易不成仁义在。客户请求增订公司的商品，说明对方对该商品是满意、肯定的。拟写婉拒信时，一要明确写作的目的；二要构思婉言谢绝对方的理由；三要掌握婉拒的语言表达技巧；四要保持与客户良好的合作关系。通过婉拒信与客户加强沟通，体现出良好的职业素养。

学习指引

知识点

当无法接受或需要否定对方信函的内容时，以委婉的语言回复对方的信函，称为婉拒信。

以婉拒信的方式答复商务信函，也是一种礼貌行为，不理不睬则是无理行为。

婉拒信应表明谢绝的态度，讲明谢绝的理由。为表示真诚待人，要把情况说明白，不要含糊其辞、吞吞吐吐。对不愿意做的事，可声明自己的一贯主张；对不能做的事，更应陈述理由，说明自己的为难之处。虽婉言谢绝，但态度必须明朗，不能模棱两可。

技能点

一、婉拒信的结构和写法

（1）称谓、问候语（根据需要）。

（2）开头。以友好、礼貌、谦恭的语言和缓和的语气开头，以示双方的友谊和相互理解。

（3）主体。说明婉拒理由，特别要讲一些令人信服的事实或道理，让对方阅读后认为你的拒绝确有道理。

（4）结尾。适当提出建设性意见，让对方感到你的善解人意、通情达理，不要给对方冷冰冰拒绝的感觉。

（5）祝颂语（根据需要）。

（6）落款。发函单位名称或个人签名、成文日期。

二、婉拒信的写作要求

（1）态度中肯、和善，理由充分。对关系一般者，态度要谦和；对熟悉的亲友，可直陈理由，如实相告。

（2）语言委婉、冷静，注意用词技巧，不伤害感情，让对方感到你的答复是最佳解决方案。

范例评析

湖东医疗器械经销公司一直经销兰特公司的大型医疗器械产品，双方合作关系一直友好。但湖东医疗器械经销公司近期在经销中发现兰特公司产品确实存在质量问题，用户不满意，故没有付款。兰特公司发来催款信，湖东医疗器械经销商针对此事回复。

尊敬的业务部经理：

　　来函收到，勿念！

　　自我公司经销贵公司产品以来，合作关系一直很好，希望这种互利友好的关系永远保持下去。

　　至于上批货款未及时付给贵公司之事，首先表示真诚的歉意。关于此事，原因是这样的：在经销中，我公司发现贵公司产品确实存在质量问题，许多用户不满意，不少用户要求退货。

　　为了使用户不至于退货，我们正积极组织力量维修，将损失降到最小。待该批货物问题解决后，我们再根据解决的情况付款。如果现在付款，必然会造成我公司经济上的损失和声誉上的影响，这完全是从双方利益出发而不得已做出的决定。我公司慎重商议，认为这是目前解决问题的最佳方案，望贵公司理解。

　　顺祝

商祺！

湖东医疗器械经销公司
业务部 ×× 敬上
××××年×月×日

【评析】

　　该信开头用友好礼貌的语言和积极的语气，强调双方的合作关系良好；接着就合作中产生的问题逐步进行合理分析，再顺势明确地说出否定答复，让对方阅读后，觉得在该种情况下信中提出的做法是最佳的解决方案。该信提供的理由令人信服，逻辑性强。

➜ 任务实施

一、环境要求

　　可选择模拟办公室或多媒体教室等场所进行，备好纸、笔，配备计算机、投影仪等设备，最好每名学生均有条件进行上机写作。

二、实施步骤

　　第一步，通过网络查找婉拒信写作的相关材料。

　　第二步，分组讨论婉拒信写作的内容要点，主要包括：婉拒理由、建设性意见。

　　第三步，每人执笔或上机，写作初稿。

　　第四步，不同小组组员间相互修改并签名。

　　第五步，选取学生作品在多媒体上展示，师生共同点评。

➜ 拓展训练

训练一

　　京华公司给友联公司发来一封函电，打算订购500辆自行车并希望早日交货。友联公司经与厂家联系，获知因厂家订单太多，无法满足提前付运的要求，友联公司把该情况回复京华公司。请指出下面信函存在的问题并进行修改。

京华公司：

　　你方4月20日来信和500辆自行车的订单已经收到，要求早日交付你方的订货。

在收到你方上次来信之后，我们立即与厂家联系，但由于他们的大量订单尚未交货，所以你方订货不能提前付运。

因为无法答复你方上次来信，以至今日才复函告知，甚为遗憾。

为了解决你方要货急的问题，我们正在和他处的生产厂家联系，若有好消息，即当迅速告知。

友联公司
××××年×月×日

训练二

海联公司是省内一家知名的企业，为拓展市场，现要招聘新员工。应聘者不但数量众多，而且教育背景、工作经历和其他方面的条件也很高。公司决定以工作经验为标准确定参加面试的人选。请代公司人事部写一封婉拒信给不符合条件的应聘者。

训练三

九龙电子有限公司给 ABC 代销店发来可爱 Q 电子手表的报价信，信中提及要购买 50 000 件货品才可给予 5% 的折扣，ABC 代销店回函表明该报价条件苛刻，难以达成合作意向。

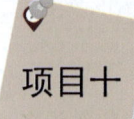

项目十　商务传真

学习目标

1. 了解商务传真的含义、特点和分类。
2. 掌握商务传真的写法和写作要求。
3. 能根据任务要求，规范地拟写和修改商务传真。

情境任务

假设你是新成立的彩丽计算机科技有限公司行政部的员工，行政部经理李立让你设计一张公司对外传真的首页（公司目前还没有统一的标识），并写一份对外传真作为样例，让公司员工发传真时参照。

传真内容如下：因李立经理刚接到公司的通知，明天要到福建出差洽谈业务，原定于明天下午 3:00 在公司与美日公司业务部周山经理商谈购买计算机一事要另定时间。

要求：请根据以上情境，拟写一份商务传真。

任务分析

一般来说，商务传真都使用公司专用信笺，信笺的上部居中标明公司的名称、地址、电话号码、传真号码、公司标识。商务传真关系到公司的对外形象，制作时态度要认真细致。拟写商务传真要做到以下几点：一要设计带有企业名称、相关信息和标识的正规传真文头；二要核对文头所有信息并确保准确无误；三要尽量使用简洁的语言概括主题内容。

学习指引

知识点

商务传真是指运用传真通信工具发送与原图文真迹相同的商函或其他相关商务文件的一种文书形式。它可以在短时间内传送任何平面的、视觉可见的文书，包括文本（文件）、图表、照片、符号、签名等。

一、商务传真的特点

1. 真迹传输

商务传真传送的是文书原件的真迹，对于那些手书手绘的，如签名、图纸、符号等要求精确度很高的文件，只有传真才能够做到真迹传输。

2. 安全便捷

传真利用电子通信技术传输信息，信息能够在瞬间传送至接收方，超越了时空的限制。借助加密措施更可以保证传输信息安全可靠。

二、商务传真的分类

（1）商务传真按传输的内容可分为文书传真、图像信息传真、符号传真等。
（2）商务传真按技术手段可分为无线电信技术、有线电信技术、互联网电信技术等。

技能点

一、商务传真的结构和写法

商务传真一般由文头和正文组成。

1. 文头

在商务活动中发传真要使用企业正规传真文头，如下所示。

（企业名称、相关信息和标识）	
收件人 To	发件人 From
传真号码 Fax No.	日期 Date
电话号码 Tel No.	页数 Pages
主题 Subject	抄送 Cc
□紧急　□请审阅　□请批注　□请答复　□请传阅	
Urgent　Please Review　Please Comment　Please Reply　Please Circulate	

注意事项

◆ 收件人姓名、发件人姓名、单位、传真号码必须准确无误。

◆ 日期应完整标示，如2022年6月20日或2022-06-20。

◆ 为了避免信息遗漏或缺失，应提醒接收方完整接收信息，传真的文头应当标明页数。

◆ 主题是信函主要内容的概括，直接洽谈业务的传真件都应标示主题。

2. 正文

正文，即所传输的文书、文字材料或图像内容。

正文结构：称谓＋主体＋落款。

商务传真的正文写作与商务信函的写作一样，这里不做详述。

注意事项

由于文头已填写了日期，在落款时可以不写。

二、商务传真的写作要求

1. 简洁明了，节省费用

由于传真的费用较高（尤其是发往外国的传真），而且是按时间计费，所以在保证内容清楚完整的前提下，应尽量做到文字简洁，减少页数，节约费用。

2. 格式规范，书写准确

传真文稿纸要求统一印制，上标所在单位的名称、地址、标识及电话号码、传真号码、电子邮箱等。发传真时要特别注意准确书写接收方的传真号码，操作时要正确输入号码并仔细核对。传真文稿传出以后，应主动电询收件单位是否收到。

范例评析

新城公司传真

收件人：黄明
收件人单位：安托货运公司
传真号码：98761234
发件人：张翔
日期：2022-05-11
传真号码：12344567
电话：87655678
页数：共1页
主题：仓储运输事宜
□紧急　　□请审阅　　□请批注　　□请答复　　□请传阅
安托货运公司：
　　我公司现有50吨尿素急需运往四川成都，希望贵公司能予以协助。关于运费报价及有关储运事宜，盼速回复。

新城公司（章）
××××年×月×日

【评析】

该传真文头项目完整，包括了收件人、发件人各项相关信息，页数标示清晰，主题清晰明了。正文内容清楚，语言简洁。

任务实施

一、环境要求

可选择模拟办公室或多媒体教室等场所进行，备好纸、笔，配备计算机、投影仪等设备，最好每名学生均有条件进行上机写作。

二、实施步骤

第一步，通过网络查找商务传真写作的相关材料。
第二步，分组讨论商务传真写作的内容要点，主要包括：传真的结构；主题内容要简洁。
第三步，每人执笔或上机，写作初稿。
第四步，不同小组组员间相互修改并签名。
第五步，选取学生作品在多媒体上展示，师生共同点评。

拓展训练

训练一

美日公司就安托货运公司货物接收一事，给对方发去一份传真。请指出其存在的问题并进行修改。

美日公司传真

收件人：浩然
收件人单位：安托货运公司
传真号：98761234

安托货运公司：
你公司所需货物已到，请速与我联系。

训练二

美日公司下周末准备在国际饭店举行大型技术研讨会，秘书把会议所需的各类音像辅助设备的具体要求通过传真发给国际饭店市场部，请国际饭店收到该传真后做好会议准备工作。

训练三

思雨咖啡即将于××××年×月×日在来雅百货公司开一家新的分店。为庆祝开幕并欢迎您的光临，请填妥下列个人资料，并传真至721573，我们就会把贵宾邀请卡寄给您。在×月×日前持该邀请卡来店消费，可享饮料七折、糕点八折的优惠。

我们一直以独特配方的调和式咖啡著称，目前全省有七家分店，即将于来雅百货公司开幕的是第八家。敬请驻足光临。

个人资料：
姓名：　　　　　　年龄：　　　　　　联系电话：
地址：

项目十一　电子邮件

🔖 学习目标

1. 了解电子邮件的含义和特点。
2. 掌握电子邮件的结构、写法。
3. 能根据任务要求,规范地拟写和修改电子邮件。

🔖 情境任务

明兴科贸公司总经理张阳周四要到科达公司洽谈一笔业务。秘书徐畅负责为总经理做出差前的准备。周二上午,徐畅给对方发了一份确认总经理行程的电子邮件并电话通知对方,详细介绍总经理此行的日程安排情况,请对方安排相应级别的领导出面接洽。

要求:请根据以上情境,拟写这封电子邮件。

🔖 任务分析

电子邮件在当今社会生活、学习、工作中应用范围广,使用频率高。拟写这封电子邮件,一要正确填写电子邮件信头;二要掌握邮件体写作的要领。通过拟写和发送规范的电子邮件,体现出良好的职业素养。

🔖 学习指引

知识点

电子邮件(E-mail)是指通过互联网传递信息、沟通联系的一种信函。

一、电子邮件的优势

与传统信函相比,电子邮件所具有的优势显而易见。

(1)快速,不受时间、地域的限制。电子邮件传输速度快,只需几分钟乃至几秒钟即可送达。

(2)成本低,可实现一对多的邮件收发。电子邮件可以以附件的形式传递各种电子文件和多媒体商务信息。即写即发,不用贴邮票、跑邮局,费用较低。

(3)开放性广,即使是一些非 Internet 用户也可以通过一些称为网关的计算机与 Internet 上的用户进行电子邮件的收发。

(4)可以举办虚拟会议,与他人沟通,进行远程商务谈判、草签合同以及保存文件。

二、电子邮件的特点

与传统信件相比,电子邮件文本的写作体现出以下特点:

1. 行款格式的简约化

传统信件中的许多组成部分如寄信人、收信人、写信时间等都可以由电子邮件系统自动完成,写电子邮件就不必像传统信件一样要有强烈的行款格式意识。收发双方看重的是文本的内容,甚至只是看重附件。所以,即使文本部分没有一个字,收信人也不会太在意,只要附件传来了就行。

2. 附加信息的多元化

人们利用免费的电子邮件服务系统可以传递许多附件信息,包括文字、图片、声音、图像等。

3. 文本内容的个性化

电子邮件文本的写作体现了"个性化"这一特点。可以长篇大论,也可以寥寥数语,甚至只当写个便条。在表达上,可以使用比较正式的书面语,也可以偏口语化。

技能点

一、电子邮件的结构和写法

电子邮件由邮件头与邮件体两部分构成。

1. 电子邮件头的填写

发件人	
收件人	
抄送	
密抄	
主题	

(1)收发件人电子邮件地址栏。此栏填写收发件人电子邮件地址。

(2)抄送栏。可以输入多个电子邮件地址,彼此之间需要用英文逗号分隔开来。

(3)密件抄送栏。表示把邮件秘密发送给某人。

(4)主题栏。邮件主要内容的提示或重要信息的概括。

2. 邮件体的书写:正文+附件

(1)正文栏,包括称谓、开头应酬语、主体、祝颂语、署名。讲求针对性与表述的扼要性。

(2)附件栏,是主体以外的附加内容,如与正文内容相关的文件、照片、图片及音像资料。

注意事项

◆ 与陌生人或不熟悉的人沟通时,要使用较正式的语气。
◆ 字号大小应适宜,方便对方在线阅读。
◆ 为减少病毒风险,商业书信中最好寄送纯文字格式电子邮件。
◆ 适时使用防毒软件,降低中毒风险。
◆ 使用电子邮件签名或电子名片提供完整的联络信息,包括电话号码和公司名称。
◆ 收到来信,需在24小时内告知对方已经收到邮件。

二、电子邮件的写作要求

（1）正文有的放矢、言简意赅，起到及时沟通的作用。

（2）主题概括准确、精练，富有吸引力。每一封信件都设有一个主题，提醒收信人重视和阅读。

（3）语言简明、直接坦率，可以采用对话语气，更富有人情味。

（4）内部间电子邮件结构从简，可省略问候语与祝颂语等，甚至只保留正文，以提高效率。

（5）为方便快捷，结构上可以采用齐头文写法。即每一行均从左边顶格写，就连落款也顶格写。

范例评析

省企业人力资源研究中心向力拓公司人力资源总监张德先生发出电子邮件，内容是一封会议邀请信。

发件人：lini@sohu.com
收件人：zhangde@sina.com
主题：会议邀请函

张德先生：

您好！

我省每年一届的企业人力资源交流会议定于4月8日（星期六）上午9:00在花园饭店举行，会期一天。您作为力拓公司多年的人力资源总监，是从事企业人力资源研究的专家，我们真诚地邀请您在会议上做一个60分钟的发言，建议内容围绕员工的绩效考核工作。晚上19:00～21:00，我们将安排酒会，便于各位专家交流。

我们衷心希望您能接受这项邀请，我方会进一步向您提供有关细节，请尽快回复。

会议联系人：李妮

电话：6592758

盼望您的光临。

恭祝

近祺！

省企业人力资源研究中心

【评析】

该邮件主题概括准确、精练，便于提示收件人及时阅读；内容表述清楚明确，如时间、地点表达具体，会议安排及对收件人的要求明确；语言诚恳得体。

任务实施

一、环境要求

可选择模拟办公室或多媒体教室等场所进行，备好纸、笔，配备计算机、投影仪等设备，最好每名学生均有条件进行上机写作。

二、实施步骤

第一步，通过网络查找电子邮件写作的相关材料。

第二步，分组讨论电子邮件写作的内容要点，主要包括电子邮件的结构、邮件头的填写、邮件体的书写。

第三步，每人执笔或上机，写作初稿。

第四步，不同小组组员间相互修改并签名。

第五步，选取学生作品在多媒体上展示，师生共同点评。

拓展训练

训练一

邦盛有限公司的王秘书就周五公司销售会议时间变更一事发电子邮件给销售部经理张强，请指出该邮件存在的问题并进行修改。

收信人地址：zqiang@hotmail.com

主题：有关会议信息

尊敬的张经理：

您好！

我已收到您关于询问本周五开会一事的邮件。现给予您准确答复，原定于本周五召开销售会议，因与其他会议冲突而更改。具体时间另行通知，如有疑问请打电话询问。

此致

敬礼！

王秘书

训练二

张小华给朋友张平发了一封电子邮件，以期加强沟通。请指出该邮件存在的问题并进行修改。

收信人地址：zhangping@yahoo.com

主题：销售

张平：早上好！

自从上一次分别后，好久没有与你联系了，不知最近状况如何。我工作非常紧张，每天必须提前来到办公室，常常很晚才回家。主要原因是我公司目前生产一种新型的，编号为2039的车床。现将该机床的特点以及功能的详细情况发送给你们。说明书在附件中，请查阅。相信不久，我公司的产品就会生产完工。那时，我们将会有一个相当长的假期。我们会再有机会一起聊天。不知道你们最近是否也很忙，如果有时间，请给我回信。我期盼着我们再次见面。

祝　工作顺利！

张小华

训练三

万家集团是集房地产开发、建筑施工、装饰装修、物业管理于一体的多元化企业集团。该集团所属的装修分公司经常将装修中的小知识、新观点等向客户和业主宣传，也会主动把一些宣传资料发给即将装修的业主。最近，装修分公司总结出业主装修书房要注意的四个关键：明、静、雅、序。明是指书房的照明与采光，主人不能在过强或过弱的光线下读书写字，写字台的位置要在阳光充足但不直射的窗边，还要备有台灯、书柜专用射灯等；静是指书房安静，是主人修身养性之必需，在安静的环境中工作效率高，要尽量选择吸音效果好的装饰材料，如吸音石膏板吊顶、PVC 吸音板或吸音装饰布，可铺吸音地毯、挂厚窗帘等；雅是指书房的氛围清新淡雅，以怡情养性，除桌椅外，应把主人的情趣充分融入书房的装饰中，可选择一些绘画、照片、墨宝、工艺品等；序指书房工作的秩序，为使工作井然有序，保证读书、用书、藏书的高效率，最好将书房分为书写区、查阅区、储存区。

请将上述内容整理充实为一篇文章，作为附件，通过网络发给需要装修的业主们。

商务函电综合实训

一、实训目标

通过真实的工作情境，要求学生利用所掌握的理论知识与写作技能，完成相应情境中的写作任务，旨在全面锻炼和提高学生商务函电写作的综合能力。

二、情境任务

（1）美亚服饰有限公司是一家综合性服饰企业，拥有缝纫、裁剪、锁钉、水洗、缩水、整定型等各种先进制衣设备，技术力量雄厚，形成了集开发设计、生产、销售于一体的完整体系。该企业一直秉承"以质量求生存，以信誉求发展"的核心理念，坚持"同等质量比价格，同等价格比质量"的经营宗旨，经过多年的不断努力，已经发展得颇具规模，先后服务过国内企业 600 多家，国外客户遍布欧美。

面对 21 世纪激烈的市场竞争，该企业继续秉承"以质量求生存，以信誉求发展"的工作理念，继续为客户提供高效、优质的服务。

请根据以上情境，完成如下写作任务：

1）为拓展西南地区服装市场，美亚服饰有限公司市场部鼓励每位员工都积极承担一定的销售任务。请代业务助理陈杰起草一封业务推销信，寄给有关客户和潜在客户，以期为公司增加一定的业务。

2）一家百货商厦收到推销信后对该品牌服装很感兴趣，去信询问产品的具体情况，同时要求对方报价。请代百货商厦起草一封询问信，并要求对方报价。

3）美亚服饰有限公司市场部立即回信，详细告知服装产品的相关信息。请代该公司拟一封报价信。

4）百货商厦随后发函提出报价较高，希望能在原价格基础上降低 10%，并表示愿意长期合作的意愿。请代百货商厦起草一封还价信。

5）因业务量大增，为保证原材料供应充足，美亚服饰有限公司生产部需订购一批布料及配件。请代该公司拟一封订购信。

6）美亚服饰有限公司曾为广东一个大商场供应过一批夏季服装，但至今应收到的货款还未收到。请代该公司拟一封催款信。

7）美亚服饰有限公司曾委托广东一家物流公司运送一批产品到新加坡，但物流公司延误了15天才交货，造成15万元的经济损失。请代该公司拟一封索赔信。

8）由于物流公司的延误，造成新加坡订购商15万元的经济损失。请代物流公司拟写一封理赔信。

（2）因业务发展需要，美亚服饰有限公司拟在重庆设立分公司，市场部经理陈铭后天就要启程到重庆考察。作为市场部助理，要为经理做好出差的准备工作。

请根据以上情境，完成如下写作任务：

1）下班前市场部助理要用传真为陈铭在重庆预订宾馆。

2）给接待方发一封确认经理行程的电子邮件。

三、任务实施

（一）环境要求

可选择模拟办公室或多媒体教室等场所进行，备好纸、笔，配备计算机、投影仪等设备，最好每名学生均有条件进行上机写作。

（二）实施步骤

第一步，分小组讨论各项写作任务的内容要点。

第二步，小组内分工合作，一人完成一部分内容，具体由组长根据讨论结果安排每位组员的写作任务。

第三步，每人执笔或上机，完成任务初稿。

第四步，各小组就本组的各项任务初稿进行讨论并修改。

第五步，以小组为单位上交。

考核评价

按作文质量评定每组每项写作任务的成绩。

优	各项任务写作格式正确，结构完整，内容明确具体，主题突出，条理清楚，文字通顺，标点符号使用正确，在规定时限内快速完成，打印装订与展示规范美观，完全符合要求
良	格式正确，结构完整，内容具体，主题明确，条理清楚，文字通顺，及时完成，打印规范
中	格式基本正确，结构基本完备，内容具体，条理清楚，按时完成，打印规范
及格	格式基本正确，结构基本完备，内容基本符合要求，按时完成，打印规范
不及格	格式不正确，结构不完整，内容不符合要求，不能按时完成，没有打印

模块测试二

模块三 商务礼仪文书

模块要点

本模块由6个项目组成，内容涉及欢迎词、欢送词、答谢词、祝酒词、贺信、邀请函、请柬。通过项目训练，旨在使学生了解欢迎词、欢送词、答谢词、祝酒词、贺信、邀请函、请柬的含义、特点与作用，掌握其写作格式、结构与要求，能够结合实际任务撰写规范的常用商务礼仪文书，并在制作商务礼仪文书的过程中，逐步学习、掌握并遵循约定俗成的常规和国际惯例，讲究使用的场合，适应交际活动和交际对象的实际情况，弘扬中华优秀传统礼仪文化。

➢ **重点**
- 欢迎词的结构和写法。
- 欢送词的结构和写法。
- 答谢词的结构和写法。
- 祝酒词的结构和写法。
- 贺信的结构和写法。
- 邀请函、请柬的结构和写法。

➢ **难点**
- 商务礼仪文书写作中遵循礼貌与尊重对方习惯的原则。
- 欢迎词的写作要求。
- 答谢词写作中突出针对性。
- 祝酒词中积极性修辞语言的运用，主方祝酒词与客方祝酒词的区别。
- 贺信写作中正文逻辑结构。
- 邀请函与请柬的适用范围及写作区分。
- 本模块中各文种的病文析改。

项目一 欢迎词

学习目标

1. 了解欢迎词的含义、特点和分类。
2. 掌握欢迎词的写法和写作要求。
3. 能根据任务要求,规范地拟写和修改欢迎词。

情境任务

新型建材行业在我国是一个新兴的行业,开发人才极缺。大同新型建筑材料公司经过多方努力,诚邀8名海外归来专业人士加盟,其中6人具有博士学位、2人具有硕士学位。为了欢迎这8位海归人士加盟,公司专门组织了一个欢迎会。汪晴是公司人力资源部助理,公司要求她代公司总经理起草一份欢迎词在会上宣讲。

要求:根据以上情境,为大同新型建筑材料公司总经理起草一份欢迎词。

任务分析

不学礼,无以立。礼仪的宗旨是让人们在交往中感到舒适、得体,使人际关系变得更加和谐、融洽。弘扬中华民族源远流长的礼仪文化,提高人们的交际水平和质量,应当成为每个人的自觉追求。礼仪文书是商务活动中传情达意的载体,作为一种典型的公关礼仪致辞,要在热情洋溢的气氛中让客人收获宾至如归的感受,这是写作这份欢迎词的关键所在。要想写好欢迎词:一要明确致欢迎词的目的、时间、地点;二要了解与掌握致辞对象的基本情况、双方的合作背景与共同的愿景;三要掌握欢迎词写作的相关知识与技能。

学习指引

知识点

欢迎词是机关、团体和企事业单位常用的一种重要公关礼仪文书,是在迎接宾客的仪式、集会和宴会上对宾客的光临表示热诚欢迎时使用的一种礼仪文书。欢迎词写作的着眼点应落在对宾客的热烈欢迎之情上,要体现出迎客的诚意。

一、欢迎词的特点

1. 感情上热情欢愉

古语有云:"有朋自远方来,不亦乐乎?"所以致欢迎词当有一种愉快的心情,遣词造句务必富有激情并表现出致辞人的诚意。只有这样才可给客人一种"宾至如归"的感觉,为下一步各种活动的圆满举行打下良好的基础。

2. 语言上简洁生动

欢迎词由主人在欢迎现场当面向宾客口头表达,所以简洁生动、口语化是欢迎词的基本要求,在遣词用语上要生活化，简洁又富有生活情趣的语言会拉近主人同来宾的关系。

3. 态度上不卑不亢

欢迎词是一种礼节性的外交或公关辞令，表达原则立场巧妙。尤其在代表自己的国家欢迎其他国家的贵宾来访的场合，既要表示友好，又不能丧失自己的原则立场。

二、欢迎词的分类

1. 按表达方式分

（1）现场讲演欢迎词。现场讲演欢迎词是指一般由欢迎人在被欢迎人到达时在欢迎现场口头发表的欢迎稿。

（2）媒体发表欢迎词。媒体发表欢迎词是指发表在媒体上的欢迎稿。它一般在客人到达前后发表。

2. 按社交的公关性质分

（1）私人交往欢迎词。私人交往欢迎词一般是指在个人举行的较大型的宴会、聚会、茶会、舞会、讨论会等非官方场合使用的欢迎稿。通常要在正式活动开始前进行。私人交往欢迎词往往具有即时性、现场性的特点。

（2）公务往来欢迎词。公务往来欢迎词一般在较庄重的公共事务中使用。要有事先准备好的得体的书面稿，文字措辞较私人交往欢迎词要正式和严格。

技能点

一、欢迎词的结构和写法

欢迎词一般由标题、称呼、正文和落款四部分组成。

1. 标题

欢迎词的标题一般由致辞场合、致辞人和文种三个要素组成。

（1）致辞场合＋致辞人＋文种名称，如"在欢迎日本松下集团考察团宴会上×××总经理的欢迎词"。

（2）致辞场合＋文种名称，如"在××公司组建10周年庆典上的欢迎词"。

（3）直接以文种名称作为标题，如"欢迎词"。

2. 称呼

称呼要求写在开头顶格处，即对被欢迎宾客的称呼，一定要写得礼貌得体，符合社交礼仪习惯。用语要确切、亲和，一般应在称呼之前冠以诸如"尊敬的""亲爱的"之类的修饰语，并在其后加上被欢迎宾客的头衔，也可加"先生""女士""夫人"之类的称谓。

3. 正文

欢迎词的正文一般由开头、主体、结尾三部分构成。

（1）开头。开头通常应说明现场举行的是何种仪式，交代致辞者在何种情况下、代表谁，向宾客表示欢迎、感谢和问候。语言要热情洋溢，使用尊称、敬语，充分表达欢迎方的友好。

（2）主体。欢迎词在这一部分一般要先阐明宾客来访的目的、意义和作用，同时回顾宾主双方在共同的领域所持的共同的立场、观点、目标、原则等内容，较具体地介绍来宾在各方面的成就及在某些方面做出的突出贡献，同时要指出来宾本次到访或光临对增加宾主友谊及合作交流所具有的现实意义和历史意义。

（3）结尾。通常在结尾处再次向来宾表示热烈的欢迎和衷心的感谢，要用充满激情的笔调，对合作的前景做出展望和良好祝愿，以增强行文的鼓动性。

4. 落款

欢迎词的落款要署上致辞单位名称、致辞者的身份、姓名，并另起一行署上成文日期。如果是用于讲话的欢迎词，则无须署名。

二、欢迎词的写作要求

1. 以礼待人、情挚意切

要根据宾客的实际情况和特定的场合，以诚恳热情、情真意切作为第一要义，充分体现出对宾客的尊重之情和友好合作之意。对于双方交往中所存在的分歧，在行文中如有涉及，也应力求巧妙圆润，含蓄婉转，既不要伤害对方的感情，又要表达出自己的立场原则，从而使双方的交往与合作得以继续保持和发展。

2. 措辞慎重、用语恳切

欢迎词忌信口开河，应尊重对方的风俗习惯、宗教信仰等，避开对方的忌讳，以免发生误会。同时，要以简明扼要的语言充分表达出对宾客的欢迎之意，使之感到亲切自然，力戒过多使用那些没有实际意义的虚言浮词，以免令人反感。

3. 篇幅短小、言简意赅

欢迎词一般适用于隆重典礼、喜庆仪式、公众集会或者设宴洗尘等特定场合，是一种礼节性的外交或公关辞令，因而其在篇幅上应力求简短，紧扣一个"迎"字，表达主人对宾客的友好之情。一般以二三百字为宜，切忌长篇大论、空洞乏味，以免冲淡欢迎的和谐气氛。

范例评析

例文

欢 迎 词

尊敬的女士们、先生们：

值此方正贸易有限公司成立10周年庆典之际，请允许我代表方正贸易有限公司，向远道而来的贵宾们表示热烈的欢迎。

朋友们不顾路途遥远专程前来贺喜并洽谈贸易合作事宜，为我公司10周年庆典更增添了一份热烈和兴旺，我由衷地对各位表示诚挚的谢意！

今天的各位来宾中有许多是与我们有着良好合作关系的老朋友，公司成立至今能取得如此业绩，离不开老朋友们的真诚合作和鼎力支持。对此，我表示万分的感激。同时，我们也为能有幸结识来自全国各地的新朋友感到无比高兴。在此，我再次向新老朋友表示热情欢迎。我相信，今后我们公司一定会与新老朋友密切协作，推动相互间的友好合作关系进一步发展。

"有朋自远方来，不亦乐乎？"真诚祝愿各位朋友在短短几日的访问中过得愉快幸福！

吴达总经理
方正贸易有限公司
2022年7月10日

> 【评析】
>
> 该篇欢迎词从欢迎、感谢和祝愿三个方面展开,并分别针对老友和新朋表示了情谊,主题突出、层次分明、语言流畅、短小精悍。

任务实施

一、环境要求

可选择模拟办公室或多媒体教室等场所进行,备好纸、笔,配备计算机、投影仪等设备,最好每名学生均有条件进行上机写作,同时要求有可展示的小舞台和发言席。

二、实施步骤

第一步,通过网络查找欢迎词写作的相关材料。

第二步,分组讨论写作的内容要点,主要包括:致辞的时间、地点与场合;宾客来访的目的、意义和作用。

第三步,每人执笔或上机,写作初稿。

第四步,不同小组组员间相互修改并签名。

第五步,上交后在多媒体上展示,并可进行角色模拟,分组进行欢迎词宣讲竞赛,师生共同点评。

拓展训练

训练一

以下为方达贸易公司对合作伙伴飞扬集团公司张董事长的欢迎词,请认真阅读,查找文中存在的问题并修改。

对张董事长的欢迎词

张董事长、各位来宾:

飞扬集团公司与我公司合作已经两年了,我们感到无比的骄傲并表示热烈欢迎。

我应当满意地指出,我们友好合作的关系能够发展到今天这样的境界,是与飞扬集团公司遵守合同协议分不开的,我们感到非常的欣慰。

我相信,飞扬集团对我们公司的指导,将使我们公司更加兴旺发达,业绩更上一个新台阶!

总经理 李杨
方达贸易公司
2022 年 7 月 15 日

训练二

华南百川贸易有限公司将于 2022 年 10 月 8 日举行成立 20 周年庆典,邀请来自全国各地的 18 家分公司领导,以及 20 家有密切合作关系的企业代表出席庆典,请为公司吴总经理拟写一份欢迎词。

> **训练三**
>
> 法国专家威特先生及夫人即将在广东科为电子有限公司开始为期一年的技术指导工作,请为薛总经理拟写一份在欢迎酒会上的致辞。

项目二　欢送词

学习目标

1. 了解欢送词的含义、特点和分类。
2. 掌握欢送词的写法和写作要求。
3. 能根据任务要求,规范地拟写和修改欢送词。

情境任务

布鲁斯夫妇是罗丹公司的外籍专家,他们在华工作的三年期间认真严谨、一丝不苟,还以手把手带徒弟的方式为罗丹公司培养了多名优秀的年轻工程师。现在他们合约期满即将回国,临行前公司决定召开隆重的欢送会为他们送行。

要求:请根据情境,拟写一篇宴会欢送词。

任务分析

俗话说"相见时难别亦难",中国人重情谊这一千古不变的民族传统在今天更显得金贵。作为一种典型的公关礼仪致辞,要在依依惜别的气氛中对被欢送者致以真诚谢意,同时寄予美好祝福,这是写作这份欢送词的关键所在。要想写好欢送词:一要明确致欢送词的目的、时间、地点;二要掌握并高度概括欢送对象访问期间的相关工作内容与访问的重要意义;三要掌握欢送词写作的相关知识与技能。

学习指引

知识点

欢送词是在欢送宾客的仪式、集会和宴会上对宾客即将离去表示热诚欢送而使用的一种礼仪文书。与欢迎词一样,欢送词也是礼节性社交活动的讲话稿,两者在写作结构、语言风格等诸多方面均很切近,只是在内容上一个为"迎",一个为"送",而且常常与祝酒词互用。

一、欢送词的特点

1. 惜别性

欢送词要表达亲朋好友、合作伙伴远行时的感受,所以依依惜别之情要溢于言表,但格调不能过于低沉，尤其是公共事务的交往更应注意分寸。

2. 口语化

同欢迎词一样，口语性也是欢送词的一个显著特点。遣词造句时应注意使用生活化的语言，使欢送词既富有情趣又自然得体。

二、欢送词的分类

（1）欢送词按表达方式可分为现场讲演欢送词和媒体发表欢送词。
（2）欢送词按社交的公关性质可分为私人交往欢送词和公务往来欢送词。

技能点

一、欢送词的结构和写法

欢送词大体上由以下几部分组成：

1. 标题

（1）致辞场合＋致辞人＋文种名称，如"在欢送山东省经贸考察团宴会上×××总经理的欢送词"。
（2）致辞场合＋文种名称，如"在研讨会结束典礼上的欢送词"。
（3）直接以文种名称"欢送词"作为标题。

2. 称呼

标题下左侧顶格写明来宾的姓名称呼。称呼要用尊称或敬语，如"尊敬的""亲爱的""尊敬的各位同仁"之类；称呼后加冒号。欢送词的称呼同样要根据来宾的具体情况来定，同样要注意符合社交礼仪的习惯。

3. 正文

这部分是欢送词写作的主体，应根据实际情况表达不同的内容。其写法与欢迎词大体相同。一般应在写明对宾客的离去表示热诚欢送之意以后，追叙宾客访问期间的活动情况及收获，对其访问的成果进行概括和总结，然后表示需要进一步加强交往与合作的意愿，并以饱蘸深情的笔墨再次对宾客的离去表示热烈欢送。

4. 落款

在正文的右下侧，由致辞的机关、致辞人具名，并署上日期，也可在标题之中载明。

二、欢送词的写作要求

1. 要有真情实感

与欢迎词一样，撰写欢送词，也要根据宾客的实际情况和特定的场合，以诚恳热情、情真意切作为第一要义，充分体现出对宾客的尊重之情和友好合作之意。即便在交往过程中存在一些分歧或者不愉快之处，也应落落大方、彬彬有礼。

2. 要简练明快

要以简明扼要的语言充分表达出对宾客的欢送之意，使之感到亲切自然，力戒过多使用那些没有实际意义的虚言浮词，以免冲淡欢送的友好和谐的氛围。

3. 要短小精悍

由于欢送词适用于送别的特定场合，因而其在篇幅上应力求简短，切忌长篇大论，空洞乏味。

范例评析

例文 1

欢 送 词

尊敬的布朗先生：

　　再过几个小时，您就要起程回国了。我代表方正贸易有限公司，并受张进副部长之托，向您及您率领的代表团全体成员表示最热烈的欢送！

　　我十分高兴地看到，近一个星期以来，我们双方本着互惠互让的原则，经过多次会谈，达成了四个实质性协议，取得了令人满意的成果。在此，我们对您在洽谈中表现出的诚意和合作态度，深表感谢！我衷心地希望您和您的同事们今后一如既往，为进一步发展我们双方的经济贸易往来而不懈努力！

　　我们期待着您和您的同事们明年再来这里访问。

　　谨致最良好的祝愿！

方正贸易有限公司　总经理　×××
2022 年 7 月 9 日

【评析】

　　这篇欢送词在向客人表达欢送之意同时，突出了两方面的内容。一是与客人会谈所取得的成果、收获，表达感谢和祝愿。"近一个星期以来"一句，点明客人的访问时间长度。"再过几小时，您就要起程回国了"一句，又点明欢送的缘由。二是主人的希望、要求和祝愿。全文感情诚恳、用语巧妙、语言精练，是一篇不错的欢送词。

例文 2

让我们扬眉出剑——在解放军外国语学院毕业典礼上的讲话

同学们：

　　花开花谢，潮起潮落，四年的大学时光马上就要结束，作为即将要跨出校门的毕业生，我们应该做些什么？应该怎样把我们自己的形象和最后的努力，自己的梦想和民族的希望紧紧连在一起？

　　"毕业生"这三个沉甸甸的字眼今天终于落在我们头上。但我们蓦然发现，这并不是什么耀眼的光环，反而是一种压力，甚至可以说是一种无奈，一种你非往前走不可的无奈。

　　这也是一种动力，一种责任。一种催人奋进的动力，一种青年人不可推卸的责任。不久，我们就会握手言别，各奔东西，但无论你是远赴天涯，戍守边疆，还是工作于条件优越的大都市，有一点是相同的，那就是，我们真正开始了从军报国的生涯。父辈已经把希望寄托在我们身上，我们靠什么来实现父辈那为之梦回千转的希望呢？靠的是我们手中的"剑"！

我们手中的剑,不光是指自己的专业知识是否过硬,还有你的报国思想是否坚定,你的身体素质是否优秀……所有这些,铸成了我们手中这把来日依其建功立业的长剑!

　　十年磨一剑!

　　这把剑我们已经磨了很久,就要派上用场了。再把剑磨利些,再把剑擦亮些。毕业来临时,祖国、人民都会凝视着我们拔出长剑,看我们手中的长剑是否寒光闪闪。看纷繁的日月,许多勇士冲锋陷阵,谱写了一曲又一曲惊天动地、荡气回肠的歌,我们相信,年轻的军人、大学生们也一定能在地平线上立下一柱又一柱的辉煌。

　　同学们,让我们扬眉出剑吧!

教师代表:×××
2022年6月28日

【评析】

　　告别同窗师友步入大千世界,每一个"毕业生"都会伤感,分别之际,我们应该怎样话"离情别意"呢?作为毕业典礼欢送词的《让我们扬眉出剑》,主题突出、层次分明、语言流畅,它并没有催人泪下,而是把握了言辞的分寸,为"明天"的"辉煌"奠定基础,恰到好处的致辞表达了发言人真挚诚恳的感情与心愿,最后勉励大家"扬眉出剑"去创造"辉煌",作为一篇欢送词可谓做到"情至意尽"了。

任务实施

一、环境要求

　　可选择模拟办公室或多媒体教室等场所进行,备好纸、笔,配备计算机、投影仪等设备,最好每名学生配备一台计算机进行上机写作,同时要求有可展示的小舞台和发言席。

二、实施步骤

　　第一步,通过网络查找欢送词写作的相关材料。

　　第二步,分组讨论写作的内容要点,主要包括:致辞的时间、地点、场合;总结与概括宾客访问期间的活动情况及收获成果。

　　第三步,每人执笔或上机,写作初稿。

　　第四步,不同小组组员间相互修改并签名。

　　第五步,上交后在多媒体上展示,并可进行角色模拟,分组进行欢送词宣讲竞赛,师生共同点评。

拓展训练

训练一

　　以下是广州××大学生命科学学院欢送访问学者迈克教授晚宴上的欢送词,请认真阅读,查找文中存在的问题并修改。

在迈克教授欢送晚宴上的欢送词

朋友们：

  让我们举杯，祝迈克教授身体健康！工作顺利！

  迈克教授来我们学校仅仅一个月的时间，但发挥了巨大的作用。他性格开朗、平易近人，与我们学校实验室的老师们打成一片；他还热爱体育运动，每天傍晚总能在校园跑道上看见他矫健的身影；他热爱中国文化，访问期间参观了负有盛名的南粤王墓、陈家祠博物馆、镇海楼民间博物馆等，对岭南文化进行了实地考察；他还与我们的师生员工进行了充分交流。

  在向迈克教授告别的今天，我们真诚祝愿迈克教授能在今后的工作中万事顺意，有空了常回家看看。

吴天 院长
生命科学学院
2022 年 8 月 11 日

训练二

  美国专家史密特先生即将结束在广州××大学文学院为期一年的访问学者工作，请为王院长拟写一份在欢送酒会上的致辞。

训练三

  科大电子设计有限公司王祥经理及技术骨干一行 6 人来到精英教育科技公司进行考察并洽谈关于教育软件的开发与合作项目，在即将结束 4 天行程安排后，精英教育科技公司张总代表其公司设宴进行欢送，请拟写一份欢送词。

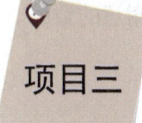

项目三　答谢词

学习目标

1. 了解答谢词的含义、特点和分类。
2. 掌握答谢词的写法和写作要求。
3. 能根据任务要求，规范地拟写和修改答谢词。

情境任务

  作为广州通达运输公司经理蒋大明的秘书，你跟随他赴上海洽谈合作项目。在沪期间，受到了上海大通货运公司热情接待和关照，会谈很有成效。临行前，蒋经理为答谢上海大通货运公司的几位领导和朋友，特准备了答谢宴会，表示辞谢。

  要求：请代蒋经理拟写一份在答谢宴会上用的答谢词。

任务分析

来而无往非礼也，礼尚往来是中华民族的优秀传统。面对地主之谊，感激之情贵在适时并通过适当的方式表达出来。在商务公关礼仪活动中，发表一篇言之有物、切题得体的答谢词，会令宾主、友人、合作伙伴感到亲切，有助于加深相互间的关系。要写好这篇答谢词，一要掌握答谢词写作的相关知识与技能；二要在行文中注意内容切题、语言得体、感情真挚，始终饱含诚挚的感谢之意。

学习指引

知识点

答谢词属于礼节性社交活动中所使用的讲话稿。它是在专门的仪式、宴会或招待会上宾客对主人的盛情接待表示感谢时所使用的一种礼仪文书。

一、答谢词的特点

1. 突出针对性

答谢词就是针对被感谢者而发的。

2. 突出感谢性

通篇都是感谢的词语，表达真挚感谢的情感。

3. 突出简洁性

答谢词的篇幅简短，语言精练。

二、答谢词的分类

（1）在欢迎仪式上的答谢词。这种答谢词是客人对主人的热情欢迎表示由衷感谢的致辞。
（2）在欢送仪式上的答谢词。这种答谢词是客人对主人的热情招待和欢送表示感谢的致辞。
（3）在授奖仪式上的答谢词。这种答谢词是获奖者对授奖者和广大的支持者表达谢意的致辞。

技能点

一、答谢词的结构和写法

答谢词一般由标题、称谓、正文和落款组成。

1. 标题

（1）可直接以文种名称作为标题，如"答谢词"。
（2）由致辞人＋致辞场合＋文种三个要素组成，如"×××董事长在欢迎日本株式会社办公室业务代表团的宴会上的答谢词"。

2. 称谓

称谓即答谢的对象。如果有多名被答谢的人，突出被答谢的主要人物，然后用泛称列出被答谢的对象。

标题下左侧顶格写明姓名称呼。称呼要用敬语，如"尊敬的""亲爱的"之类，称呼后加冒号。

3. 正文

这部分是答谢词的主体和核心，要写得完整、规范、有力，正文一般包括开头、主体、结尾三部分。

（1）开头。应首先对主人或赠予人致以谢意，并表示诚挚的问候和良好的祝愿。

（2）主体。用具体的事例，高度评价主人的精心安排，对访问期间或双方交往过程中所感受到的主人崇高的精神风范、出色的工作业绩等加以赞誉，充分肯定访问所取得的收获；或对宾主双方共同关心的一些问题表达出自己的观点、态度和愿望。

（3）结尾。再次对主人的热情接待表示感谢，并对双方关系的进一步发展表达良好祝愿。

4. 落款

答谢词的落款是在正文右下方署上答谢单位或答谢者名称，并标明日期。用于讲话的答谢词无须署名。

二、答谢词的写作要求

1. 充满真情的客套话必不可少

在礼仪场合，必要的客套话是不能省略的，比如，使用"感谢""致敬"之类热情洋溢、充满真情的词语。

2. 尊重对方习惯

在异地做客，要了解当地的民情、风俗，尊重对方的习惯。

3. 注意照应欢迎词

主人如已经致辞在先，作为客人不能"充耳不闻"。答谢词应注意与欢迎词的某些内容上的照应，这是对主人的尊重。即使预先准备了答谢词，也要在现场紧急修改补充，或根据情境临场应变发挥。

4. 篇幅力求简短

答谢词不宜冗长拖沓，以免令人生烦。

范例评析

例文1

答 谢 词

尊敬的张先生：

尊敬的大同集团公司的朋友们：

首先，请允许我代表团全体成员对张先生及大同集团公司对我们的盛情接待表示衷心的感谢。

我们一行五人代表迅达公司首次来贵地访问，此次来访时间虽短，但收获颇大。仅三天时间，我们对贵地的电子业有了比较全面的了解，与贵公司建立了友好的技术合作关系，并成功地洽谈了电子技术合作事宜。这一切，都得益于主人的真诚合作和大力支持。对此，我们表示衷心的感谢。

电子业是新兴的产业，蒸蒸日上，有着广阔的发展前景。贵公司拥有一支由网络专家组成的庞大队伍，技术力量相当雄厚，在网络工作站市场中一枝独秀。我们有幸与贵公司建立友好的技术合作关系，为我地电子业的发展提供了新的契机，必将推动我地的电子业迈上一个新台阶。

最后我代表迅达公司再次向大同集团公司表示感谢，并祝贵公司迅猛发展，再创奇迹。更希望彼此继续加强合作，共创明天。

最后，我提议：

为我们之间正式建立友好合作关系，为今后双方长久的精诚合作干杯！

迅达公司总经理
王力
2022 年 7 月 10 日

【评析】

答谢词的核心目的在于一个"谢"字。通过感谢对方，营造进一步合作的良好氛围。同时，答谢词常在宴会上发表，因此也要特别注意利用答谢词营造欢快祥和、其乐融融的气氛，此文切时切景。

例文 2

上海大智慧股份有限公司董事长、总经理张长虹先生致答谢词

各位嘉宾、各位投资者和各位网友：

时间过得很快，大智慧首次公开发行 A 股网上路演马上就要结束了。非常感谢大家在网上与我们的交流，同时也非常感谢中国证券网为我们提供的交流平台，还要感谢三家承销商西南证券、中金公司、国泰君安，以及所有参与发行的中介机构所付出的辛勤劳动。通过大家的共同努力，本次网上路演取得了圆满成功。

今天，各位投资者朋友从各个方面与我们进行了坦诚深入的交流，并为公司的经营提出了许多宝贵的建议。通过与大家的沟通，我们深深体会到未来作为一家上市公司的使命与责任。步入上市公司的行列后，我们将面临更多投资者的关注、关心与监督，我们也将以更高的要求来规范自己，以更加优异的业绩来回报广大投资者。

网上路演即将结束，但我们大智慧与广大投资者朋友的沟通交流才刚刚开始，我们的投资者关系管理工作也刚刚开始，希望大家通过各种方式与我们保持密切的沟通和联系，我们也随时欢迎广大投资者到大智慧参观考察。

大智慧是时代的产物，中国的资本市场和信息产业正处于大发展的时期，行业空间极大，决定了我们可以海阔天空，可以跃马千里。大智慧具有一种不断超越和共同发展的精神，我们需要和投资者们共赢，共同打造一个世界的大智慧。也请投资者朋友放心，我们一定会更加努力，牢牢抓住这一资本市场赋予我们的发展契机，致力于成为在世界范围内具有影响力的金融信息综合服务提供商，实现股东价值、员工价值和社会效益的最大化，成为一家值得广大投资者信赖的优秀上市公司！

再次感谢大家！

2022 年 8 月 8 日

【评析】

该篇答谢词从感谢、期盼和展望三个层次展开，主题突出、层次分明、语言恳切、篇幅简洁，是一篇内容翔实、情感真挚的佳作。

任务实施

一、环境要求

可选择模拟办公室或多媒体教室等场所进行，备好纸、笔，配备计算机、投影仪等设备，最好每名学生配备一台计算机进行上机写作，同时要求有可展示的小舞台和发言席。

二、实施步骤

第一步，通过网络查找答谢词写作的相关材料。

第二步，分组讨论写作的内容要点，主要包括：致辞的时间、地点、场合；结合具体的事例，高度评价主方的精心安排，充分肯定访问所取得的收获。

第三步，每人执笔或上机，写作初稿。

第四步，不同小组组员间相互修改并签名。

第五步，上交后在多媒体上展示，并可进行角色模拟，分组进行答谢词宣讲竞赛，师生共同点评。

拓展训练

训练一

刚刚入职不久的张小明被派往合作单位进行项目实习。实习结束时，为感谢朝夕相处半年的领导和师傅们，他写下这篇答谢词。请认真阅读，查找文中存在的问题并修改。

答　谢　词

领导、朋友们：

今天傍晚，我就要乘坐西去的列车，离开这座美丽的海滨城市，回去我所在的西北公司上班了。

这短短的半年的实习时间，成为我记忆中最美的一页。

在临行之前，纵有千言万语，也难以表达我心中的不尽之意，我只能发自肺腑地说一句：谢谢！

最后，恭祝各位领导、朋友身体健康！事业有成！

张小明
2022 年 8 月 5 日

训练二

精诚网络科技有限公司为感谢方正集团张副总经理一行 4 人对该公司 2022 年度新软件开发领域的支持与帮助，特举行答谢晚宴。请代精诚网络科技有限公司拟写一篇答谢词。

训练三

武汉致标生物医疗电子有限公司委派张明等业务骨干一行 10 人前往××大学医学部基础医学院进行为期半年的进修，结束学习后，进修所在院系为他们举行欢送会。请代张明拟写一份答谢词。

项目四　祝酒词

学习目标

1. 了解祝酒词的含义、特点和分类。
2. 掌握祝酒词的写法和写作要求。
3. 能根据任务要求，规范地拟写和修改祝酒词。

情境任务

惠仁医药有限公司是一家中美合资企业，在广州已经有了药品生产基地，10月底公司又在开发区扩建了保健品生产基地，美方管理人员、医药专家和生产线技术专家与中方人员一样，每天都在繁忙地工作着。圣诞节到了，仍有十几位美方专家不能够回国与家人团聚。公司准备在12月24日晚为美方专家举行"庆祝圣诞和新年烛光晚宴"，晚宴上，中方经理要向在座的全体人员祝酒，着重感谢美方专家。

要求：请为公司中方经理起草一篇在圣诞和新年晚宴上的祝酒词。

任务分析

祝酒词旨在向对方表示友好与祝贺及愿意密切今后交往关系的意愿。一篇得体的祝酒词，有助于将酒席、宴会的气氛烘托得更加喜庆热烈。要写好这篇祝酒词，一要明确致祝酒词的目的、时间、地点；二要注意主题突出、语言简洁明快；三要掌握祝酒词写作的相关知识与技能；四要注意深入了解中西方传统文化。写作中，既要肯定舍小家为大家的无私奉献精神，也要体现出和乐美的中华优秀传统礼仪文化。

学习指引

知识点

祝酒词是在重大庆典、友好往来的宴会上发表的讲话。宴会上祝酒，是招待宾客的礼仪。一般来说，主宾均要致祝酒词。主方的祝酒词主要是表示对来宾的欢迎；客方的祝酒词主要是表示对主方的谢忱。如果出于某种需要，也可在祝酒词中做出符合宴会氛围的深沉、委婉或幽默的表达。

祝酒词

一、祝酒词的特点

1. 祝愿性

祝愿事情的成功或祝愿与会者幸福。

2. 简洁而有吸引力

祝酒词因其场合比较隆重或热闹，因此不宜太长。可适当使用带有积极性修辞的词句，充分营造欢乐祥和的现场气氛。

二、祝酒词的分类

（1）按性质分为：用于节日等公众活动的祝酒词；用于外交、政务、商务等公务活动的祝酒词；用于喜庆、祝寿等私人活动的祝酒词。

（2）按对象分为：对来访的宾客的祝酒词；对东道主的祝酒词；对派出执行某项任务的团体或个人的祝酒词等。

（3）按范围分为：用于国际性场合的祝酒词、用于国家级场合的祝酒词、用于地区性场合的祝酒词、用于私人场合的祝酒词等。

技能点

一、祝酒词的结构和写法

祝酒词一般由标题、称谓、正文和落款组成。

1. 标题
一般直接以文种名称作为标题，如"祝酒词"。

2. 称谓
标题下方左侧顶格写明姓名称呼。称呼要用敬语，如"尊敬的""亲爱的"之类，称呼后加冒号。

3. 正文
这部分是祝酒词的主体和核心，正文一般包括开头、主体、结尾三部分。

（1）开头。首先应表示欢迎、问候或感谢。

（2）主体。主体部分根据宴请的对象、宴会的性质，简略地表述主人必要的想法、观点、立场和意见，既可以追述已经获得的成绩，也可以畅叙友情发展的历史，还可以展望未来。

（3）结尾。可用"让我们为……干杯"或"为了……让我们干杯"惯用结束语表达礼节性的祝愿。

4. 落款
祝酒词的落款是在正文右下方署上答谢单位或答谢者名称，并标明日期。用于讲话的祝酒词无须署名。

二、祝酒词的写作要求

（1）祝酒词的语言要求热情洋溢，充满喜庆感。

（2）用褒扬但不可滥用美辞。

（3）篇幅不宜冗长拖沓。

范例评析

例文 1

祝 酒 词

尊敬的各位领导、各位来宾、女士们、先生们：

今天，丰裕酿酒有限责任公司举行产品展销会，"好酒喜迎八方来客，佳酿欣会四海宾朋"。在此，我代表丰裕酿酒有限责任公司，向来自世界各地的中外来宾，向新老客户表示热烈欢迎，并借此机会，向过去给予我公司支持和帮助的全体贵宾表示衷心的感谢！

我们丰裕酿酒有限责任公司所生产的一品香系列白酒在广大消费者中享有盛誉。人称"酒闻十里春无价，醉买三杯梦亦香"。我们在发掘过去传统工艺的基础上，不断改革创新。老产品仍然保持着较高度数，以满足北方口味的要求，工艺先进，美酒甘醇，能使"猛虎一杯山中醉，蛟龙两盏海底眠；铁汉三杯脚软，金刚一盏摇头"。为了满足人们保健方面和饮用低度酒的需求，我们的一品香系列低度酒，酒精度虽然有所降低，由于我们采用新的高科技发酵工艺，借助计算机进行勾兑，口味却变得更加甘醇。不说"酒气冲天飞鸟闻香变凤，金樽落水游龙得味成龙"，却也能"沽酒客来风亦醉，欢宴人去路还香"。丰裕酿酒有限责任公司愿意和各方客户共同开发、扩大市场、联合经营、互惠互利。欢迎大家品尝、饮用、经营一品香系列白酒。

　　现在我提议，请大家共同举杯：

　　为祝贺丰裕酿酒有限责任公司展销会迎来八方宾客，为各位来宾生意如同春意满，财源更比水源长，干杯！

丰裕酿酒有限责任公司常务副总经理
张腾
2022年7月11日

【评析】

　　商务往来中的祝酒词不像外交活动或国宴上的祝酒词那样庄重严格，只要向对方表达祝贺和友好之意，为密切今后的合作交往关系，将酒席宴会的气氛烘托得更加热烈即可。该篇祝酒词文采斐然，以酒为题，内容丰富，中心明确，在简短的文字中介绍了不少专业的酒业内容，语言活泼，很有感染力。

例文2

祝 酒 词

尊敬的各位领导、亲爱的老同学们：

　　值此尊敬的张华老师华诞之时，我们欢聚一堂，庆贺恩师健康长寿，畅谈离情别绪，互勉事业腾飞，这一美好的时光，将永远留在我们的记忆里。

　　现在，我提议，首先向张老师敬上三杯酒。第一杯酒，祝贺老师华诞喜庆；第二杯酒，感谢老师恩深情重；第三杯酒，祝愿老师康泰百年！

　　一位作家说："在所有的称呼中，有两个最闪光、最动情的称呼：一个是母亲，一个是老师。老师的生命是一团火，老师的生活是一曲歌，老师的事业是一首诗。"那么，我们的恩师——尊敬的张华老师，他的一生，视名利淡如水，看事业重如山。他的生命，更是一团燃烧的火，是一曲雄壮的歌，更是一首优美的诗。

　　回想——恩师当年惠泽播春雨，喜看——桃李今朝九州竞争妍。

　　最后，让我们一起举杯：

　　衷心地祝愿恩师福如东海，寿比南山！干杯！

【评析】

　　该篇祝酒词紧扣"祝贺——歌颂——祝福"三个层次，主题突出、层次分明，作者用诗歌般的语言对祝贺对象给予了高度的评价，是一篇立意深远、内容充实、情感真挚的佳作。

任务实施

一、环境要求

可选择模拟办公室或多媒体教室等场所进行，备好纸、笔，配备计算机、投影仪等设备，最好每名学生均有条件进行上机写作，同时要求有可展示的小舞台和发言席。

二、实施步骤

第一步，通过网络查找祝酒词写作的相关材料。

第二步，分组讨论写作的内容要点，主要包括：宴请的对象、时间、地点，宴会的性质；简略地概括主方宴请的想法、观点、立场和意见。

第三步，每人执笔或上机，写作初稿。

第四步，不同小组组员间相互修改并签名。

第五步，上交后在多媒体上展示，并可进行角色模拟，分组进行祝酒词宣讲竞赛，师生共同点评。

拓展训练

训练一

以下是在"中国国际科技博览会"开幕酒会上的祝酒词，请认真阅读，查找文中存在的问题并修改。

在"中国国际科技博览会"开幕酒会上的祝酒词

（2022年7月8日晚）

各位：

晚上好！今晚，我们有机会同各界朋友相聚，感到很高兴。

"中国国际科技博览会"自上午开幕以来，已引起了我市及外地科技人员的浓厚兴趣。这次展览会在广州举行，为来自全国各地的科技人员提供了一个交流的良好平台。

今晚，各地朋友相聚一堂，将共同度过一个愉快的夜晚！干杯！

训练二

广州新光贸易公司张总即将参加大学同学毕业三十周年聚会，请代他拟写一份在聚会宴会上的祝酒词。

训练三

广州W生物医疗电子有限公司是一家生产、经营高科技医疗器械产品的民营企业，公司下设销售部、售后服务部、研发部、租赁部、公关部、财务部、人事部等多个部门。在团队的共同努力下，公司在2022年取得了良好的工作业绩，其电子医疗产品市场占有率位居全国前列。公司将于2022年12月30日举行年度总结酒会，请代王董事长拟写一份祝酒词。

项目五　贺信

学习目标

1. 了解贺信的含义、特点和分类。
2. 掌握贺信的写法和写作要求。
3. 能根据任务要求，规范地拟写和修改贺信。

情境任务

2022 年 8 月 26 日，以生产计算机通信产品为主的天图公司成立 10 周年纪念大会暨产品展销会将在深圳开幕。该公司秉承锐意创新、敢为人先的经营理念，不断开发新型产品，在国内同行业中具有很强的竞争力，并且与宏远公司有着良好的合作关系，给予了该公司多方面的帮助与支持。

要求：请你代表宏远公司廖总经理草拟一封给天图公司的贺信。

任务分析

商务交往中，贺信的根本目的是为了加强合作双方关系、增进彼此友谊。要写好这篇贺信，一要明确致贺信的目的、时间、地点；二要及时收集与掌握祝贺对象的具体成就与业绩，增强贺信的针对性；三要掌握贺信写作的相关知识与技能；四要注重商务礼仪的恰适，避免装腔作势或过度热情，体现中华传统礼仪恰到好处的中和之美。

学习指引

贺信

知识点

贺信是机关、单位、团体向取得突出成绩或遇上重大喜事的有关方面、有关人员表示庆贺的专用书信。

贺信以书面信函发出或直接送达，有的还可以在报刊上登载或在电台、电视等大众媒介上播放。

被邀请方代表在庆典仪式上现场宣读，此时贺信也可称为"致辞"；被邀请单位因故无法派代表前往参加庆典仪式时，可将贺信电传给邀请方，此时贺信也可称为"贺电"。

一、贺信的特点

1. 及时性

贺信要及时，应在庆典活动之前发至邀请方，便于邀请方安排庆典仪式议程。

2. 誉美性

贺信用于祝贺、庆贺时，语言可以使用积极修辞，对被祝贺者取得的成绩进行适度评价、表彰、赞美和祝贺。

二、贺信的分类

（1）上级给下级的贺信。可以是节日祝贺，也可以是对所取得成绩的祝贺，并提出希望和要求。

（2）同级单位之间的贺信。在表示祝贺之外，还要表示向对方学习的谦虚态度，有互相鼓励的效果。

（3）下级给上级的贺信。在表示祝贺外，还要表明下级单位或者职工群众对完成某项任务的决心和信心。

（4）给权威人士寿辰贺信。

技能点

一、贺信的结构和写法

贺信一般由标题、称谓、正文、落款组成。

1. 标题

贺信一般以文种名称作为标题。如"贺信""贺电"。或者是"祝贺对象+文种"，如"给××公司的贺信"。对个人的祝贺信也可以不用标题。

2. 称谓

接受祝贺的单位名称或个人姓名，要用尊称，后加冒号。如"尊敬的张总经理："。

3. 正文

（1）祝贺之由。说明祝贺的原因，明确祝贺的具体事件（成绩、成就或成功等），有的可以略述形势或有关背景。

（2）祝贺之情。满怀激情地表示祝贺、赞颂，如"欣闻（欣悉）……，谨代表……向……表示最热烈的祝贺"或"值此……之际，特表示诚挚的祝贺"。

（3）祝贺的意义。展示己方对祝贺事件的态度，概括分析评价取得成绩的原因，表明对该事件的肯定，说明所祝贺事由的重要性或所做的贡献。

（4）希望、勉励或决心。根据被祝贺对象的不同，或表示对对方热情的鼓励和殷切的希望，或提出双方共同理想，或写出祝贺者的决心和准备采取的行动。

（5）结尾，再次祝愿。如"祝大会圆满成功""祝贺……事业一帆风顺"等。

4. 落款

另起一行右下方署祝贺单位的名称或祝贺者的姓名，并另起一行写清年、月、日。

二、贺信的写作要求

（1）贺信正文中表示赞美与表彰的内容应根据祝贺方与被祝贺方的关系来拟定。

（2）赞美与表彰的内容要真实，对成绩的评价应中肯、适度。

（3）祝贺的态度要真诚，感情要热烈。

范例评析

例文 1

贺　信

×××软件有限责任公司：

　　贵公司落成开业，是××开发区商界的一件大喜事。在此，谨向公司领导与全体同仁致以最热烈的祝贺！

　　贵公司拥有一支由国内外软件专家组成的庞大专业队伍，技术力量雄厚，必定能开发出具有竞争力的高科技软件系统，对于满足用户的需求，活跃我国的软件市场，定会起到不可替代的重要作用。

　　衷心祝愿贵公司开业大吉，宏图大展！

××电脑股份公司
敬贺
××××年×月×日

【评析】

　　此文言简意赅，内容和行文都很得体，赞美之辞中肯、适度，祝贺的态度真诚，感情热烈。

例文 2

贺　信

××公司全体员工：

　　喜闻十月十日是贵公司成立三十周年纪念日，谨此表示热烈的祝贺！

　　三十年来，贵公司全体同志在党的领导下，发扬了艰苦创业、自力更生、增产节约、多做贡献的可贵精神，不仅为祖国的工业建设提供了新产品，而且培养了大批的技术人才，支援了兄弟单位。

　　多年来，贵公司在技术力量方面，给我公司以无私的帮助和支援。为此我们表示衷心的感谢，并决心以实际行动向贵公司全体同志学习，努力钻研技术，提高产品质量，为达到同行业的先进水平而努力。

　　最后，祝贵公司在新征途中取得更辉煌的成就！

××公司敬贺
××××年×月×日

【评析】

　　这是一篇同级单位间发送的贺信。开头点明了祝贺之由，主体部分概述了被祝贺者取得的成绩，述评了成绩取得的原因及意义，在对被祝贺者的帮助表示感谢的同时，表明了祝贺者今后工作努力的方向，结尾处再一次表示祝贺。全文语言精练、简洁明快、言简意赅，但又不乏祝贺的情真意切，内容表达恰如其分，格式规范严谨。落款中"敬贺"二字作用不容忽视，它更加强了双方联系，礼多人不怪。总之，这篇短小精悍的贺信是典范之作。

任务实施

一、环境要求

可选择模拟办公室或多媒体教室等场所进行，备好纸、笔，配备计算机、投影仪等设备，最好每名学生均有条件进行上机写作，同时要求有可展示的小舞台和发言席。

二、实施步骤

第一步，通过网络查找贺信写作的相关材料。

第二步，分组讨论写作的内容要点，主要包括：祝贺的原因，明确祝贺的具体事件（成绩、成就或成功等），并概括分析评价取得成绩的原因，表明对该事件的肯定，说明所祝贺事由的重要性或所做的贡献。

第三步，每人执笔或上机，写作初稿。

第四步，不同小组组员间相互修改并签名。

第五步，上交后在多媒体上展示，并可进行角色模拟，分组进行贺信宣讲竞赛，师生共同点评。

拓展训练

训练一

某市大型物贸商场落成典礼上，该市经贸委员会发来了一封贺信。请认真阅读该封贺信，查找文中存在的问题并修改。

贺　信

正值我市大力调整产业结构之际，物贸商场落成开业，这是我们商业界，也是全市人民的一件喜事。

商业部门是搞活经济的中坚力量。作为营业面积居我市前列的贵物贸商场的开业，对扩大商业销路，满足人民群众的物质需求，繁荣我市经济贸易，推动市场结构调整，都会产生巨大作用。

此致

敬礼！

训练二

宏图软件公司是一家致力于高科技软件开发领域的大型公司，公司新址位于新城科技开发区内。该公司将于11月10日举行搬迁开业典礼，请代海天电脑公司刘总经理拟写一封贺信。

训练三

2022年7月1日是天图贸易有限公司成立十周年纪念日。该公司将举行十周年庆典，请代其合作伙伴新鑫贸易有限公司拟写一封贺信。

项目六　邀请函、请柬

学习目标

1. 了解邀请函、请柬的含义、特点和分类。
2. 掌握邀请函、请柬的写法和写作要求。
3. 能根据任务要求，规范地拟写和修改邀请函、请柬。

情境任务

2022 年 9 月 8 日（星期四）上午 9:30，广州市国际会展中心 3 号大厅将举办大型牛仔服装展览会的开幕典礼。举办方宏达服装集团公司钱总经理拟邀请国内服装行业知名企业家刘扬先生为开幕式剪彩。

要求：假设你是宏达服装集团公司总经理秘书，请你代钱总经理撰写这封邀请函。

任务分析

在商务礼仪活动中，邀请函和请柬经常用作正式邀请嘉宾出席会议、庆典、展览、宴请活动的媒介，起到礼仪活动通知书的作用。这类文书字数并不多，但却充当着"商务大使"的作用，具有相当的严肃性，需要认真严谨地书写。要完成此任务，首先要了解邀请对象的身份，其次要掌握各种格式邀请函的结构写法。写作中注意学习与传承知礼、守礼的中华优秀传统文化。

学习指引

邀 请 函

知识点

邀请函是活动主办方为了郑重邀请其合作伙伴参加其举行的重要礼仪活动而制发的书面函件。

一、邀请函的特点

1. 文字性

邀请函的文字性就是指它的书面性。它与一般的通知是有区别的，它只能是正规的书面式邀请，或直接当面呈递，或托人寄送，或邮寄。

2. 广泛性

邀请函的使用范围是相当广泛的。特别是随着现代社会人们交往的日益频繁，各种活动逐渐增多，小到个人的生日晚会，大到一个国家的国庆大典，许许多多的活动和事项都要通过邀请函来邀请客人参加。

3. 非保密性

邀请函作为一种专用书信，它与一般的来信是不同的。一般书信的对象性强，只有收信人才有权看书信的内容，而非收信人则无此权力；而邀请函的内容一般情况下则是公开的，是允许被邀请人以外的人看的，在托人捎带时，信封常常是不封口的。

二、邀请函的分类

（1）按用途划分，有宴会邀请函、展览邀请函、会议邀请函等。

（2）按受文对象分，有专发式邀请函、普发式邀请函。

技能点

一、邀请函的结构和写法

邀请函一般由标题、称谓、正文、结尾、署名和日期组成。

1. 标题

（1）礼仪活动名称＋文种名称，如"2022年度春季订货会邀请函"。

（2）直接写文种名称，如"邀请函""邀请信"。

2. 称谓

被邀请单位名称或个人姓名，其后加冒号。个人姓名前通常加敬语，个人姓名后要注明职务或尊称，如"尊敬的×××总经理"或"尊敬的×××先生/女士"。

3. 正文

（1）问候语。邀请个人时，通常写问候语"您好"。

（2）活动内容。告知活动的目的、主题、时间、地点、日程安排、事项及要求，并发出诚挚邀请，必要时注明联络方式、交通路线、接送方式等。

（3）其他要求。重要的庆典活动一般要对被邀请对象提出参加活动的要求，如填写参加活动的回执，提供参会人数、参会人员身份信息及联系方式、参会证件用照片等。

4. 结尾

写常用的邀请惯用语，如"届时恭请光临""敬请光临"等。

5. 署名和日期

在结尾后另起一行右下方署名并于下一行写清年、月、日。

二、邀请函的写作要求

（1）邀请函的细节必须交代清楚。

（2）请函的内容一般较简单，除注重礼节外，还要热情诚恳，措辞讲究。

（3）写邀请函的重要原则是提前发出。

范例评析

例文 1

××建筑集团公司举办大型建筑机械展览会，向同行知名企业家彭士杰发出邀请函。

尊敬的彭士杰总裁：

您好！

真诚地邀请您于 2022 年 9 月 19 日（星期一）上午 9 时前往滨海市沿海路 12 号会展中心 1 号大厅，出席我集团举办的大型建筑机械展览会开幕典礼。

您作为建筑行业知名的企业家，我们以崇敬的心情邀请您光临展览会并为开幕式剪彩。

如果您能接受这项邀请，我们将倍感荣幸。热切期望您的回音。

敬颂

佳节愉快！

常天方　总经理

××建筑集团公司

2022 年 8 月 30 日

附：

联系人：李玲

联系电话：13978××××××

E-mail：J×E××@163.com

【评析】

该篇邀请函结构清晰、内容完整，行文中交代了活动的目的、主题、内容、时间、地点、要求、联络方式等，遣词造句恭敬有礼、热情诚恳，并在活动举行前 20 天发出，符合邀请函制发的基本原则。

请　柬

知识点

请柬是邀请客人时发出的专用信件，又叫请帖。它是各级机关、企事业单位、社会团体或个人邀请有关人员参加某项活动而专门制发的信柬。

一、请柬的特点

请柬虽小，却可以传递许多重要信息，并具有告知性、礼节性的特点。

二、请柬的分类

请柬按外观可以分为折叠式请柬和正反式请柬。折叠式请柬比较豪华考究；正反式请柬比较朴素简洁。

请柬按排版形式可以分为横式请柬和竖式请柬。

如果企业经过 CI 设计后，有规范的企业标识，在设计请柬时也要与之统一，以强调和宣传企业形象。

> 技能点

一、请柬的结构与写法

请柬一般由标题、称谓、正文、敬语和落款几部分构成。

1. 标题

写"请柬""邀请书"。如果请柬是折页纸,封面写"请柬"二字,封面还要做些艺术加工,如图案装饰,文字用美术体,并可套红或烫金。如果请柬是单页纸,第一行正中写"请柬"二字。

2. 称谓

写被邀请者(单位和个人)的名称,如"××研究所""××先生""××教授"等。称谓有时写在正文之上抬头顶格处;有时将请柬再放入信封,称谓写在信封上,请柬上就不再写称谓。

3. 正文

要写清被邀请人何时、何地参加什么活动或会议等。

4. 敬语

可写"敬请光临指导""敬请届时出席"或"此致 敬礼""敬请莅临"等。

5. 落款

注明发请柬的单位名称或个人姓名,并写明发请柬的日期(年、月、日),若为单位所发请柬,有时还需加盖公章。

二、请柬的写作要求

(1)柬文先要求"达",既要通顺明白,又不要堆砌辞藻或套用公式化语言。

(2)柬文也要求"雅",要讲究点文字美。请柬是礼仪交往的媒介,语言乏味或浮华都使人看了不舒服。

(3)要根据具体场合、内容、对象,认真措辞。

(4)注意尽量用口语,不要专求雅而一味追求古文言。

> 范例评析

例文 2

  成达灯具公司为举办的产品展销订货会发出统一印制的请柬。折叠式请柬封面印着公司的标识和烫金大字"请柬",信封上写明被邀请人的单位、姓名,正文内容如下:

兹定于 2022 年 7 月 21 日(星期六)上午 9 时在工业展览馆大厅举行产品展销订货会。

  敬候

光临!

成达灯具公司
2022 年 7 月 10 日

联系电话:×××××××

联系人:苏××

【评析】

该篇折叠式请柬由标题、称谓、正文、敬语和落款几部分构成,结构完整、行文简洁,无堆砌辞藻或套用公式化语言,符合请柬"通顺明白"的写作原则。

例文 3

封面：

第 60 届全国电子产品展销会
暨 2022 年（上海）国际消费电子展开幕仪式
请　柬

内页（正文）：

尊敬的 ×××先生/女士/小姐：

　　第 60 届全国电子产品展销会暨 2022 年（上海）国际消费电子展开幕仪式定于 2022 年 10 月 25 日（星期二）上午 9:30 在上海光大会展中心东馆（上海市漕宝路 78 号）举行。诚邀您届时莅临指导。

【评析】

该请柬结构完整、要素完备、语言简练精准、表意清晰，合乎礼仪文书的规范。

任务实施

一、环境要求

可选择模拟办公室或多媒体教室等场所进行，备好纸、笔，配备计算机、投影仪等设备，最好每名学生均有条件进行上机写作，同时要求有可展示的小舞台和发言席。

二、实施步骤

第一步，通过网络查找邀请函、请柬写作的相关材料。

第二步，分组讨论写作的内容要点，主要包括：明确活动主题、活动目的、活动时间、活动地点等；明确被邀请对象的姓名、性别、职务、邀请具体事项等。

第三步，每人执笔或上机，写作初稿。

第四步，不同小组组员间相互修改并签名。

第五步，上交后在多媒体上展示，并可进行角色模拟，分组进行邀请函宣讲竞赛，师生共同点评。

拓展训练

训练一

以下是一封请柬，请查找文中存在的问题并修改。

请　柬

×××教授：

　　在我们中文系 2012 届同学毕业 10 周年之际，为了感谢您对我们辛勤培育与亲切教诲，兹定于 9 月 1 日在长城宾馆举行师生联欢会。敬请您务必准时光临。

　　此致

敬礼！

张燕等同学
2022 年 8 月 31 日

> **训练二**
>
> 请向你的合作伙伴方正信息有限公司的行政经理王燕女士发出一份请柬,邀请她参加你公司成立10周年庆典酒会。

> **训练三**
>
> 2022年8月10日,你所在公司新达贸易有限公司将举行新办公楼落成典礼,你公司拟邀请市外经贸委郭大鹏副主任出席典礼并担任剪彩嘉宾,请拟写一份邀请函。

商务礼仪文书综合实训

一、实训目标

通过真实的工作情境,要求学生利用所掌握的理论知识与写作技能,完成相应情境中的写作任务,旨在全面锻炼和提高学生的商务礼仪文书写作的综合能力。

二、情境任务

中迅显示器有限公司是我国主要的计算机显示器生产基地之一,上年实现销售额8亿元人民币,产品30%出口海外,并不断保持产量连年递增的势头,质量管理也达到了同行业的先进水平。为适应生产规模的进一步扩大,上年年底,该公司又扩建了1万平方米厂房,增加了3条先进的生产流水线,使显示器年生产能力达到了100万台。

产量增加了,销售必须跟进。目前,中迅显示器有限公司在全国设有300多个代理商,为了让代理商更多地了解公司的发展,同时展示其即将推向市场的新产品的优势及性能,研究如何扩大产品销售等问题,公司领导决定8月8日~10日在广州市召开一次全国代理商会议,由公司总经理介绍企业的基本概况及发展愿景;研发部经理介绍、演示新产品的性能、核心技术及测试结果;生产部总监介绍目前企业的生产能力及生产情况;销售部总监介绍公司产品的销售情况;公司主管副总经理就下一步销售策略、销售政策及开展销售竞赛评比等事项做专题发言。同时,选择东北、华北、华南三位销售代表在座谈会上介绍各自的经验,最后表彰50家优秀代理商。会议期间,还要组织与会代表参观企业,利用一个晚上的时间举办一场联欢晚会,安排代表游览广州市内的几个景点。

为保证会议的成功举办,公司还决定会议地点安排在广州国际会议中心,食宿也在广州国际会议中心。同时各部门抽调10人组成大会筹备处,下设会务组、后勤组、秘书组。其中由张副经理负责秘书组工作,秘书杨乐具体起草会议期间相关礼仪文书,主要包括以下任务:

(1)拟定特邀嘉宾的邀请函、请柬。

(2)代王董事长草拟大会开幕式上的欢迎词。

(3)代王董事长草拟欢迎晚宴酒会的祝酒词。

(4)协助东北、华北、华南三位销售代表草拟在公司联欢会上的答谢词。

（5）代杨总经理草拟大会欢送会上欢送词。
（6）代中国计算机协会上海分会草拟贺信。

三、任务实施

（一）环境要求

本实训可选择模拟办公室或多媒体教室等场所进行，备好纸、笔，配备计算机、投影仪等设备，最好每名学生均有条件进行上机写作，同时要求有可展示的小舞台和发言席。

（二）实施步骤

第一步，分小组讨论各项写作任务的内容要点。

第二步，小组内分工合作，一人完成一部分内容，具体由组长根据讨论结果安排每位组员的任务。

第三步，每人执笔或上机，完成任务初稿。

第四步，各小组就本组的各项任务初稿进行讨论并修改。

第五步，以小组为单位上交，师生共同点评打分。同时要求组内分角色模拟宣讲。

考核评价

按作文质量评定每组每项写作任务的成绩。

优	各项任务写作格式正确，结构完整，内容明确具体，主题突出，条理清楚，文字通顺，标点符号使用正确，在规定时限内快速完成，打印装订与展示规范美观，完全符合要求
良	格式正确，结构完整，内容具体，主题明确，条理清楚，文字通顺，及时完成，打印规范
中	格式基本正确，结构基本完备，内容具体，条理清楚，按时完成，打印规范
及格	格式基本正确，结构基本完备，内容基本符合要求，按时完成，打印规范
不及格	格式不正确，结构不完整，内容不符合要求，不能按时完成，没有打印

模块测试三

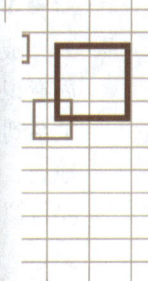

模块四

商务会议文书

> **模块要点**

本模块由会议通知，会议议程、日程，会议记录三个项目构成。通过项目训练，旨在使学生了解会议通知、会议议程、会议日程、会议记录的含义、特点与作用，掌握其写作格式、结构与要求，能够结合实际工作拟写规范的会务文书；培养学生逐步具备会议策划和组织服务的自觉意识。

➤ **重点**
- 会议通知的结构和写法。
- 会议议程、日程的结构和写法。
- 会议记录的结构和写法。

➤ **难点**
- 会议议程的安排。
- 提高撰写会议记录的效率。
- 本模块中各文种的病文析改。

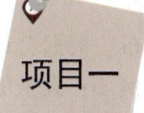

项目一　会议通知

学习目标

1. 了解会议通知的含义、特点、分类和作用。
2. 掌握会议通知的结构和写法。
3. 能根据任务要求，规范地拟写和修改会议通知。

情境任务

根据总公司关于国庆节前开展安全大检查工作的要求，美味食品公司广州分公司安全生产综合治理办公室于9月12日召开节前安全检查工作会议，对有关安全检查的方法、步骤和要求做出了布置。

要求：请根据以上情境，以美味食品公司广州分公司安全生产综合治理办公室的名义拟写一份会议通知。

任务分析

成功的会务工作,要求既能考虑全局,又能处理琐碎事宜。这就要求会务工作者既要有大局意识,又要有服务精神。会议组织方能否将参会信息清晰、准确、完整地传达给参会者直接关系到会议召开是否成功。要完成此任务,首先要明确召开此次会议的背景、目的、议题、时间、地点、参会人员、要求等一些基本事项;其次,要清楚会议通知的结构、写法与语言表述;最后,要将拟写好的会议通知及时下达给有关部门和个人。只有这样,才能保证会议的如期举行。

学习指引

会议通知

知识点

会议通知是一种用于发布会议的基本要素,要求与会人员共同执行、办理或者周知的文书,是会议组织者和与会人员之间会前沟通的重要途径。发布会议通知是会前工作的重要环节。会议通知也是企事业单位众多的会议文书中最为常见的。

一、会议通知的特点

1. 告知性

会议通知包含会议的基本要素,它常利用书面、电话、电报、海报或邮件等形式发布会议名称、会议主题、会议议题、与会人员、会议时间和地点,以及一些与会人员需要注意的其他事项,行文思路清楚,表述准确,具有鲜明的告知性。

2. 指导性

会议通知通常包括会议召开的背景、会议目标和与会人员需要注意的事项,接收者对此要认真领会,并在规定时间内完成通知布置的任务和材料的准备,以便有备而去参加会议,从而提高会议的实效性。

3. 时效性

会议通知是一种制发比较快捷、运用灵便的应用文种,通常在会议召开前公布。根据会议规模的大小、会议的性质和与会人员的身份,发布会议通知的时间也是不一样的。例如:大型的会议,其会议通知常在一个月前发出,并通常附有回执,可以选择多种方式发布,在会期临近时,最好用电话再次确认;而单位的例会,则可以当日发布会议通知,联系并确定与会人员。

二、会议通知的分类

根据会议种类、规模的不同,会议通知可分为以下几类:

(1)按通知的形式,可分为口头通知和书面通知。

(2)按通知的性质,可分为预备性通知和正式会议通知,预备性通知在正式会议通知发出前发出,主要是为了征求参会者的意见,请参会者做好相关准备,如确认报名、提交相关资料等。

(3)按会议通知的发布方式,常分为文件式、备忘录式、张贴式会议通知三种。其中,文件式会议通知内容完整、格式规范、记录详细,用于研究和决策性会议,除具备基本的标题、通知对象、正文和落款外,如涉及国内外不同的单位,通常还附有交通指引和参会回执。备忘录式会议通知则常用于本单位的例会或事务性的会议,内容相对简单。张贴式会议通知主要适用于告知性和号召性较强的会议,如可以自由参加的学术报告会就通常选择在公共场所张贴会议通知,召开股东大会的通知通常选择登报的方式予以发布。

> **技能点**

一、会议通知的结构和写法

会议通知一般由标题、送达对象、正文、落款、附件等部分组成。

1. 标题

会议通知标题常见的写法有三种形式：

（1）只标明文种，即"通知"或"会议通知"。

（2）会议名称＋通知，如"关于召开生产安全会议的通知"。

（3）单位名称＋会议名称＋通知，如"实达公司关于召开增产节约会议的通知"。

2. 送达对象

送达对象就是会议通知的接收方，可以是具体的某个单位，如"××公司"。若是很多单位，则可用统称，如"各分公司"或将几个单位并列列出。送达对象也可以是个人，这时通常直接写参会者姓名和职务。

3. 正文

正文是会议通知的主要组成部分，一般包括以下几个内容：

（1）会议的目的、召开本会议的背景。有的会议通知在说明具体参会条款之前会有前言，可以写出会议召开的背景，即会议召开的依据、召开本次会议要达成的目的、会议组织方、会议的名称。例如，"在××（背景、形势）下，为了××（目的），××（会议组织方单位名称）特决定举办××会议（会议名称），具体事项通知如下"。

（2）会议内容。主要包括会议主题或议题、会议议程的安排。

（3）会议时间。会议时间包括具体日期，即会议开始和结束的时间，还要写清楚报到的时间。需要注意的是，会议召开的时间通常要具体到某时某分，而不是笼统的某一天或上午。

（4）会议地点。会议地点即会议召开的具体地方，应写清楚会场所在的城市、地名、路名、门牌号、单位名称、楼号和房号等，如果参会者中有外地的，最好附上乘车路线图，标明地理位置及到达的主要交通方式以供参考。

（5）参会对象。参会对象指的是具体的参会人员构成，包括人数、姓名、职务或部门，有时根据需要还要明确参会者的身份特征，如是出席还是列席，有时会议组织方为了达到一定的会议规模，还会规定每个参会单位参加会议的人数。

> **注意事项**
>
> 参会对象和通知送达对象不是一回事，有时会议通知对象并不就是参会对象，它只是参会对象所在的单位或部门，具体安排谁去开会，需要单位或部门根据需要和工作职能去确定人选。

（6）其他事项。在会议通知中，有时还会补充一些其他需要注意的事项。例如：参会要求，让参会者事先准备好相关资料；参加会议的费用及缴纳方式；报名方式及确认方式；是否出席会议的答复期限；会议组织方的联络方式（如会议组织方的单位名称、地点、邮编、电话、传真、网址、银行账号）等。

4. 落款

在正文之下另起一行的右下方写明制发会议通知的单位名称，另起一行写清成文时间并加盖公章。

5. 附件

有的会议通知有附件，会附上参会回执或报名表，一般包括参会者的单位、姓名、年龄、性别、职称、预订回程票及食宿的需求等内容，要求通知对象在相应的期限内填写好后寄回，以便统计参会人数和安排会务接待。

二、会议通知的写作要求

1. 行文思路清晰，表述明确

如会议时间要具体到某时某分，地点要具体到某个房间。

2. 要素齐备

会议通知是告知参会者的会前信息，它包括一些基本的要素，如会议名称、开会时间、地点、参会者等，无论选择怎样的通知发布形式，这些要素都是必需的，缺一不可。

3. 语言简洁

会议通知语言要简洁明了，篇幅忌冗长拖沓。

范例评析

例文1

××市秘书学研究会关于召开2022年学术年会的通知

各位会员：

　　为深入贯彻习近平新时代中国特色社会主义思想和习近平总书记关于教育的重要论述，加强秘书学理论研究，推进秘书人才教育改革，推动秘书事业持续稳定发展，开创秘书工作新局面，我会定于2022年11月14日召开学术年会。现将本次年会相关事宜通知如下：

一、会议时间
2022年11月14日（星期一）9:00—12:00
二、会议地点
××大学图书馆侧楼206会议室
三、参会人员
（一）个人会员及团体会员
（二）省、市秘书学及秘书职业界领导和嘉宾
四、会议主要议程
（一）学会2022年工作报告及2023年工作设想
（二）特邀领导、专家报告
（三）年度优秀论文颁奖及获奖论文点评
（四）讨论通过学会章程修订案
（五）换届选举
（六）校际专业建设经验交流

五、其他事宜

（一）请于2022年10月30日前填写会议回执并寄回，以便统计人数安排用餐。

（二）填写工作成果信息交流表，以便通过学会简报交流。上述表格，请于2022年11月2日前发至学会电子信箱：gzmi××@126.com。

（三）会员费每人100元，采取现场收取现金的方式，同时开具正式发票。

（四）报到时间、地点：2022年11月14日上午8:30，××大学图书馆侧楼二楼大厅。

（五）交通指引

公交B25、330、313、801到××大学。

地铁4号线，D出口到××大学。

联系人：××大学公共管理系　肖小丹

联系电话：1366235××××。

××市秘书学研究会（印）
2022年10月15日

附件：

1. 会议回执

姓　名		性　别		职　务	
工作单位		通信地址			
邮政编码		联系电话		传　真	
E-mail		手　机			
能否参会		发言题目			
是否需要安排住宿	是□ 否□	是否需要预订返程车（机）票		是□　否□ 车（机）票日期： 车次（航班）：	

2. 工作成果信息交流表（略）

【评析】

这是一则文件式会议通知，结构完整，包括标题、通知对象、正文、落款和成文时间、附件五个部分。通知标题包括会议组织方名称、会议名称和文种，一目了然。正文则包括了会议召开的形势背景和目的，先总体上介绍了会议情况，接下来分条列项地说明了会议时间、地点、参会人员、会议主要议程和其他事宜，让参会者会前对会议本身和自己所需做的准备工作有了一个清晰的认识。另外，附件1选择了表格式回执，需要对方表明是否参会，并且登记自己的基本情况，以便会议组织方做好相应的准备工作，安排接站和食宿等。本例文总体来说，言简意赅，思路明确。

例文2

会 议 通 知

刘风同志：

兹定于8月8日下午3:00—4:00在公司第一会议室召开总经理办公会议，请准时与会。

丰乐公司办公室
2022年8月6日

【评析】

这是一则备忘录式会议通知,结构完整,包括标题、参会人员、正文、落款及成文时间。正文用简洁的语言,思路清晰地介绍了参会的若干要素,一目了然。通常单位内部举行事务性会议或例会时会选用此种方式。

例文3

关于举办"传媒视角中的广东文化强省建设"学术报告会的通知

时间:20××年9月27日(周三)下午2:45—4:45

讲座地点:××大学8号楼二楼学术报告厅

主 讲 人:周建平(教授)

主办单位:校办、图书馆

协办单位:学工部

主讲人介绍:

周建平,毕业于中山大学、暨南大学,文学博士。现任羊城晚报报业集团副总编辑,中山大学兼职教授,广东省批评家协会副主席。曾任中共广东省委宣传部文艺处处长。2000—2006年中国社会科学院《国家文化产业蓝皮书》撰稿人之一;出版专著包括《新时期中国文艺管理体制研究》《南方的河》等三部。在学术期刊发表论文50余篇,在报纸上发表评论文章100余篇。曾应邀在北京大学讲授"中外文化政策与管理"课程和进行"转型期演艺业发展中政府角色的定位"的专题演讲。2000年至今,应邀在中国戏曲学院、北京印刷学院、上海交通大学、中山大学、广东外语外贸大学、华南理工大学、华南农业大学、暨南大学等50多所高校做专题文化讲座;应文化和旅游部、中国社会科学院、北京市委宣传部、上海市委宣传部、内蒙古自治区党委宣传部、上海市社科院、云南省社科院、湖南省文化厅、广东省文化厅等邀请,做过多场"中外文化管理与政策"的专题报告。

欢迎广大教师、学生踊跃参加。

(请带上讲座卡,本次讲座计三学时)

××大学办公室
20××年9月25日

【评析】

这是一则张贴式会议通知。在公开场合张贴通知,希望广大师生踊跃参加由周建平教授主讲的"传媒视角中的广东文化强省建设"学术报告会。本例文具体包括标题、参会要素、主讲人情况介绍和落款四部分。行文思路清晰、内容明确、重点突出、语言简洁,能够让众多的读者以较短的时间获取相关的信息,具有较强的告知性。

任务实施

一、环境要求

可选择会议实训室、模拟办公室或多媒体教室等场所进行,备好纸、笔,配备计算机、投影仪等设备，最好每名学生均有条件进行上机写作。

二、实施步骤

第一步，通过网络等途径明确和查找写作会议通知的相关信息。

第二步，分小组讨论会议通知的写作格式，包括标题、通知对象、正文、落款和成文时间等，根据会议的性质、规模、参会者的人数和身份，选择恰当的会议通知种类进行写作。

第三步，每人执笔或上机，完成通知初稿写作。

第四步，小组内部互评，相互修改。

第五步，不同小组之间互评并进行修改。

第六步，选择学生作品在多媒体上展示，师生共同点评。

拓展训练

训练一

富康电子总公司董事会研究决定，在全公司范围内开展增产节约劳动竞赛活动，为此需召开会议将此次活动部署下去。请分析下面的会议通知存在的问题。

关于召开布置开展增产节约劳动竞赛会议的通知

各分公司、各车间党支部、公司直属各部门：

为贯彻上级精神，总公司董事会研究决定，在全公司范围内广泛开展以增产节约为主要内容的劳动竞赛活动。现将会议有关事项通知如下：

一、会议时间：10月4日—5日。

二、会议地点：总公司招待所。

三、与会人员：各分公司、总公司各直属部门主管生产的负责同志、工会主席等。

四、请各单位准备好本单位开展竞赛活动的经验材料，限5 000字，报到时交给会务组，并请与会人员于10月4日前来报到。

此告

富康电子总公司
2022年9月20日

训练二

年终将至，为深入认识2022年上半年各部门工作的成绩与不足，并安排部署2022年下半年各项工作，东方科技有限公司决定于近期召开各部门2022年上半年工作总结大会。要求各部门高度重视此项工作，工作总结要客观实际，工作安排要站在加强自身建设的角度，结合部门优势和业务特点，创新性地确定今年的工作目标和任务。形成汇报材料后，要组织本部门人员座谈，认真讨论和修改，坚决防止言之无物。汇报材料字数在1 600字左右，汇报时间控制在8分钟以内。

请以东方科技有限公司办公室的名义向各部门制发本次会议通知。

> **训练三**
>
> 腾飞保险公司为提高员工的健康意识，增加员工保健知识，特邀请××中医药大学营养科主任医师、医学博士××女士本周末在公司文化室给员工举办免费的"营养与健康讲座"，希望广大员工互相转告，踊跃参加。
>
> 请为腾飞保险公司制发一则张贴式会议通知。

项目二　会议议程、日程

学习目标

1. 了解会议议程、日程的概念。
2. 认识会议议程与会议议题的关系。
3. 掌握会议议程、日程的写作结构。
4. 能够规范写作会议议程、日程。

情境任务

按照集团全年销售工作部署，为分析总结上半年销售工作并对第三季度销售工作做出安排，味美食品有限公司广州分公司定于2022年7月10日9:00—11:00在集团综合办公一楼多功能会议厅召开上半年销售工作会议，会议由总经理主持，各部门主管、各分区负责人参加，市场部主管、分区办事处主管分别做上半年工作汇报，总经理做会议总结并致辞。为了保障会议顺利有序地进行，公司办公室除了及时向各部门下发会议通知外，还需做好当天会议议程的安排。

要求：请根据以上情境，代公司办公室起草该会议议程。

任务分析

通过了解会议议程和日程，与会者可以更好地了解会议所要讨论的问题，清楚会议顺序计划，及时获得有效信息。会议议程是一个沟通的平台、一个高效的会议管理工具。制订一份优秀的会议议程，需要对整个会议有较好的把控，具备一丝不苟的办会意识和服务精神。要完成此任务，首先要掌握会议的相关情况，如明确会议召开的背景、目的、名称、时间、地点、参会人员、会议主题等一些基本事项；其次要掌握会议议程的结构和写法。

学习指引

知识点

会议议程是对已确定的会议议题列出的先后顺序。

会议日程是对会议活动逐日做出的安排，是议程的具体化，也是会议有条不紊、有序进行的有效保证。会议日程一旦确定，就不能随意改动。

一、会议议程与会议议题的关系

议题是会议需要讨论的问题，它反映了会议的目的和任务。安排议题前，先要对议题进行收集和筛选。

收集议题有三条渠道：①单位领导批示交办或指定有关部门汇报的问题；②下级单位提请讨论决定的问题；③上级领导下达指示，需要各部门贯彻执行的问题。对收集的议题要进行筛选，并准备一些后备议题，以便见机插入讨论。

会议议程是对会议议题进行的顺序性安排，是会议议题的具体体现。两者相辅相依，相互依存。

二、会议议程的确定

确定会议议程时须注意：①要把同类性质的议题排在一起，不能把属于不同体系、互不联系的议题列在一起；②按轻重缓急程度排序，重要的、紧急的问题先讨论；③把保密性较强的议题排在后面，以便让无关的与会代表退席后再行商讨；④尊重本单位业已形成的习惯和传统，外资企业安排议程的习惯常常与中资企业习惯不一样。

安排议题后，要送秘书部门负责人审核，最后由单位领导审定。

技能点

一、会议议程的结构和写法

会议议程一般由标题和正文组成。

1. 标题

会议内容 + 文种，如"销售工作会议议程"。

2. 正文

按先后顺序，逐项列出各项议题条款。标注议程时，一定要对议题内容进行高度提炼和概括，语言要简洁。

二、会议日程的结构和写法

会议日程一般由标题和正文组成。

1. 标题

会议内容 + 文种，如"员工培训工作会议日程"。

2. 正文

通常用表格或条款方式写明以下内容：会议日期、主持人、具体时间、活动内容、召集人、地点、其他（包括会议期间各项活动的安排，就餐的时间、地点等都应该交代清楚）。

三、写作要求

（1）语言简洁，高度概括议题内容。

（2）日程安排中所有有关会议的事项都要具体翔实地交代清楚，并与相关部门落实到位（包括接待、会务、后勤以及各项活动经费的落实），否则会给与会人增添许多不必要的麻烦。

范例评析

例文 1

安全工作会议议程

一、宣传片：安全生产，重于泰山
二、安监部经理传达集团公司安全工作会议精神
三、公司总工程师做 2022 年安全工作报告
四、公司副经理宣读《关于表彰 2022 年度安全生产先进集体、先进个人的决定》
五、安全生产先进集体、先进个人颁奖仪式
六、受表彰的先进集体代表发言
　　受表彰的先进个人发言
七、公司经理与各单位、各部室签订 2023 年度安全生产责任书
八、公司经理讲话

【评析】

本议程表明这是一次内容非常重要的会议，体现了会议的主题。全文条理清晰，并体现了内在的逻辑顺序。

例文 2

经济工作会议日程

时间：4 月 11 日上午
地点：公司多功能会议室
主持人：田×
8:00—9:00 与会代表报到、登记
9:00—9:15 致辞　贺美英
9:15—10:00 主题演讲：《××××××》陈×
10:00—10:45 主题演讲：《××××××的现状和展望》彭××
10:45—11:00 茶歇
11:00—11:40 学术报告：《××××××：××××××××》魏×
11:40—11:50 讨论
11:50 上午会议结束
12:00—13:00 公司小餐厅自助午餐
时间：4 月 11 日下午
地点：公司多功能会议室
主持人：王××
14:00—14:30 学术报告：《××××××的策略》秦×
14:30—14:40 讨论
14:40—15:10 学术报告：《××××××××》王××
15:10—15:20 讨论
15:20—15:35 茶歇

15:35—16:15 学术报告：《×××：××××××××》李××
16:15—16:45 讨论
16:45—17:20 总结评论　胡××　裴××
17:20 会议结束

【评析】
　　这份日程安排精确地估算了每位代表的发言时间，效率意识强。会议地点、就餐安排明确，代表拿到这样一份会议组织文件会感到很方便。

例文 3

××公司提高企业核心竞争力研讨会日程表

日期	时间		内容安排	地点	参加人	负责人	备注
6月18日	上午	8:30	报到	会议大厅	全体	黄秘书	
		9:00—10:00	总经理讲话	小会议厅	全体		
		10:20—11:50	公司顾问讲座	小会议厅	全体	刘秘书	投影仪
		12:00	午餐	宾馆餐厅	全体	钟秘书	自助餐
	下午	1:30—4:00	李副总经理专题报告	小会议室	全体		
		4:20—5:30	人力总监发言	小会议室	全体		
	晚上	6:00	晚餐	宾馆餐厅	全体		
		7:30	联欢	娱乐中心	全体		
6月19日	上午	7:30	早餐	宾馆餐厅	全体		
		9:00—10:30	分组讨论	小会议厅	全体		
		10:40—11:40	分组讨论	小会议厅	全体		
		12:00	午餐	宾馆餐厅	全体		
	下午	1:30—3:00	分组讨论	小会议室	全体		
		3:20—5:00	各组代表发言	小会议室	全体		
	晚上	5:20—7:20	聚餐	宾馆餐厅	全体		
		8:00	离会				

【评析】
　　这是一则表格式会议日程，时间、内容安排、地点、参加人、负责人、所需设备支持交代清楚，一目了然，行文简洁。

任务实施

一、环境要求

　　可选择会议实训室、模拟办公室或多媒体教室等场所进行，备好纸、笔，配备计算机、投影仪等设备，最好每名学生均有条件进行上机写作。

二、实施步骤

　　第一步，通过网络等途径明确和查找写作会议议程的相关信息。
　　第二步，分小组讨论会议议程的写作，确定格式、明确讲话内容（市场部主管、分区办事处主管分别做上半年工作汇报，总经理做会议总结并致辞）的先后顺序。
　　第三步，每人执笔或上机，完成议程初稿写作。

第四步，小组内部互评，相互修改。
第五步，不同小组之间互评并进行修改。
第六步，选择学生作品在多媒体上展示，师生共同点评。

拓展训练

训练一

华胜集团定于 12 月 8 日召开业务恳谈会，邀请多名业务合作伙伴、新老客户前来参加。业务助理小王有幸担任此次恳谈会的主持人，下面是他起草的当日恳谈会会议议程，分析其存在的问题并进行修改。

会议时间：12 月 8 日
会议地点：公司多功能报告厅
会议程序：
一、主持人公布会议开始：（介绍主席台成员，会议程序 时间：3 分钟）
尊敬的各位领导、各位来宾，下午好！恳谈会现在开始。首先，请允许我代表华胜集团，向各位嘉宾表示热烈欢迎和衷心的感谢！（掌声）今天，这里贵宾云集、高朋满座，新老朋友欢聚一堂。十二月的广州虽说不上天寒地冻，气温也是相当低的，但我们的心却是暖洋洋的，因为邀请到了这么多嘉宾参加我们的恳谈会。我们主要是想通过这种形式，加深大家对华胜集团的了解，达到联络感情、加深合作、增进友谊、共谋发展的目的。
二、领导张总致欢迎词（时间：5 分钟）
三、播放视频（时间：15 分钟）
四、集团领导陈总发表工程信息（时间：15 分钟）
五、合作物流公司王总发言：规范市场配送（时间：10 分钟）
六、新老客户代表发言（时间：20 分钟）
七、媒体代表华南商报发言（大众媒体）（时间：10 分钟）
八、与会嘉宾交流讨论（时间：30 分钟）
九、集团公司董事长做总结发言（时间：15 分钟）
十、主持人宣布会议结束：恳谈会进行到这里就告一段落，最后，祝各位来宾身体健康、事业发达，祝我们的交流与合作取得圆满成功！请各位嘉宾移步餐厅就餐。

训练二

聚龙大酒店 2021 年度总结表彰大会于 2023 年 1 月 14 日在酒店三楼大会议室隆重举行，参加大会的有公司主要领导、各部门经理、全体员工，会议由人力资源部经理何龙主持。会上何龙宣读了《聚龙大酒店 2022 年度人事任命文件》《关于表彰聚龙大酒店 2022 年度先进集体、先进个人的决定》；向先进班组、优秀管理者、市场标兵、安全标兵、最佳新人、服务标兵等颁奖，先进集体、先进个人代表发言；酒店与各部门签订 2023 年度目标责任书；陈凌峰总经理做 2022 年工作总结及 2023 年工作部署；市场部经理徐玲玉做 2023 年春节黄金周动员报告。

请根据以上材料，拟写一份聚龙大酒店 2022 年度总结表彰大会议程。

> **训练三**
>
> 试将例文 2 中条文式会议日程改为表格式日程。

项目三　会议记录

学习目标

1. 了解会议记录的概念、特点和分类。
2. 了解会议记录的构成要素。
3. 了解会议记录的写作要求。
4. 能够规范写作会议记录。

情境任务

为了贯彻"安全第一、预防为主"的方针，建立安全和谐的生产经营环境，减少事故的发生，降低安全风险，提升企业形象，提高经营效益，亿利食品有限公司于 3 月 13 日上午，隆重召开了以"安全生产，重于泰山"为主题的安全生产会议，公司主要领导、各车间主管参加了此次会议。

要求：请根据会议发言情况，做好会议记录。

任务分析

要完成此任务，首先要掌握会议组织的基本情况（如会议目的、名称、时间、地点、参会人员等），这是做好会议记录的基础；其次要抓住会议的主题，这样在做会议记录时才能抓住重点；再次要清楚会议记录的结构和写法；最后要做好会后整理工作。在写作会议记录的过程中要始终秉持实事求是的精神。

学习指引

知识点

会议记录是真实记载会议情况、会议报告、讨论发言、会议决议等内容的文字材料。

它客观反映会议的内容和进程，是形成会议纪要、会议简报的重要素材和检查会议决定事项执行情况的依据，具有重要的保存、利用价值，是重要的文书档案材料。不论会议规模大小，凡是重要会议都要做好会议记录。会议记录一般只在本单位保存，不在社会上流传。

一、会议记录的特点

1. 准确

准确是指会议记录要记录原话、原意、原来的语气，不能用记录人的语言去加工概括，不能加入记录人的意见。会议的插话一般不记，但重要的插话，如主持人的提示、对被插话人发言所持的态度、总结性的语句等，要加括号说明。记录中的人名要写全称，标点符号的使用要规范。记录应使用第三人称，以示客观，强调准确。

2. 迅速

书写记录要迅速，能跟上发言，这是会议记录的一大特点。如果记录跟不上发言，记录的内容就会残缺不全，甚至违背发言者的本意。为此，常常需要用到各种速记方法或者录音，会后再行整理。

二、会议记录的种类

1. 按会议的内容分

按会议的内容，可将会议记录分为日常办公会议记录、指示型会议记录、讨论型会议记录。

2. 按记录的详略分

（1）详细会议记录。这类记录要求详细记录会议的全过程，包括会上发言、不同意见、争论和会议决议，有的还记录发言人的语气、动作。重要的会议要采用详细记录。

（2）摘要式会议记录。这类记录只对会上的发言要点、结论、决议做记录，与会议无关的话题可以不记。

技能点

一、会议记录的结构和写法

会议记录的写作有固定的格式，一般由四部分组成。

1. 会议标题

一般写法：单位名称＋会议事由（含届、次）＋"记录"，如"××公司第×次办公会议记录"。

2. 会议组织情况

主要包括：

（1）会议日期。写明年、月、日，必要时应注明具体时间。

（2）会议地点。写明会议场所名称，如"××会议室"。

（3）会议主持人。写明主持人姓名及职务。

（4）与会人员或参加人员。人数不多的重要会议，按顺序写清与会人员的单位、姓名、职务；人数很多的会议，只写与会人的范围、总人数以及主要领导的姓名和职务，缺席人员应注明缺席原因；另外写上记录人姓名，以示负责。

3. 会议进行情况

主要写会议议程、议题、讨论过程、发言内容、会议决议等。

具体内容：

（1）会议议题和会议主持人的启示性讲话。

（2）与会人讨论发言。先写发言人的姓名，然后记下他的发言。在记录发言时，多数会议只需要记录发言要点，即把发言者讲了哪几个问题，每一个问题的基本观点与主要事实、结论，对别人发言的态度等，做摘要式的记录，不必"有闻必录"。某些特别重要的会议或特别重要人物的发言，需要记下全部内容。可使用录音设备先录音，会后再整理出全文；也可由速记人员担任记录；重要的会议还可以有多个记录人员采用多种方式记录，以便会后核对。不论是详记还是略记,都要如实记录,尽可能记下发言人原话,切不可凭印象随意编写或歪曲他人的原意。

(3)会议决议和会议主持人总结及结论性意见。一般在会议的最后由会议主持人予以归纳,记录人应该逐字逐句记下。还要记下与会者对决议的态度,如果与会者一致同意,则要写上"一致同意"或"一致通过"。如有异议,则须如实记下不同意见。如有表决,则记下表决票数。这部分是会议成果的综合反映,是会议记录的主体。这部分是了解会议意图的主要依据,是会议成果的综合反映,是日后备查的重要部分,要着重记录。

4. 尾部

会议结束,记录完毕,要另起一行写"散会"二字,如中途休会,要写明"休会"字样。

有些会议记录需由发言人和会议主持人审阅、签名。

有些会议记录则在会后整理后,再送发言人和会议主持人审阅、签名。

二、会后整理

在记录过程中,由于发言人语速较快,记录人使用了代替符号,或者有句子不完整的地方,就需要会后进行整理,即把那些使用代替符号的地方"翻译"过来,把不完整的地方补充完整。如有当时没有记下来或记得不清楚的地方,还应找发言人核实。整理好后的文稿应送负责人核阅、签字,以备查考。

三、会议记录的写作要求

1. 真实准确

即忠实于原话,不随意增删改动,尤其是关键性话语不能走样。

2. 反应迅速

记录前要事先对会议内容和所涉及问题有所了解,这样在记录时才能迅速做出反应。

3. 注意保密

会议记录要妥善保管,不得外传或遗失。

范例评析

例文 1

××市城南开发区管委会办公会议记录

时　间:20××年4月6日上午

地　点:管委会会议室

主持人:李××(管委会主任)

出席者:杨××(管委会副主任)　周××(管委会副主任,主管城建)

　　　　肖××(市建委副主任)　张××(市工商局副局长)

　　　　陈××(市建委城建科科长)　建委、工商局有关科室宣传人员、街道居委会负责人

列席者:管委会全体干部

记录人:邹××(管委会办公室秘书)

讨论议题:

1. 如何整顿城市市场秩序

2. 如何制止违章建筑，维护市容市貌

会议内容：

一、主持人李××讲话

在开发区党委领导下，我区各职能单位同心协力、齐抓共管，在创建文明卫生城方面取得了一定成绩，相应的城市市场秩序有了一定的进步，市容街道的改善也较可观。可近几个月来，市场秩序倒退，街道上小商贩逐渐多起来，水果摊、菜摊、小百货摊满街乱摆，一些建筑施工单位沿街违章搭棚、乱堆乱放材料、搬运泥土撒落……这些情况严重地破坏了市容市貌，使大街变得又乱又脏，社会各界反应很强烈。因此，今天请大家来研究讨论两个问题：一是关于如何整顿城市市场秩序的问题，二是关于如何制止违章建筑、维护市容市貌的问题。

二、讨论发言

杨××：市场是到了非整不可的地步了。我们的方针、办法都有了，过去实行过，都是行之有效的，现在的问题是要有人抓，敢于抓到实处。只要大家齐心协力，问题是能够解决的。

秦××（居委会主任）：整顿市场纪律居委会也有责任。我们一定发动居民配合好，制止乱摆摊、乱叫卖的现象。

肖××：有的施工单位不顾市里创建文明城市时发布的文件，在人行道上搭工棚、堆器材，这些违章作业严重地影响了街道的整齐、美观，也影响了街道的整洁。希望管委会召集施工单位开一次会，重申政府相关文件，要求他们限期整改，否则按文件规定惩处，态度要明确、坚决。

陈××：对犯规者先是要宣传教育，如果施工单位仍我行我素，就按相关文件规定处理，这样他们也无话可说。

周××：城市管理我们都有文件，有办法，现在是贵在执行，职能部门是主力军，着重抓，其他部门配合抓。居委会把居民特别是"执勤老人"（退休职工）都发动起来，按7号文件办事，我们市区就会变得文明、整洁、美观。

三、与会人员经过充分讨论、协商，一致决定：

1. 由工商局牵头，居委会及其他部门配合，第一周宣传，第二周行动，监督落实，做到坐商归店，摊贩归点，农贸归市，彻底改变市场紊乱状况。

2. 由管委会牵头，城建委等单位配合，对全区建筑工地进行一次彻查，然后召开一次施工单位会议，对违章建筑、违章工地限期改正。一个月内改变面貌，过时不改者坚决照章处理。

散会。

主持人：（签名）
记录人：（签名）

【评析】

这是一篇详细会议记录，格式符合会议记录的要求，标题包括了会议组织单位名称、事由和文种。开头记述会议的组织情况，如时间、地点、与会人员、主持人、记录、议题等。主体部分客观、详细地记录了会议的过程情况，对会议做出的决议记录具体、清楚。尾部说明会议结束并由主持人、记录人签名确认。全文结构完整，条理清晰。

例文 2

天秀教育科技有限公司广州分公司第×次办公室会议记录

时间：20××年5月4日 14:30—16:00

地点：行政楼第三会议室

出席者：刘××（经理）、杨××（教务长）、张××（办公室主任）、吴××（办公室秘书）及各部门主要负责人

缺席者：××（外出开会）

主持人：刘××（经理）

记录人：吴××（办公室秘书）

一、报告

（一）杨××报告分公司基本建设进展情况。（略）

（二）主持人传达总公司《关于压缩行政经费的通知》（以下简称《通知》）。（略）

二、讨论

分公司如何按照总公司《通知》的精神抓好行政经费的合理开支，切实做到既做好勤俭节约，又不影响正常的培训教学、科研等活动的开展。

三、决议

（一）利用两个半天时间（具体时间由各部门自己安排，但必须安排在本周内）组织有关人员集中传达和学习《通知》精神，提高认识，统一思想。

（二）各部门负责人在认真学习的基础上，利用下周部门学习的时间向员工传达、宣讲。

（三）各部门责成有关人员根据《通知》的压缩指标，重新审查和修改本年度行政经费开支预算，并于两周内报办公室。

（四）各部门必须严格控制派出参加外地会议及外出学习人员的人数，财务部更要严格把关。

（五）利用学习和贯彻《通知》精神的机会，对全公司员工普遍开展一次勤俭节约、艰苦朴素的传统教育。

散会。

主持人：（签名）

记录人：（签名）

【评析】

这是一份摘要式会议记录。开头交代了这次办公会议的概况，注明了与会者身份，缺席者缺席的原因，主体内容采用摘要式记录，反映了会议过程。决议情况记录清楚、具体、格式规范，是一则很好的会议记录。

任务实施

一、环境要求

可选择会议实训室、模拟办公室或多媒体教室等场所进行，备好纸、笔，配备计算机、投影仪等设备，最好每名学生均有条件进行上机写作。

二、实施步骤

第一步，通过网络等途径明确和查找写作会议记录的相关信息。

第二步，分小组讨论会议记录的写作格式，包括标题、会议组织情况、会议进行情况、尾部等；模拟参会者的身份，就会议的议题进行发言。

第三步，做好会议记录，要求格式完整，表述清晰。

第四步，小组内部互评，相互修改。

第五步，不同小组之间互评并进行修改。

第六步，选择学生作品在多媒体上展示，师生共同点评。

拓展训练

训练一

兴华公司党支部就入党积极分子的培养情况以及党内民主生活会召开了支部会议，下面是支部干事刘××记载的会议记录，请指出其存在的问题。

兴华公司党支部会议记录

时　　间：20××年3月8日

地　　点：会议室

出　　席：赵×× 白×× 于×× 刘×× 郑×× 刘××

记录人：刘××

主持人：赵××

首先由赵××发言。接着进行了两项内容。第一项是对入党积极分子的培养情况进行了总结，对各人的缺点和进步进行分析，提出了改进之处，支部成员一致同意将蔡××、尚××列为党建对象。

第二项是召开了党内民主生活会，全体党员进行了自我检查，并开展了相互批评。张××认为支部成员的工作还不够细致，工作方法还应改进。支部书记赵××对此进行了解释，并表示将尽力改善。

散会。

训练二

飞熊公司是一家软件开发公司，最近就《中国办公室》软件是否投入开发以及如何开展前期工作的问题召开了项目工作会议，公司各部门主任出席了此次会议，会议由公司副总经理马燕主持，办公室主任祁迎峰做会议记录。

请分角色模拟办文情景，为飞熊公司做好会议记录。

训练三

天成科技有限公司于7月4日14:30—17:00在公司办公大楼第二会议室召开了本周工作例会，经理刘枫、副经理杨强、办公室主任张平、办公室秘书吴飞及各部门主要负责人出席了此次会议，会议由刘枫经理主持，会上各部门负责人就本部门的工作进展及存在问题进行了汇报，副经理杨强强调公司业务是最重要的模块，要加大力度抓紧和投入，与会人员就如何进一步拓展公司产品的销售业务进行了热烈讨论并形成一致决议。

请分角色模拟办文情景，为天成科技有限公司做好会议记录。

商务会议文书综合实训

一、实训目标

通过真实的工作情境，要求学生利用所掌握的理论知识与写作技能，完成相应情境中的写作任务，旨在全面锻炼和提高学生的会议文书写作的综合能力。

二、情境任务

恒达商业集团公司年度工作总结表彰大会暨"十佳销售明星"授奖仪式即将举行。会议主要任务有表彰年度先进工作者、表彰年度"十佳销售明星"、先进单位及代表经验交流。会议邀请到市经贸委主任出席，对方已经做好发言准备。对公司发展有重要影响的嘉宾共有5人出席，其中1人拟在开幕式上讲话。会期两天，第一天上午开幕式、颁奖仪式与相关议程，下午打破以分公司为单位组织小组讨论的惯例，重新编组讨论，广泛交流各分公司好的经验性做法。晚上安排娱乐活动。次日上午集中开会，分小组总结、交流讨论情况，主要领导、总经理顾民最后在大会上做总结发言，会后组织考察活动。

请根据以上情境，完成如下写作任务：
（1）以该集团公司名义拟定一份会议通知。
（2）拟写该会会议议程。
（3）拟写该会会议日程。
（4）做好当天下午分组讨论的会议记录。

三、任务实施

（一）环境要求

本实训可选择模拟办公室或多媒体教室等场所进行，备好纸、笔，配备计算机、投影仪等设备，最好每名学生均有条件进行上机写作。

（二）实施步骤

第一步，分小组讨论各项写作任务的内容要点。
第二步，小组内分工合作，一人完成一部分内容，具体由组长根据讨论结果安排每位组员的写作任务。
第三步，每人执笔或上机，完成任务初稿。
第四步，各小组就本组的各项任务初稿进行讨论并修改。
第五步，以小组为单位上交。

考核评价

按作文质量评定每组每项写作任务的成绩。

优	各项任务写作格式正确，结构完整，内容明确具体，主题突出，条理清楚，文字通顺，标点符号使用正确，在规定时限内快速完成，打印装订与展示规范美观，完全符合要求
良	格式正确，结构完整，内容具体，主题明确，条理清楚，文字通顺，及时完成，打印规范
中	格式基本正确，结构基本完备，内容具体，条理清楚，按时完成，打印规范
及格	格式基本正确，结构基本完备，内容基本符合要求，按时完成，打印规范
不及格	格式不正确，结构不完整，内容不符合要求，不能按时完成，没有打印

模块测试四

模块五 商务宣传文书

模块要点

本模块由商业广告文案、产品说明书、商务消息、微信文案四个项目构成。通过项目训练，旨在使学生了解商业广告文案、产品说明书、商务消息、微信文案的含义、特点与作用，掌握其写作格式、结构与要求，能够结合实际任务撰写规范的常用商务宣传文书；培养学生善于沟通、宣传的工作习惯，使学生逐步具备商务人士的沟通宣传意识与能力，树立诚信意识、法律意识，坚持正确的传播导向。

➤ **重点**
- 商业广告文案的结构和写法。
- 产品说明书的结构和写法。
- 商务消息的结构和写法。
- 微信文案的结构和写法。

➤ **难点**
- 商业广告文案的构思创意。
- 产品说明书与产品广告的区别。
- 商务消息"倒金字塔结构"的熟练运用。
- 微信文案标题创意。
- 本模块中各文种的病文析改。

项目一 商业广告文案

学习目标

1. 了解商业广告文案的含义、特点、构成要素和分类。
2. 掌握商业广告文案的写作要求。
3. 能根据任务要求，创作和修改商业广告文案。

情境任务

华为创立于1987年，是全球领先的ICT（信息与通信技术）基础设施和智能终端提供商。

要求：请收集华为最新一款手机的资料，并为其设计一篇商业广告文案，让更多的消费者感受到华为新品带来的震撼，在期待之外，更有惊喜。

任务分析

要创作出成功的商业广告文案，必须要头脑清晰，清楚自己要向什么人传递什么样的信息。要想创作出满足企业诉求的商业广告文案，需要做到以下几点：掌握商业广告文案写作的相关知识和技能；对产品的设计思路、特性、目标人群及销售现状等有深入和全面的了解，并在此基础上发挥创意；增强自身法律意识，诚实守信，遵守广告相关法律法规及职业道德规范，对消费者负责。

学习指引

知识点

"广告"一词源于拉丁语，原意是吸引人注意，广而告之。广义的广告包含任何有目的的公众传播活动，如社会公益性广告等。狭义的广告也称商业广告，是指商品经营者或者服务提供者通过一定的媒介和形式直接或者间接介绍自己所推销的商品或者服务的商业活动。

广义的广告文案泛指广告作品的全部，包括广告的文字、图片、编排设计等。狭义的广告文案单指广告作品中的语言文字部分，构成广告作品的图画、照片、色彩、字符变化、布局编排等要素，以及广告活动中所需要的其他用文字形成的广告应用文书，如广告策划书、广告计划书、广告预算书等，都不属于广告文案。

在我国，如无特殊说明，一般使用狭义的广告文案概念。

一、商业广告文案的特点

1. 宣传诱导性

广告文案的作用就是为了宣传商品、拓宽产销渠道、引导消费、方便公众生活，从而推动市场竞争，繁荣社会经济。人们在选择和决定购买时，广告的作用显而易见。

2. 内容真实性

广告文案要求遵守商业道德和对公众负责。不真实的广告文案，是没有生命力的广告文案。

3. 创意技巧性

广告文案不同于简单的商品介绍和一般消费指南，它要根据商品的特点和推广要求进行设计，以创意吸引公众眼球，并从心理、品味等方面紧扣公众心弦，以高度的技巧打动公众，引起公众的购买欲望。

4. 实际效应性

广告文案追求表现的力量和传播的效果，而以产生说服的效应为最终目的。广告文案是否成功，终究是以实际效应的大小作为尺度的。

商业广告文案

二、商业广告文案的种类

商业广告文案按传播媒介可分为报纸广告文案、杂志广告文案、电视广告文案、广播广告文案、网络广告文案、户外广告文案、其他媒体广告文案等。

商业广告文案按诉求可分为理性诉求型广告文案、感性诉求型广告文案、情理交融型广告文案。

商业广告文案按体式可分为记叙体广告文案、说明体广告文案、论说体广告文案、文艺体广告文案等。

技能点

一、平面（印刷）商业广告文案的结构和写法

平面（印刷）商业广告文案一般由标题、正文、广告语、随文四大要素构成，并随广告表现形式的变化而灵活变化。

1. 标题

标题是广告的题目，标明广告的主旨，集中表达广告中最重要或最能引起受众兴趣的信息，同时又是区分不同广告内容的标志。标题是处于广告主要位置的文字，为读者首先读到的文字，因此在最显著的位置以醒目、特别的字体加以突出。

（1）标题的写法。

1）直接标题。以简明的文字直接表明广告的主要内容，使人们一看就知道要推销什么，会给消费者带来什么利益。例如："中意冰箱，人人中意"——中意电器公司广告。

2）间接标题。在标题中不直接表明广告主题，而是用耐人寻味的语句诱导人们去阅读正文。例如："今年20，明年18"——某化妆品广告标题。

3）复合标题。以两种以上形式综合表达信息，有引题、正题、副题三种具体形态。复合标题融合了直接标题和间接标题，可在标题中传递更多信息。例如某白酒公司广告文案标题，第一行正题：闻到酒香了吗？第二行副题：若无开坛人，岂能醉三家。再如××保济丸广告文案标题，第一行引题：经验告诉我，家人总有吃坏肚子的时候。第二行正题：××保济丸随时用得着。

（2）标题的表现方式。

1）新闻信息式。宣布新闻或提供信息。例如："×××商厦新建开业"。

2）提问式。提出问题，吸引读者在正文中寻找答案，激起读者的好奇心和想象力。例如："用1次＝200张面膜，什么样的治愈瓶可以帮你省掉1年面膜？"——某精华液广告标题。

3）悬念式。在标题中设立一个悬念，迎合受众追根究底的心理特征，以吸引注意与探究。悬念一般是受众不能预料的，甚至是完全与受众的认知倾向、心理期待相反的事实，以给受众留下深刻印象。例如："我们从人们耳朵里取出来的东西。"——耳鸣学会募捐广告。旁边配以水龙头、哨子、锉刀、自行车铃、苍蝇等的画面，实际要表达的是耳鸣者的痛苦。

4）提倡号召式。提出主张，号召采取行动。例如："轻松能量，来自红牛。"——红牛饮品广告。"请来本店用餐吧！不然你我都要挨饿了。"——某餐馆广告。

5）启发式。引起消费者好奇和思考。例如："只补钙够吗？"——某高钙奶粉广告。

6）利益式。向消费者承诺，使用某产品或服务，会得到某种利益。例如："快递日本，隔日就到，世界就这么小。"——联邦快递广告。

注意事项

◆ 应该力求做到使标题中的信息内容能创造性地传递，并且提升它在形式上的趣味性。

◆ 标题写作应该表现广告的全部销售观念，做到简洁、明确、易懂、易记。

2. 正文

广告正文是广告的主体，是承接标题，展开讲述广告信息的主要说明文字。广告的基本内容主要是通过正文来传递的，因而正文是广告文案中最重要的组成部分。正文的构思应该从引起阅读者兴趣、信任、欲望、行动等若干环节出发，应是标题的逻辑发展。正文涉及的范围包括产品或服务特点、利益和用途等。

（1）正文的写法。正文撰写有多种形式，应灵活运用。常见的表现形式大致有：

1）直叙式。即采用理性的诉求方法，以客观、直截了当的手法直陈事实，对产品作用明明白白地简明描述。

例如，北京亚都生物技术公司的 DHA 缓释胶囊的广告文案正文："新一代智力保健品——亚都 DHA，是采用现代生物高科技研制开发的新型保健品，系缓释胶囊型。旨在补充人类大脑发育、智力增长所必需的重要物质；DHA 即二十二碳六烯酸，主要来源于深海鱼类的鱼油，乃是人类脑细胞生长发育必需的结构物质。"

2）企业形象式。即以企业或公司的口吻，表述企业的观点、理念、态度及服务宗旨等，赋予企业良好的形象。

例如，万科投放的以"珍视生活本质"为主题的广告："最温馨的灯光一定在你回家的路上，如果人居的现代化只能换来淡漠和冰冷，那么它将一文不值。我们深信家的本质是内心的归宿，而真诚的关怀和亲近则是最好的人际原则。多年来，我们努力营造充满人情味的服务气质和社区氛围，赢得有口皆碑的赞誉，正如你之所见。"

3）独白或对白式。即以人物用自己的语言表述的方式展开诉求，或从某用户的角度，以"我"的口吻，采用内心独白，表明观点，抒发情感；或通过某生活片段中的人物对话，展开诉求。

例如，7-Eleven 24 小时连锁店的一则广告文案由两人的各自独白构成，组成了一个完整的故事情节，广告充分展现了该店人性化服务的良好企业形象。

年轻人：清晨四点，整个城市好像只有在那个角落，让人觉得明亮且温暖。

店员：我记得那天冷冷的，还在下雨。他站在那里喝咖啡，心情好像很坏。

年轻人：只不过买了他的一杯咖啡而已，他就像个老朋友一样陪我聊了很久。

店员：我只不过问问他是不是工作不顺心，他就像好久没有跟人说过话似的，一说就说个不停。

年轻人：我好像第一次跟一个陌生人讲那么多话！也就在这个角落里，我第一次感觉到许多人竟然那么单纯、那么认真地活着。

店员：嗨，刮刮胡子吧！常来哦，别忘了这个方便邻近的好邻居哟。

年轻人：那个早晨，我觉得自己的脸那么清新，那个角落真的特别明亮、特别温暖。

4）故事式。即通过一个简单、有趣的故事情节来引发人们的阅读兴趣，同时用故事将产品和服务的信息形象化，从而加深读者印象和好感。

例如：海南椰岛鹿龟酒广告，以征文《发现我的父亲》的形式，讲述生活中一个个真实的父亲的故事，并连续刊出，使"父亲的补酒"这一广告信息变得丰厚、实在、深入人心。

（2）正文的写作要求。广告正文作为广告信息传递的重点，写作时尤其要注意有效性。一般要求做到：

1）突出主要信息，即把主要诉求点突显出来。

2）语言表达简明、易懂。

3）内容展开要逻辑有序，具备号召力。
4）表达生动、有趣。

3. 广告语

广告语又称广告口号、主题句、标题句，是为了加强公众对企业、产品、服务的印象，在较长时期内反复使用的口号性语句。

（1）广告语的写法。

1）简短单句，即一个独立的简短单句。例如："酸酸甜甜就是我"——蒙牛酸酸乳广告；"沟通从心开始"——中国移动广告。

2）简短双句，由两个相互关联的简短单句构成。例如："坐红旗车，走中国路"——红旗汽车广告；"透心凉，心飞扬"——雪碧广告。

3）企业或品牌名称加简短单句。例如："农夫山泉有点甜"——农夫山泉饮用水广告；"康师傅方便面，好吃看得见"——康师傅方便面广告。

（2）广告语的写作要求。

1）简明易记。广告语只有简短、易于记忆，才可反复宣传，给人留下印象。

2）追求个性特点。平淡无奇、无特色的口号很难给人留下深刻印象。

3）能激发消费者兴趣。广告语只有激发消费者兴趣，才会引人注意，发挥其作用。

> **注意事项**
>
> 广告语和广告标题的差别
>
> ◆ 构成不同。标题可以是一个词或词组，广告语必须是意义完整的一句话。
>
> ◆ 作用、位置不同。标题的作用是引起注意并诱导阅读正文，处在文案最醒目的位置。广告语用于使消费者形成一种观念，并反复提醒，指导选购，在文案中的位置最自由，无特殊的限制，既能放在广告文案的最前面，也可替代标题，或置于正文中或附文后。
>
> ◆ 使用时间、次数不同。标题经常是一次性使用，而广告语则可反复多次出现在不同的广告中。

4. 随文

随文又叫附文，是广告文案中提供购买或接受服务方法等具有指南性质的文字。随文是对正文所做的必要补充，也是广告诉求将购买欲望变为行动的最后的推动。随文主要包括：企业名称、联系人、电话、地址、网址、购买和光顾的店铺名称等。随文写作应尽量简短，联系的信息应准确无误。现在多数随文都简化为网址或客户服务热线。如惠普公司黑白激光打印机广告的随文："欲知我们如何助您商业运作更加出色，请致电中国惠普客户互动中心：800-×××-××××，促销代码：8080，或浏览 http://www.hp.com/products/laserjet。"

二、广播、电视广告文案的写作要求

广播、电视广告文案的写作由于媒体特征不同（广播以声音诉诸听众，电视以声像诉诸观众），加上传播时间有限，因此在格式上与平面广告文案有所不同，需要写出广播脚本、台词或电视分镜头脚本、故事板，通过制作才能发挥广告作用。一般来讲，文案要适应媒体特征，语言文字要更简练，更讲究语言的艺术化。

1. 广播广告文案的写作要求

广播广告文案由广告词、音乐、音响三个元素构成。广播广告文案的写作除了要注意发挥音乐、音响的作用外,首要考虑的问题是让人们听清楚、听明白。写作时要注意以下几点:

(1) 简明、易懂。声音转瞬即逝,因此,广告词要尽量简短,多用短句,注意口语化。

(2) 重点突出。广告词突出销售重点,可以一下抓住听众注意力,所以,在写作中可将需要重点突出的语句,如公司名称、商品名称、品牌作用等,写得简短,并不断反复强调、提醒。

(3) 适宜口头表述。广告词要能适应广播的特性,能口述或朗读。

(4) 营造氛围,引发听众对产品形象的想象。

例如,中国移动通信产品"神州行"的广播广告文案:

"就说这手机卡,有一说一啊,我不挑号,号好不好是虚的,我挑卡!神州行,是吧?用的人多。这就跟进饭馆儿一样,是吧?一条街上,哪家人多我进哪家,神州行,听说将近两亿人,我,相信群众。喂——神州行,我看行。"

2. 电视广告文案的写作要求

电视传播信息,吸引观众的首先还是直观的图像画面,所以电视广告文案的写作,要尽量做到以画面突出主要信息,抓住观众的注意力,即具体、直观的信息主要通过画面来表现,而抽象的信息则通过解说、文字来传递,对图像起补充、加强作用,以获得相得益彰的效果。和广播广告文案的写作一样,要注意突出信息重点、声音传播的特征,还要注意:

(1) 对画面做延伸、扩展、深化的解说。

(2) 语言表达要适合电视表现的特点,词语要简洁,具有画面感和形象性。

(3) 广告信息必须可信、切题。

(4) 文案要少而精,文案信息展开与画面表达进程要一致。

范例评析

例文 1

上海公共交通卡市政府实事工程
交通一卡通

一个字的两种读法"卡":

(1) qiǎ,释义:受阻碍,行不通。

(2) kǎ,释义:一种身份的标志或象征。

今后,在上海,没有交通一卡(kǎ)通,出门会处处受卡(qiǎ);有了交通一卡通,只需潇洒一挥,公交车、出租车、地铁、轮渡一卡(kǎ)通行。

上海东方交通卡股份有限公司　　咨询电话:(021)8258××××

广告语:潇洒一挥

【评析】

广告正文利用了文字多音的现象,采用双关的修辞手法把出行畅通无阻和象征便利通行的卡巧妙地融合在一起,既传递了普及推广交通卡这一产品的主要信息,表达上又不失生动、幽默,特别是广告语"潇洒一挥"与正文结合,显示了构思的匠心。广告语"潇洒一挥"同样注重形象性,突出了使用一卡通的良好形象,又与正文中对于"卡"身份的标志或象征的释义相照应,对受众产生了吸引力。

例文 2

××牌系列杂粮广播广告文案

"嗒嗒"（竹板响）

甲：竹板响来听我讲，党的政策放光芒，如今过上好时光，一天三顿吃细粮。

乙：哎，一天三顿吃细粮，已经不是新时尚。现在生活讲质量，维生素、氨基酸、微量元素说营养。

甲：说得好，讲得棒，营养杂粮市场旺。

乙：春晚无花秋早霜，寿阳杂粮美名扬，五谷新粮保健康，请认准了——××牌系列杂粮！

【评析】

广告采用对白形式先道出党的好政策让老百姓过上了好日子，然后指出人们不但要吃得好，还要吃得健康，由此引出广告宣传主体——五谷杂粮，从而引导人们多吃五谷新粮，追求健康生活质量。全篇文案通过数来宝快板形式呈现出来，语言通俗、活泼、朗朗上口，受众易听易记，过耳不忘。

任务实施

一、环境要求

可选择模拟办公室或多媒体教室等场所进行，备好纸、笔，配备计算机、投影仪等设备，最好每名学生配备一台计算机进行上机写作。

二、实施步骤

第一步，通过网络查阅华为公司及其最新款手机的相关材料，了解华为最新款手机的创新和手机用户关注的痛点。

第二步，分组讨论华为新款手机广告文案的内容要点，主要包括：广告语、广告标题、广告正文、随文等；重点思考如何用创意语言表现产品的核心竞争力。

第三步，每人执笔或上机，写作初稿。

第四步，不同小组组员间相互修改并签名。

第五步，选取学生作品在多媒体上展示，师生共同点评。

拓展训练

训练一

将以下新闻信息式的广告标题分别改为提问式、悬念式、提倡号召式、启发式和利益式。

"××商场新建开业"。

训练二

暑假，市场营销专业的高平到某大型连锁超市打工，正值该超市搞红牛饮料促销活动，主管让他为红牛饮料写份广告，下面是其初稿，请分析其存在的问题并修改。

请喝红牛饮料

红牛饮料帮助你唤起精神。红牛功能饮料含多种营养成分，能有效激活脑细胞，缓解视觉疲劳，提高工作效率。

（广告语）请喝红牛饮料！

（随文略）

训练三

以你对家乡的印象和情感，选择你认为最有价值的一种特产或一处旅游景点撰写广告文案，并将它推荐给你周围的同学和朋友。

项目二　产品说明书

学习目标

1. 了解产品说明书的含义、特点和分类。
2. 明确产品说明书与产品广告的区别。
3. 掌握产品说明书的结构、内容和写作要求。
4. 能根据任务要求，规范地拟写和修改产品说明书。

情境任务

为了迎合消费者的口味，跟上市场步伐，广州市香雪制药股份有限公司准备对其拳头产品"香雪牌抗病毒口服液"更换包装，以更专业、更时尚的形象重新推出市场。为此，需重新编写其内附的使用说明书。

要求：请搜集有关资料，写作此使用说明书。

任务分析

要写好此产品使用说明书，首先必须对产品本身有深入的了解，特别是产品的特征和卖点。其次，必须掌握产品说明书的内容结构和写作要求，条理清楚、规范准确而又比较通俗地传达应该传达的信息。最后，还必须注意消费者的心理，斟酌用语，以贴近消费者的需求。写作中要注意养成注重细节、认真负责、诚实守信的职业态度。

学习指引

知识点

产品说明书是一种以说明为主要表达方式,全面、明确地介绍产品知识(包括性能、用途、特征、构成、使用和保养方法等)的文书。

产品说明书

一、产品说明书的特点

1. 科学指导性

产品说明书必须以科学的态度和科学的方式对产品知识加以介绍和指导,并以高度负责的态度将消费者需要了解的事项全部写入,介绍要准确、全面、恰如其分,以帮助消费者熟悉或正确使用产品。

2. 说明层次条理性

产品说明书在说明事物上应遵循合理的顺序,富有条理地把事物讲述清楚,即根据人们认识事物的规律或使用操作的程序等,按产品的性质、特点、构成、用途、使用方法、注意事项等,依次排列说明,使人们循序渐进地了解并掌握相关知识。

3. 表述通俗、规范、图解性

产品说明书是内行写给外行看的简要说明。由于产品和服务知识具有专业性,而阅读对象多为不具备相关专业知识的普通消费者,因此,说明和介绍时应以通俗浅显的语言为主,尽量不用或少用人们不易理解的专业术语,避免使用生僻词语。有时,为了使表述更清楚、形象和直观,产品说明书中往往适当配以图片、表格等。

4. 注重人性化沟通

在市场竞争中,消费者的消费行为越来越理性,因此产品说明书在介绍产品时要注意贴近消费者的心理,注意用语亲切礼貌,表达生动、富有吸引力,有的甚至要带有一定的抒情意味。

二、产品说明书与产品广告的区别

产品说明书客观上也具有介绍产品或服务性能、传递信息、促销、吸引消费者、引导消费者等作用。从这个意义上说,产品说明书兼有广告的功能,但两者之间又确有区别,主要表现为以下几点:

1. 说明目的不同

产品说明书的主要目的是介绍产品知识,而产品广告的主要目的为促进销售、推广经营理念。前者说明的重点是产品的使用方法,后者说明的重点是产品的性能和功效。前者着重实用的角度,注重科学地介绍产品知识;后者则着重产品、品牌形象的塑造,侧重渲染。

2. 文体性质不同

产品说明书属于说明文体,多数情况下,注重客观、冷静、科学地介绍,力求实事求是和准确;而产品广告是一种宣传形式和营销手段,追求鼓动、说明和渲染,所以,表现手法丰富多彩,讲究创意求新,更多情况下显示出主观色彩。

3. 传播方式不同

产品广告是一种有偿传播,需要付费才能通过一定的媒体传播,参与者除了广告主之外,还有广告代理商,并要按《中华人民共和国广告法》的规定规范运作;而产品说明书的传播方式则灵活自由，可以由企业独立印制，一般多作为产品的附件，或直接印刷在产品包装上，或随产品或服务赠送，或置放于商场、柜台处供消费者自由领取。

三、产品说明书的分类

产品说明书根据体式不同，大致分为两种：

常见的一种是产品包装说明，如一些日常用品、食品、普通药品、一次性产品等，其文字说明比较简单，直接印刷在包装上。这种体式既节约费用，又可美化包装，有时还会起到宣传作用。

另一种是产品附件说明，专门印制成专页或册子，或附于内包装中，或作为一种宣传单任人索取。

技能点

一、产品说明书的结构和写法

1. 标题

（1）通常由产品名称或说明对象（如品牌、型号）加文种构成。文种可以是"说明书""说明""指南"等，如"香山牌家庭用人体电子健康秤 EB9 系列说明书"。

（2）有些说明书侧重介绍使用方法，称为使用说明书，如"松下吹风机使用说明书"。

（3）产品名称直接做标题，如"光明高钙牛奶""麦斯威尔三合一咖啡"。

2. 正文

正文是说明书的主体，内容因产品而异，一般应该写明产品的基本情况，如名称、性能、构造、成分、用途、功效、使用方法、使用范围、注意事项、保养（储藏）方法、安装方法、维修方法等，有的还简要介绍生产商的基本情况或产品声誉等。正文可以根据不同类型产品的不同特性做各有侧重、详略得当、具体细致的介绍说明。

正文常见的写法大致有三种形式：

（1）概述式，对产品的有关知识做概括性的叙述、介绍。这种形式通过一气呵成的概括叙述，突出产品的个性，给人留下比较完整、深刻的印象。

（2）条文式，逐项分条介绍有关产品的各方面知识，如性能、构成、使用方法等。这种形式层次清楚、详细具体，表述上严谨有序。

（3）综合式，即概述式和条文式的结合，既有总体概括的介绍，又有分项的具体说明。这种形式往往给人以全面的知识介绍。

3. 结尾

结尾一般提供生产经销等相关企业或单位的名称、地址、电话、邮编、传真号码、网址等内容。

二、产品说明书的写作要求

1. 正文条理清晰

写作时，可以考虑将需要说明的内容分成几个部分，如"特点""安装""启用"等，这样可以使用户很快找到并了解产品性能的相关部分。

2. 说明用语确切

介绍产品性能、特点、用途等要求客观如实，不可虚构编造，特别是涉及一些技术性强、操作复杂、事关生命安全、财产安危的产品，如药品、家用电器、化工品、高档品等，语言必须准确无误,一丝不苟。

3. 文字表达简洁、规范、准确

文字表达不应产生歧义,不得出现模棱两可的现象。同时要注意用语通俗,尽量从读者的视角去考虑如何说明,可以将自己设想为第一次接触某产品的消费者,去构思说明的内容。

范例评析

例文 1

双料喉风散说明书

【药品名称】
通用名称:双料喉风散
汉语拼音:Shuangliao Houfeng San

【成　　分】珍珠、人工牛黄、冰片、黄连、山豆根、甘草、青黛、人中白(煅)、寒水石。

【性　　状】本品为青灰色的粉末;有冰片的香气,味微甘、苦。

【功能主治】清热解毒,消肿利咽。用于肺胃热毒炽盛所致的咽喉肿痛,口腔糜烂,齿龈肿痛,鼻窦脓肿,皮肤溃烂等症。

【规　　格】每瓶装 3 克

【用法用量】口腔咽喉诸症:吹敷患处,一日 3 次;鼻窦脓肿:取少许药吸入鼻内,一日 5 次;皮肤溃烂:先用浓茶洗净患处,后敷药粉于患处,一日 1 次。

【不良反应】尚不明确。

【禁　　忌】孕妇禁用。

【注意事项】尚不明确。

【贮　　藏】密闭,防潮。

【包　　装】塑料瓶包装,每瓶装 3 克。

【有 效 期】48 个月

【执行标准】部颁标准中药成方制剂第十六册 WS3-B-3033-98

【批准文号】国药准字 Z44020314

【生产企业】
企业名称:广东××制药股份有限公司
生产地址:广东省梅州市东升工业园 B 区
邮政编码:514021
电话号码:0753-232××××
传真号码:0753-232××××
注册地址:广东省梅州市东升工业园 B 区
网　　址:www.××××××.com.cn

【评析】

这是一则常用药品说明书,根据国家有关规定选材,面向患者撰写。内容具体准确,语言通俗易懂,可操作性强,便于消费者掌握。格式规范,其表达形式也是最普遍的常用药品说明书的形式,常见于包装说明。

例文 2

飞利浦榨汁机说明书（节选）

……

注意事项

- 使用本产品前，请先详细阅读使用说明及所有图解。
- 在插接电源之前，请先检查本产品上所标明的电压（220V-50Hz）是否与您家中的电压相符。
- 如果电源线、插头或者其他零件受损，请不要使用本产品。本产品的电源线有任何损坏时，只能用本产品专用的电源线更换。需更换时，请与飞利浦产品经销商或与在贵国的飞利浦特约服务部联系。
- 不要让儿童接触榨汁机。
- 没有人在时请不要开机。
- 不要使用其他厂家出产的零件或配件，也不要使用未经飞利浦公司推荐的零配件。如果使用这样的零配件，就不能享受保修服务。
- 切勿将手指或刀具放入物槽内。只可使用所提供的推杆。
- 等到盛物筐完全停止后再按下盖释放钮及取下盖子。
- 请勿将发动机部分放于水中清洗。

……

安装

（1）将密封圈（E）装在搅拌用刀片装置上（图1）。

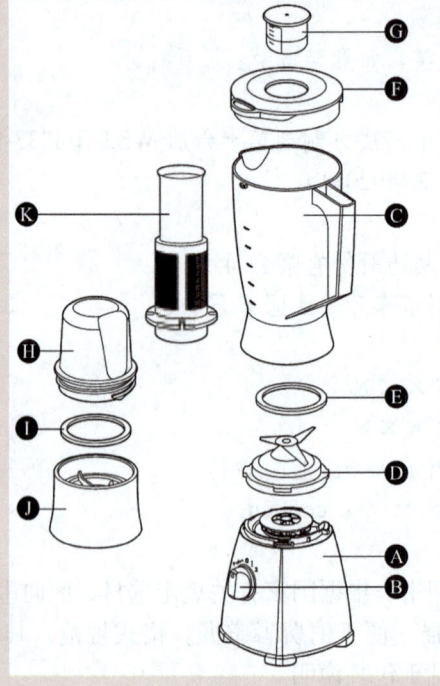

（2）逆时针将搅拌用刀片装置旋入搅拌杯（C）底部，直至完全固定（图2）。

（3）将带刀片装置的搅拌杯放到电动机装置（A）上，然后顺时针旋转固定搅拌杯，直到听到"咔嗒"声。搅拌机还可以安装到电动机装置的两个位置上（图3和图4）。

（4）确保产品插头已插入电源插座。

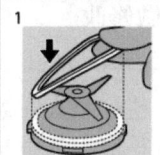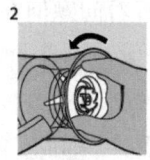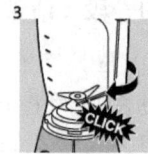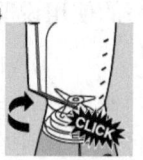

……

珠海经济特区飞利浦家庭电器有限公司
中国珠海市三灶镇琴石工业区
邮编：519040　　　电话（0756）762-××××
全国顾客免费热线：800×××××××
本产品根据国际 GB 4706.1—2005 & GB 4706.30—2008 制造

【评析】

此说明书采用了条款式说明。为使每一说明的分类事项清晰明了，特运用黑体字使之醒目突出，以便消费者能按图索骥进行操作。说明书中首先考虑产品使用的安全，所以将这部分放在说明书的首要位置做介绍。整个说明书体现了全面性，从注意事项到安装等，包括了产品使用的全过程。另外，语言通俗、平实，加之运用图示，使操作直观形象，一看就懂。

任务实施

一、环境要求

可选择模拟办公室或多媒体教室等场所进行，备好纸、笔，配备计算机、投影仪等设备，最好每名学生均有条件进行上机写作。

准备"香雪牌抗病毒口服液"完整包装若干。

二、实施步骤

第一步，通过网络查阅和实物观察，了解"香雪牌抗病毒口服液"的相关材料。

第二步，分组讨论该产品说明书的内容要点，主要包括：产品名称、批准文号、生产企业、功效主治、成分、药理作用、药物相互作用、不良反应、禁忌证、产品规格、用法用量、储藏方法、其他注意事项等。

第三步，每人执笔或上机，写作初稿。

第四步，不同小组组员间相互修改并签名。

第五步，选取学生作品在多媒体上展示，师生共同点评。

拓展训练

训练一

广东小熊电器有限公司推出DFH-S205型真空密封蒸煮饭盒，在产品上市之际，公司秘书陈冰接到为新型饭盒写作使用说明书的任务。成稿上交后，却被上级李伟否决掉了。这是陈冰写的使用说明书的一段，请帮她看看问题何在并做修改。

DFH-S205型真空密封蒸煮饭盒使用说明书

您正因为煎炸食物产生的油烟而咳嗽不止吗？您还因为自己一个人在家只好用剩饭剩菜来简单对付吗？您还在为每天上班不得不叫外卖而纠结吗？！小熊推出的妙想生活让您不再受此困扰。

小熊DFH-S205型真空密封蒸煮饭盒外观可爱，线条流畅，造型优美，使用简单，安全可靠。蒸煮饭盒利用蒸汽加热食物，蒸煮出来的饭菜既保证了食物营养不流失，又保证了食物的干净安全，是理想的健康用品。

说真的，一旦拥有DFH-S205型真空密封蒸煮饭盒，只需动动您尊贵的手指，独属于您的高品质健康生活就已开启。

训练二

假设你是安徽省富光实业股份有限公司广告部的文员。冬季来临，该公司为满足广大用户的需求，特设计和推出了一款保温的双层玻璃杯。现要求你为其写作一份简单的产品说明书，要求简单通俗、图文并茂，不仅让客户可以清晰了解产品特点和保养方法，而且还要注重以人为本，关注客户的深层需求，设计相关的温馨提示和知识普及栏目。关于安徽省富光实业股份有限公司及其产品的资料请自行搜集。

训练三

为自己正在使用的手机写一份简单的产品说明书，并找到厂家的产品说明书进行对比。

项目三　商务消息

学习目标

1. 了解商务消息的含义、特点和类型。
2. 掌握商务消息"倒金字塔结构"和各部分的写法。
3. 能根据任务要求，规范地拟写和修改商务消息。

情境任务

近日，春光饭店食品卫生问题被媒体曝光，消费者反响强烈。身为同行，味悠餐饮连锁有限公司引以为戒、居安思危，立即开展自查自纠活动：公司领导深入各店开展食品安全调研、检查；聘请专家学者为广大员工进行食品安全法律法规培训；组织各连锁店主管到当地五星级酒店进行食品安全管理操作专题学习；为旗下分店印制《食品安全宣传手册》。通过一系列举措，使员工时刻紧绷食品卫生这根弦，确保广大消费者舌尖上的安全。味悠餐饮连锁有限公司行政部安排助理小张对此次活动进行宣传报道。

要求：请代小张完成此任务。

任务分析

要想写好此商务消息，需要熟悉商务消息的含义、特点、结构和写法。写作者不但要有实事求是的精神，还应具备敏锐的观察力和判断力，能迅速从新鲜事物中提炼出代表性倾向与典型意义，弘扬正能量。

学习指引

知识点

新闻是指新近发生的重要事件、实事的报道。广义的新闻包括了消息、通信、特写、时事评论等；狭义的新闻专指消息，消息在报纸、广播、电视和网络等媒体中广泛使用。

商务消息是对商务活动中新近发生或发现的有一定社会意义，并能引起公众兴趣的事实进行迅速及时、简明扼要报道的新闻体裁。

一、商务消息的特点

1. 真实性

消息报道的必须是客观存在的事实，事实是消息的核心和本源。消息中的事实，一要客观公正，二要能够鲜明地表明作者的观点或主张，引起读者的兴趣。

2. 新鲜性

商务消息不仅要求时间新，而且要求内容新、角度新。时间新，就是讲究时效。内容新，就是贵在内容新鲜而有价值。并非"新近发生的事实"均可成为新闻。

3. 简洁性

商务消息一般篇幅短小明快，主题集中，一般一文一事。

二、商务消息的类型

1. 动态商务消息

动态商务消息是指以迅速、简洁的报道反映新近发生的事件，以反映事物发展过程中的新动态为主，具有内容集中单一、一事一报、时效性强等特点。

2. 综合商务消息

综合商务消息是指对同一类事物或一事物的多方面做归纳、总结性的报道，主要反映动向、成就、问题等。综合商务消息一般点面结合。

技能点

一、商务消息的结构和写法

1. 标题

标题是消息的"眼睛",要求准确、鲜明、醒目、生动和新颖。消息的标题,除了正题(实题)外,也可能还有副题(辅题),副题包括引题(肩题)、子题,因而消息的标题可直接写正题,也可写成"正题+副题"的形式。如:

(引题)20××年本市消费者满意度指数上午揭晓
(正题)市民对消费品和服务总体满意
(子题)30个单项中租房满意度排在倒数第一位

2. 导语

导语即消息的开头,要求用简明扼要的文字,写出消息中最重要、最新鲜、最精彩的事实,揭示消息主题,从而吸引读者注意力和兴趣。消息的导语可采用直叙式、设问式、描写式、评论式、结论式、对比式和引用式等多种写作方法。

3. 主体

它是消息的主要部分,要求在导语之后用典型的、有说服力的事实对导语展开叙述,可按时间顺序、逻辑顺序、时间顺序与逻辑顺序相结合的方法来展开事实叙述,进一步阐明消息的主题。主体结构通常有两种安排方式:一种是"倒金字塔式",即消息事实按新闻价值大小递减安排;另一种是"金字塔式",即消息事实按新闻价值大小递增安排。

4. 背景材料

背景材料不是每则商务消息的必要成分,用与不用当从实际出发。任何新闻事件都有它发生的原因,背景材料说明新闻事件发生的原因、性质和意义,它是为充实新闻内容、烘托和突出主题服务的,也是消息内容的有机组成部分,因而必须注意灵活穿插背景材料。背景可以在开头写,也可以穿插写;可以一次性交代完,也可以多次穿插交代。但都不宜过多,要简洁明了。

消息的背景材料有对比性材料、说明性材料、注释性材料。

注意事项

一些商务消息背景的写作,常特意采用网络术语,如用"相关链接"或"小贴士",以此指明其为背景材料,使读者一目了然。

例如,商务消息"市民对消费品和服务总体满意"的结尾,通过背景材料,对什么是消费者满意度指数加以说明。

5. 结尾

结尾即商务消息结束的最后一句话或最后一段文字。如果主体已将事实交代清楚,则可不写结尾;如果必须有明显的"结尾段落"的话,可采用小结、号召、启发、激励等方式收尾。

二、商务消息的写作要求

（1）用事实说话。新闻的本质是事实，真实性是新闻的生命，因而消息写作必须尊重事实，所报道的事实必须真实、准确、典型、生动。

（2）必须客观公正。

（3）报道迅速及时。

（4）结构完整，短小精悍。

范例评析

第 18 届古镇灯博会收官　吸引 118 个国家和地区超 27 万人参观

10 月 26 日下午 1 点，第 18 届中国·古镇国际灯饰博览会（以下简称古镇灯博会）及首次亮相的"20××古镇灯饰生产设备及原辅材料展览会"（制造展）、"20××古镇灯饰商贸流通服务展览会"（商贸展）在灯都古镇谢幕。

本届古镇灯博会（秋季）展期为 5 天，观众数量再创新高。截至 20×× 年 10 月 26 日 13 时（闭馆时间），主会场与五大分会场一共吸引了来自 118 个国家和地区的 274 842 人前来参观采购，同比增长 17%。主会场方面，参观人数高达 83 614 人，同比增长 23%，其中参展的海外客商共计 4 126 人，增幅 21%。分会场参展的海外客商达 191 228 人，比往年秋季展增长 15%。灯博会参展企业共计 675 家，较往年增长 11.2%。制造及商贸展共有参展企业 102 家。

活动期间，参展商们纷纷在馆内"争奇斗艳"。琪朗数字精装的 VR 旅程，阿鲁米尼的特色商照灯，华艺、哥尼斯、钻石的艺术华丽花灯，都吸引着众多商客停驻咨询。此外，西野、卡西洛等电工电气类知名企业，以及众一、美科、东菱、成源、爱宇等 LED 品牌企业商旅云集。位于 D、E 新馆的两大展会吸引了大族粤铭、宏石激光、大唐永恒、大族超能、力星激光等知名企业前来，打响了一场没有硝烟的战争。其中，莱亚希力、诺克的自动化设备，为客商带来工业 4.0 的思想冲击。

据悉，明年灯博会春季展将分两期举行。春季展一期时间不变，将于 20×× 年 3 月 18—21 日在灯都古镇会议展览中心拉开帷幕，以灯饰展示为主，花灯展示为重点。

灯博会春季展二期（即制造及商贸展）将于一期结束后 7 天，即 20×× 年 3 月 28—31 日登场，展品以灯饰配件、机械、商贸、设计、物流等灯饰上下游产业配套为主。

【评析】

此则商务消息采用倒金字塔结构安排材料。

消息的标题由两个单句构成，简要概括第 18 届灯博会的情况。导语用直叙式清晰介绍了灯博会召开的时间、地点、参加展会的人数和规模。主体承接导语就参展商和采购商的数量、参展商的"各出奇招"进行了介绍。消息的结尾，则对下一年灯博会的召开时间和主题予以说明。整篇消息结构严谨，重点突出，语言清晰。

任务实施

一、环境要求

可选择模拟办公室或多媒体教室等场所进行，备好纸、笔，配备计算机、投影仪等设备，最好每名学生均有条件进行上机写作。

二、实施步骤

第一步，通过网络等途径明确和查找写作商务消息的相关材料。

第二步，分组讨论味悠餐饮自查自纠活动商务消息的内容要点，主要包括标题、导语、主体、背景材料、结尾等部分的写法。

第三步，每人执笔或上机，写作初稿。

第四步，不同小组组员间相互修改并签名。

第五步，选取学生作品在多媒体上展示，师生共同点评。

拓展训练

训练一

阅读下列文字，然后回答问题。

（1）给这则消息添上标题（双标题）。

（2）本消息使用了背景材料。它放在消息中哪一部分介绍的？起什么作用？

日前，一次以无底价倒拍方式进行的减价拍卖会在北京成功举行，吸引了500多名竞拍者前来助兴。

这次中国拍卖史上开先河的减价式拍卖一共有60件拍卖品，其中包括服装、珠宝、工艺品、书画、家具等，多数高档拍卖品均以低于起拍价一半的价位成交。其中有一枚南非钻戒，以起拍价35 000元的价格成交。

据资料显示：减价式拍卖起源于荷兰，因此，又名荷兰式拍卖。减价式拍卖是由拍卖师首先报出最高价，如果没有竞买人举牌，便逐渐减价，一直到有竞买人举牌为止。如果在某一价位上同时有几个竞买人举牌，拍卖师就逐渐加价，一直到只剩一位竞买人。在国外，减价式拍卖一般用于拍卖花卉、蔬菜等鲜活商品，在中国尚未有拍卖行尝试过。北京这次减价式拍卖对于丰富拍卖形式、提高竞买人兴趣、促进拍卖业发展起到了相当大的作用。

训练二

根据下列材料，写作一篇商务消息，要求采用倒金字塔结构。

广西柳州五菱汽车有限公司生产的五菱汽车装配有462Q4或462Q5发动机，采用最新技术，安装了前盘后鼓制动系统、滑动式驾驶座椅、转向柱锁，并配有先进的卫星定位监控系统。五菱汽车在外观设计、车辆性能、功能配置、安全设施和节能环保方面均达到较高标准。

五菱汽车能以骄人的业绩冲入国际市场，原因在于五菱人一直刻意追求产品的高质量。

销往叙利亚的325辆五菱单排货车，近日启程发运。

此外，五菱汽车有限公司还与印度尼西亚签订了出口汽车1 000辆的协议。

> **训练三**
>
> 分析下面这则商务消息存在的问题并进行修改。
>
> 七月流火用电忙
>
> 　　今年以来，我市用电一直呈现紧张状态，特别是进入夏天之后，七月流火，随着气温的不断攀升，我市的用电量也随之不断攀升。
>
> 　　实际上，近几年来，我市每年夏天的平均气温一直在不断上升，今年已经是连续第七年上升了。2018年至今，七月份的平均气温已经上升了0.3摄氏度。伴随着温度的升高，我市的供电压力年年增加，市政府已经呼吁市民，合理使用空调等大功率制冷设备，节能环保，保障我市用电安全。

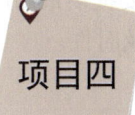

项目四　微信文案

学习目标

1. 了解微信文案的特点、分类。
2. 掌握微信文案的结构和写法。
3. 能根据任务要求，规范地拟写和修改微信文案。

情境任务

　　利信地产最近推出君玥楼盘，需要在公司微信公众号上发文推广。市场部经理安排助理小安写此文案，要求紧紧围绕利信的"家"，从不同角度论述"家"中成员之间的感情，引发读者共鸣，增强读者对利信楼盘的好感。

　　要求：请根据以上情境，写一篇微信营销文案。

任务分析

　　微信文案是新媒体写作的一种，随着互联网的发展，被越来越多的商家使用。完成此任务，首先要明确销售目标人群定位，其次要掌握微信文案的特点、结构和写法，最后选择恰当的表现形式实现推广。作为宣传文书，微信文案在写作中要坚持正确的传播导向，弘扬社会正能量。

学习指引

知识点

　　微信（WeChat）是腾讯公司于2011年1月21日推出的一个为智能终端提供即时通信服务的免费应用程序。微信支持跨通信运营商、跨操作系统平台通过网络快速发送免费语音短信、视频、图片和文字。微信文案正是基于微信平台产生的一种新媒体应用文。

一、微信文案的特点

1. 一致性

微信写作一般都具有几个共性的特征，在微信的朋友圈、订阅号、公众号上发布的文章大多为了引起社会大众的关注，文章本身也会博人眼球。大多数文章都具有有趣、有用、有料的特点。

有趣，即内容要有足够的新意，有足够吸引人的地方，可读性强。有用，即发布的信息具有实用性。让微信读者从各种信息中有所收获，如最新的新闻、实用的情报、特殊的知识等。有料，有料的内容能够给用户带来阅读的快感，让用户看了为之一振或拍手称快，在消遣娱乐的同时能够收获到有价值的知识。

2. 及时性

微信写作内容最好要有时效性，特别是在微信公众号推送信息数量有限的情况下，更要珍惜这个机会。微信中你可以发布一些行业新闻。当然，要想获得更好的效果，就要提供最新的信息。不仅如此，文章的推送也应该在第一时间进行。这样才能保证新闻消息的及时性。

3. 互动性

微信文案具有反馈机制。阅读微信文章的人一般都可以在文章下面的评论区留言，写下对文章观点的赞同或不同的看法，以及阅读之后的感受。作者看到这些评论，可以了解读者第一时间的阅读感受，形成了一个完整的反馈机制。

二、微信文案的种类

微信文案按发布渠道可分为发布在朋友圈的微信文案和发布在公众号的微信文案。一般来说，朋友圈写作多是个人情绪的流露，依据个人写作风格编写，内容由图片、文字、表情、视频等组成，即时发布，即时分享。公众号文案的内容则根据文章类型灵活安排。

技能点

一、微信文案的结构和写法

1. 标题

微信文案标题常见的写法思路有三种：

（1）思路一：标题 = 目标人群 + 问题 + 解决方案。

例如：调查显示，女性减肥者占了减肥人数的多半，与去年相比，女性减肥者同比增长4%，减肥成功率同比降低3%。

根据上述思路：女性是目标人群，肥胖是问题，减肥是解决方案。至少可以从有效性承诺、创造新闻感、引发好奇心三个方面写作标题。

① 有效性承诺：经过测试，女性减肥的 10 个绝招，100% 有效

② 创造新闻感：绝大多数女人都不知道的减肥的 10 个绝招

③ 引发好奇心：她半年内轻了 10 斤，看她如何甩掉肉肉

（2）思路二：标题 = 在 [时间段] 中得到 [结果]。

例如：在注意力稀缺的今天，人们不喜欢浪费时间，他们喜欢被直接告知他能得到什么。现在一群年轻人正在学习新媒体文案写作，告诉他们如何快速写好标题。我们可以针对这一情

况写出以下三个标题：

① 有效性承诺

高手教你如何一分钟写出一个好标题，任何人都可以学会的秘诀！

② 创造新闻感

2022年最新版文案教程：教你一分钟写出一个好标题的心法和原理！

③ 引发好奇心

揭秘：高手是如何一分钟写出一个让人不可抗拒的好标题的？

（3）思路三：标题 =[尊敬的人 / 群人]+[独家 / 新信息]。

人们喜欢听他们钦佩和尊敬的人的有趣的细节。这种标题使用了一些非常强大的词汇，包括震惊和秘密。如果我们对他们所引用的人有点感兴趣，好奇心驱使我们去看一看。它也利用了我们对新信息的欲望。例如，史蒂夫·乔布斯揭秘苹果革命性的产品iPhone背后的设计工艺。我们据此可以写出以下标题：

① 有效性承诺

苹果掌门人史蒂夫·乔布斯亲自揭秘：革命性的产品iPhone背后的设计工艺。

② 创造新闻感

[回忆录档案]苹果掌门人史蒂夫·乔布斯亲自揭秘：革命性的产品iPhone背后的设计工艺。

③ 引发好奇心

[内部视频泄露]苹果掌门人史蒂夫·乔布斯揭秘：革命性的产品iPhone背后的设计工艺。

2. 开头

一个好的文案开头代表一个好的开始，常见写法有以下几种：

（1）开门见山，直截了当。

开门见山就是直截了当地提出文案接下来所要介绍的内容，这样的写法可以让读者快速理解文章想要说什么，简单好用。以《日本也有高考 而且考生考前都爱去这里》为例，文章开头直接写出文章的用意，让读者知道文章是要介绍日本高考的三种形式。这样的写法直截了当地提出读者想要了解什么，并写明问题的答案就在文章里，使文章对于读者的阅读价值马上体现出来。

（2）导入情景，烘托氛围。

这种写法要求作者具有一定的文字功底和想象力。所谓导入情景，是指通过设定一个主题并加一些运用技巧来营造出开头的氛围和气氛，将读者引入其中。情感式开头是很容易抓住读者的心的，可以让读者更愿意阅读下面的内容，体会到文章的主旨。当用户认可时，就会关注。一般来说，这样获得的微信公众号粉丝，都是属于忠实型粉丝。

以《×××的发型可杀我……》为例，文案开头："发型——男星的颜值试金石。"这样的写法激起了很多人的好奇心，让人想看这种发型是让他们变美还是变丑了，有哪些男星留了长发，他们的颜值是否可以驾驭一切发型等。抓住了读者的猎奇心理，让其留恋不舍，形成良好的口碑，并增加分享给亲朋好友的可能性，从而实现文案推广阅读量的提升。

（3）表明问题，引发思考。

问题式的开头可以加强读者的情感，引导读者思考。问题式的开头要求所说的点是大众关注并且需要的，而且要求自身对于问题解答的程度要通透并且具有说服力。例如，贝贝早教亲子课程开头是这样写的："孩子一哭，难道就只能妥协吗？为什么不试下这个方法。"文案开头为作者要宣传推广的产品起了很好的铺垫作用，并且配上"娃娃坐地大哭喊妈妈"的图片，紧贴年轻父母的生活现状，开头一句反问恰好戳中父母心中的痛点，反问的另一层意思是告诉父母们，他们还有其他更好的选择，吸引读者阅读下文，从而给出实用干货。

(4)巧妙引用,强化观点。

通过引用名言名句作为文案开头,可以让文案更加有深度,达到出彩的目的。引用的对象既可以是传统的古诗文、名人名言、歌词、民间故事、俗语、谚语、歇后语或前人已有的精辟论述,也可以是影视桥段、图片、短视频,以及网络热语等。总之,要有利于文案的传播,符合读者的兴趣与认知度。例如,某考研培训机构的教育类推广文章《〈清聊艺术·戏剧篇〉第十讲 | 中国现代话剧成熟的标志〈雷雨〉》,它的开头写明了曹禺的作品,并通过引用曹禺的话语作为修饰,体现出艺术的思想境界,有力地证明了主题观点。

3. 正文

正文结构就好比是文章的架子,起着支撑内容的作用。微信文章结构的划分维度有很多种,这里介绍5种微信文章比较经典的写法。

(1)3+6结构。

在一个篇幅有限的文章当中,平均加上3个故事,并在每个故事的末尾加上2～3句评论、抒情或者是总结性的句子。简单来说就是,1个故事+1～2个评论句,是最为常见,也是微信文章作者初入阶段最好的写作模型之一。

这种结构的优点是,文章的故事情节较为丰富,能够大大地减轻文章阅读的负担和疲劳感,带入性强。扣题的故事是这种文章的核心结构和主题,切忌强行说教或生编硬造。

(2)倒L结构。

倒L结构就是不太严格意义上的总分结构。通常开篇以一段话切入,从而引出主题,接下来以若干小段对大的主题做细分的阐述。之所以不是严格意义上的总分结构,是因为它的首要部分的作用,仅仅是为了引出接下来的小标题,而不是作为一种纲举目张的形式在总体上去引领全篇,即形式上的相仿。

倒L结构是最受欢迎的写作形式之一。原因有三:其一,文章能够涵盖多种角度的价值观,在一个大的主题不变的情况下,可以囊括比较多的内容,使文章显得生动活泼。其二,打破了僵硬的写作模式,行文变得灵活,可以说理加叙事、说理加抒情,也可以叙事加抒情、抒情加引用。其三,避免了逻辑不清晰、行文没有脉络的问题。

(3)"众"字形结构。

"众"字形结构主要用于新闻热点类文章的写作,热点文章因其突发性的特征,适合采用"众"字形结构。首先,概括事件本身,先入为主。其次,为了将情绪和张力提升至一定高度,而需再次利用同类型的文章,即同类型的故事或者新闻素材,一个话题叠加另一个话题,层层叠加,最后形成一个"众"字形态。在介绍完新闻事件之后,稍加阐述,或者引用其他曾经出现的类似案例,穿插日常生活中的典型事件,从而将情绪一步一步推到高位。

"众"字形结构的文章比较适合情绪型文章的写作,能够很好地调动读者的情绪和表达欲望,是非常典型的、具有新媒体特色的写作范式。

(4)串子形结构。

串子形结构的文章往往以两条主要的故事线奠定文章的整体脉络,在此基础上,通过说理和论证,使一篇文章同时具有趣味性和理论的张力。典型的表现形式就是"故事+故事+理论"的形式。故事的形式比较多样,可以是现实的题材,也可以是虚构的题材。理论部分需要比较稳固的理论支撑,因此这一部分的逻辑要格外凸显。

这类文章因为是故事打头阵,因此对故事的要求比较高。一般来说,故事的篇幅不宜过长,要为后面的理论部分留出足够的空间。两段故事的选题和立意要避免重复,保持参差和错落的态势,而理论部分则可以继续细分为4个部分,详细论述,产生一种错落有致的美感,串子形结构文章的主线要紧扣主题，不要写偏，离题万里。

（5）拼图式结构。

拼图式结构文章的特点是信息量大、图文并茂、论据充足，容易使人信服。这种写作模型非常考验作者收集素材和整理素材的能力，通过看似拼贴的形式，起到1+1>2的写作效果，是比较多的爆文的写作范式。

4. 结尾

结尾主要是对一篇文章作一个简单的总结。一个好的结尾能使读者更重视文章中提出的观点，或者是引发读者更深的思考。常见的结尾有以下几种：

（1）自然收尾。文章主体部分写完后自然结束，不再另写一段作为结尾。

（2）首尾呼应的结尾。首尾呼应的结尾根据开头来写。文章的开头提出了观点，中间进行分析，而结尾则自然而然地回到开头的话题，产生一种首尾圆合、浑然一体的感觉。

（3）点题式结尾。点题式结尾是指在文章结尾时，用一句或两句简短明了的话来明确文章的观点，起到画龙点睛的作用，提升整篇文案的质量，让读者深思回味。

二、微信文案的写作要求

1. 明确定位

在写文案之前，一定要先完成整个文案目标战略的构建。首先，要深入挖掘目标读者背后需求的核心本质是什么，然后在此基础上，规划好文案的切入点，并明确文案要达成的目的。有了这个风向标之后，整个文案的所有元素就要围绕这个点去推进。

2. 预判读者预期

在文案写作过程中，要学会预判读者预期。写作过程中，文案人需要不断地去转换用户视角，预估读者在看到每一个部分时的心理变化、行为及可能导致的结果，然后针对性地去做优化。确保读者在看文案产生疑问时，能在下一处及时找到答案，消除阅读障碍。简单地说，就是要不断问自己：读者看到此处会有什么反应？是否达到了你的预期？

3. 把握节奏

在写文案的过程中要注意把握节奏感，让读者阅读起来更顺畅。把握节奏感就是对前面战略规划的执行，战略没有执行好，整篇文章肯定是磕磕绊绊。除了节奏感，语感也很重要。语感考验文案人的文字能力，包括了韵律、对仗、表达等，这是练出来的，平时要多看勤写。

> **注意事项**
> - 避免理解障碍。不要堆砌辞藻，语言要通俗易懂。
> - 不要强塞给读者大量信息，避免读者在阅读中产生凌乱感。
> - 多用短句来控制文案的节奏，简洁明了，叙述紧凑。
> - 故事是一种强节奏的文案形式，多讲故事。
> - 动词最容易带动读者的节奏，多用活泼的动词。

范例评析

赌气辞职"一时爽"，递完辞呈"悔断肠"

前不久，看到一则信息：

这是我赌气递交辞呈的第五天，每天都在焦虑，投出去的简历如石沉大海。

连个面试邀约的电话都没有。一想到就要离开工作了三年的地方，即将面对零收入的职业空窗期，惶恐不已。目前还没有人跟我做工作交接，我该不该想办法留下来？

透过屏幕都能感受到深切的懊悔和自责。其实，这也是大多数职场人赌气离职的缩影。

辞职有风险，决定需谨慎。为图一时之快用辞职作为反击，表面看是占了上风，实质上没有经过理性的思考和判断，就做出冲动离职的决定，带来的将是巨大的无形伤害。

尽管我们常说"铁打的营盘流水的兵"，但赌气辞职无疑是幼稚的行为，这种非理性的决策不仅会把自己推到骑虎难下的境地，还会陷入自我怀疑的旋涡中。

一、冲动是魔鬼，递交辞呈需谨慎

阿森是大专学历，入职公司已经三年多，凭着踏实和勤奋，现任职家具终端销售，底薪加提成月收入也勉强过万。公司在家具行业算是知名的翘楚，平台和工作环境都算不错，她本以为可以实现短期职业目标，没想到一个赌气的决定，让前期的努力功亏一篑。

事情的起因是，前几天领导组织召开部门总结会，公布了年度绩效排名和奖金发放结果。她发现同岗位的阿燕奖金比自己高出了一千元，忍不住去找领导要个说法。没想到领导噼里啪啦把她骂了一顿，还数落着她今年的客户流失严重，颇有点吹毛求疵的味道。阿森觉得被不公平对待了，赌气之下跟领导提出离职，随后就交了辞呈。等她冷静下来，才惊觉自己的实际状况，已到生育年龄、学历不高、资质普通，想找到月薪过万的工作实属不易，内心各种煎熬。

作家舒仪在《格子间女人》一书中曾写道："赌气辞职的事，后悔的居多。天下乌鸦一般黑，不找到自己失败的真正症结，换个地方仍会遭遇同样的问题，辞职它摆脱的只是问题起因，而不是问题本身。"

拥有一份稳定的工作是职场人不可或缺的部分，也是自我价值的体现。面对熟悉的工作环境和工作伙伴，及驾轻就熟的工作内容，若只是因一时冲动赌气，把辞职当成负向情绪下的产物；抑或只是想表达不满，妄图通过辞职来吓唬领导，而自身实力又不突出，悲剧几乎是可以预料的。

二、吞下职场委屈，才守得住职场价值

在竞争激烈的职场中，面对许多未知的不确定性，谁的职场不委屈？若受点委屈就闹着不干了，或者沉浸在委屈的情绪里不能自拔，非要做点什么来对抗才舒服，不过是幼稚的学生思维在作祟。

老黄负责大宗原料的采购工作，专业扎实，为人勤恳，为公司节省了不少材料成本。眼看着下一步就能晋升到主管岗位上，但却被一通匿名电话搅黄了，居然收到了一张停职待岗通知。随之而来的是同事们各种异样的眼光，私下都在揣测他的廉洁问题，怀疑他肯定会选择离职。谁知老黄表现得满不在乎，主动把整个事情的来龙去脉跟领导汇报清楚，积极配合公司调查，最后水落石出，不过是虚惊一场。

老黄顶住被误会的压力，守住了自己的职业价值。领导直夸他临危不乱、有大将之风，而且有胸怀、懂包容，是个做管理的好料子，顺利给他升职加薪，引得众人羡慕不已。

美国著名学者舒伯将人的职业价值分为三类，一是内在价值，指职业的独立性、创造性和成就感等；二是外在价值，指工作环境、同事关系和领导关系等；三是外在报酬，指职业安全稳定、声望地位、经济报酬等。真正成熟的职场人，他们即便是受了莫大的委屈和误会，也不会在沮丧的情绪中停留太久；而会快速地调整状态，将时间用在自我反省和提升上，化委屈为珍贵的养料，来鞭策自己进步。

只有笃定地朝着职业目标迈进，掌握好工作节奏，方能守得住来之不易的职业价值。

三、赌气提出辞职后悔了，该如何破局

（一）向内探索，勇于面对真实欲望

有句话是这样说的："比努力更难的，是你看不清楚自己的真正欲望，更不敢直接面对自己的真实想法。"

在日常工作中，我们总有无数次冒出辞职的念头，但转念可以问问自己："此刻的你是真的想离开吗？离开后能找到比现在更好的工作吗？"答案不明确时，不妨拿出纸和笔，列出自己的兴趣和特长，用SWOT分析法剖析利弊，重点评估目前平台的发展空间，也可以多听取他人的建议，降低认知偏差，不要错把平台当能力。

经过谨慎评估，若发现目前平台是最适合自己的，就要勇敢地面对真实的自我。放下面子，主动去找领导沟通，大方承认自己是情绪冲动才递交了辞呈，坦诚地表达自己想要继续留下来的意愿，没准能峰回路转，达成和解。

（二）向外破局，快速走出心理煎熬期

职场是残酷的，并不是所有的事情都可以顺利挽回。假如你平时的工作本就不出色，又或者与领导之间相处得并不愉快，领导正愁着想抓着你的"小辫子"；又或者你身处管理制度和工作规范都比较严谨的企业，此时交出去的辞呈大概率就"覆水难收"了。

遇到这种情况也不要气馁，要理性地接受结果，全当是为自己的赌气之举"买单"。此时需要将注意力更多放在解决问题上，而不是在挫败感和反复纠结中自我内耗，不然带来的将会是更多的自我抨击和怀疑，造成更大的心理伤害。

我们要拥有破局思维，向外探索寻找突破点，如及时刷新自己的求职简历、准备面试材料，勇敢尝试踏出第一步去面试，快速走出心理煎熬区。不要一直缩在舒适区自我麻醉，不要在空窗期停留太久。必要时可以采取"降维打击"法，先求稳步入职，再求职业成长，尽快开启新征程。

（三）修炼心态，学会与情绪和平共处

在日常工作中，我们常会遇到一些烦心事影响自己的心情，容易在情绪不稳定时做出一些非理性的冲动决策，如胡思乱想、逃避该做的事，甚至与人发生冲突，产生难以估量的不良影响。

要想做情绪的主人，不被负面情绪所奴役，就要不断修炼自己的心态，让它保持平衡。做到对可控的事情始终保持谨慎，对不可控制的事情尽量保持乐观，尝试去接纳情绪的波动，不排斥、不抵抗，学会与它和平共处，这是职场人心理成熟和健康的表现。

作家李敖曾说："人要学会将自己的情绪稳定在心情还不错的水平，既不要太高兴，也不要太悲伤，想象有一条水平线。水平线以上是快乐，以下是痛苦，尽可能把情绪稳定在水平线上面一点点。"

身在职场，与其对情绪有着锐利的敏感度，不如在成长中锤炼心态，训练对周边事物的钝感力，牢牢紧盯职业目标不放松，用顽强的意志力去对抗成长过程中的"小插曲"。当你把注意力聚集在个人成长上，当你离职业目标越来越近时，就会发现之前的事情早已不值一提。

留言说说，你有没有过生气想离职的时候？

（资料来源：智联招聘微信公众号）

> **【评析】**
> 这篇文案标题以对仗语句创造新鲜感,吸引读者进入正文;正文部分首先通过正反面故事说明职场工作面对委屈,负气辞职与委曲求全的不同做法与结果,然后给出赌气辞职后悔了的破局方法,逻辑清晰,结构合理。文章结尾句抛出问题,吸引读者与作者的互动,从而增加公众号的关注量。文章节奏明快,可读性强,是一篇优秀的文案。

任务实施

一、环境要求

可选择会议实训室、模拟办公室或多媒体教室等场所进行,准备好纸、笔,配备好计算机、投影仪、互联网等基本的设备和物件,最好每位同学均有条件进行上机写作。

二、实施步骤

第一步,通过网络等途径明确和查找写作微信文案的相关信息。

第二步,分小组讨论微信文案的目标人群定位、写作风格、体式、标题、开头的创意、结构的布局选择。

第三步,每人执笔或上机,完成微信文案初稿写作。

第四步,小组内部互评,相互修改。

第五步,不同小组之间互评并进行修改。

第六步,选择学生作品在多媒体上展示,师生共同点评。

拓展训练

训练一

陈平在力康保健器材公司实习,担任办公室文员一职,他的工作任务之一是要定期在公司的微信公众号上撰写并推送养生保健类文章,下面是他入职后的第一篇微信文案。请分析其存在的问题。

一辈子最正确的生活方式!

一生很短,每个人务必对身体好一点,健康一点,快乐一点。一起来看看健康的生活方式,收藏起来照着做吧!

一、关于运动

①多享受早晨的阳光;②可慢跑或快走;③热水泡脚可有效预防静脉曲张;④身心极度疲倦时,不适宜以运动减压,休息更重要;⑤冬季少做户外运动;⑥10层以下,不乘坐电梯;⑦站着看电视;⑧每天运动半小时,而非周末运动3小时;⑨经常散步;⑩睡半硬的床铺更有利于颈椎健康;⑪运动后休息半小时再入浴。

二、关于生理

①不跷二郎腿,以免压迫神经;②去年的衣服要进行暴晒后才可以穿;③不要总吃剩饭剩菜;④头发不要洗太勤,两三天一次即可;⑤午休一定要躺着睡,时间不宜超过40分钟。

> **训练二**
>
> 虾饺是凤祥酒家饮食有限公司的招牌茶点,最近获得全国名品茶点称号,办公室秘书李珊受命在本公司公众号上发文推广,介绍此款茶点。请代李珊完成此项任务。

> **训练三**
>
> 艺美公司最近推出一款十元"咱家小爱"工艺品。请选择一款物品,确定市场定位,写作一篇微信营销文案。

商务宣传文书综合实训

一、实训目标

通过真实的工作情境,要求学生利用所掌握的理论知识与写作技能,完成相应情境中的写作任务,旨在全面锻炼和提高学生的商务宣传文书写作的综合能力。

二、情境任务

华艺灯饰照明股份有限公司(以下简称华艺公司)创立于1986年,雄踞"中国灯饰之都"中山市古镇。其主要产品包括射灯、筒灯、吊灯、天花灯、户外灯和地埋灯等,经过三十多年的发展,坚持走优质、专业路线的华艺公司逐渐成长为业界享誉盛名的大型综合性灯饰企业,现已具有八家分公司和十四家分厂的规模。精益求精的华艺公司正以激情向前的产品、无私共享的心态,致力成为中国现代灯饰的旗舰。

2021年10月26日下午1点,第20届中国·古镇国际灯饰博览会在古镇谢幕。活动期间,参展商们纷纷在馆内"争奇斗艳"。其中,华艺公司此次隆重推出的IX32系列艺术吸顶灯,吸引了众多客商驻足咨询。

IX32系列采用铁艺边框、线条柔和的圆形亚克力灯罩,整体镂空雕花的工艺尽显简约现代的风格。系列产品在尺寸、光源、色温、适应空间上都有差异化设计,符合现代家庭对照明、艺术和个性的多重需求。而且,此次推出的IX32系列艺术吸顶灯在以往产品的基础上进行了较多的创新,如灯体自带遥控装置,而且能够加入家庭网络系统,利用智能手机也能轻松对灯光强度、颜色和开关等进行调控。

为了更好地对外宣传新产品,提升单位的美誉度,华艺公司在参展前决定对IX32系列艺术吸顶灯进行广告推广,请你设计一份完整的广告文案。(任务1)

与此同时,华艺公司也在为此系列吸顶灯制作产品使用说明书,为其大规模投放市场做好准备。请你撰写一份完备规范的产品使用说明书。(任务2)

此外，参展过程中，华艺公司的公关部门还联系了新闻媒体，对 IX32 系列产品在第 20 届中国·古镇国际灯饰博览会的惊艳亮场进行了报道，要求你从记者的角度撰写一份商务消息给公司高层。（任务 3）

请你在华艺公司微信公众号上撰写并推送此次活动的微信文案。（任务 4）

三、任务实施

（一）环境要求

本实训可选择模拟办公室或多媒体教室等场所进行，备好纸、笔，配备计算机、投影仪等设备，最好每名学生均有条件进行上机写作。

（二）实施步骤

第一步，分小组讨论各项写作任务的内容要点。

第二步，小组内分工合作，一人完成一部分内容，具体由组长根据讨论结果安排每位组员的写作任务。

第三步，每人执笔或上机，完成任务初稿。

第四步，各小组就本组的各项任务初稿进行讨论并修改。

第五步，以小组为单位上交。

考核评价

按作文质量评定每组每项写作任务的成绩。

优	各项任务写作格式正确，结构完整，内容明确具体，主题突出，条理清楚，文字通顺，标点符号使用正确，在规定时限内快速完成，打印装订与展示规范美观，完全符合要求
良	格式正确，结构完整，内容具体，主题明确，条理清楚，文字通顺，及时完成，打印规范
中	格式基本正确，结构基本完备，内容具体，条理清楚，按时完成，打印规范
及格	格式基本正确，结构基本完备，内容基本符合要求，按时完成，打印规范
不及格	格式不正确，结构不完整，内容不符合要求，不能按时完成，没有打印

模块测试五

模块六 商务告启文书

模块要点

本模块由启事和声明两个项目构成。通过项目训练，旨在使学生了解启事和声明的含义、特点与作用，掌握其写作格式、结构与要求，能够结合实际任务撰写规范的常用商务告启文书；培养学生善用告启的工作习惯，使学生逐步具备商务人士的告启意识与能力，形成求实、守法的职业素养。

➤ 重点
- 启事的结构和写法。
- 声明的结构和写法。

➤ 难点
- 启事与商业广告的区别。
- 声明的用法及目的。
- 本模块中各文种的病文析改。

项目一 启事

学习目标

1. 了解启事的概念、特点与种类。
2. 明确启事与商业广告的区别。
3. 掌握启事的结构和写法。
4. 能根据任务要求，规范地拟写和修改启事。

情境任务

广州天美公司是一家主营潮流服装的企业，因业务发展需要，现需招聘一位办公室行政助理，主要帮助办公室主任处理日益繁杂的办公室事务。具体要求如下：办公软件应用熟练；有较强的写作能力；普通话流利，有较强的沟通能力；踏实诚恳，有较强的敬业精神；形象气质佳，女性优先；从事相关工作 1 年以上优先。

要求：请根据此材料，撰写一份招聘启事。

任务分析

要写好此份启事，必须要熟悉启事的概念、结构和写法。在撰写过程中，还应考虑有关细节的介绍，使应聘者加深对招聘单位、招聘岗位的认识了解。此外，在告启过程中应注意秉持实事求是的态度，注意表述的逻辑性和完整性。

学习指引

启事

知识点

启事是用公开发布的方式，向公众告知某事或希望他人协助办理某事的告白类文书。

启事在日常工作、生活中应用广泛，无论企事业单位、机构团体还是个人都可发布。启事的发布方式十分灵活，通常借助新闻媒介，也可以采用张贴或信函方式。进入互联网时代，网上发布启事已成为方便快捷的流行方式之一。

一、启事的种类

启事的种类繁多，根据事情内容的不同，可分为以下三大类：
（1）征招类，如征稿、征婚、征订、招聘、招生、招商、招租等。
（2）寻找类，如寻人、寻物、招领等。
（3）告知类，如开业、更名、迁址、结婚、鸣谢等。

二、启事的特点

1. 告启性

启事面向公众告知事宜，具有知照性，无强制性和约束力。

2. 简明性

启事必须一事一启，要求写得简洁明了，无论是登报、广播、电视或张贴，启事都需简明。

三、启事与商业广告的区别

启事与商业广告有很多相似的地方，它们都有告知、宣传、介绍的作用。特别是征招类启事，如征订、征稿、征婚、招聘、招生等，有时容易和商业广告混同。启事与商业广告的主要区别是：启事告知、宣传的是"事"，语言大多比较简约平实；商业广告是商业营利行为，告知、宣传的是"物"，常采用醒目甚至夸张的、图文并茂的方式，以吸引更多客户。

技能点

一、启事的结构与写法

启事通常由标题、正文、结尾、落款四部分组成。

1. 标题

（1）由事由和文种构成，如"招商启事"。

（2）由启事者、事由及文种构成，如"××建筑设计院迁址启事"。
（3）直接用文种做标题，如"启事"。
（4）有些启事不写明"启事"二字，而用内容做标题，如"诚寻合作厂家"。

2. 正文

启事正文的写作方法因事而异，常用的有直陈式和总分式两种。直陈式直接陈述有关的事情和要求，或一段做成，或分段写出，简明扼要，是大多数启事的写法。总分式在正文的开头先简要写明发表启事的缘由、目的和启事的基本内容，作为前言，然后在主体部分详细地写明启事的具体事项。征集广告语启事、征集商标图案启事等常用这种写法。

3. 结尾

启事的结尾一般包括联系地址、联系电话、联系人姓名等。有的启事的目的主要是告知，使公众了解即可，不一定要写联系方式。

4. 落款

签署启事者姓名及发布时间。如标题中已写明发布者，则不需再署名。启事在新闻媒体上发布时，也可不写发布时间。

二、启事的写作要求

1. 准确清楚

启事大多篇幅短小，写作也比较简单，但一定要注意准确、清楚、规范。让人看得明白，别人才有可能参与进来。

> **注意事项**
> "启事"的本意是陈述事情。"启"即叙说、陈述；"事"即事情，是"我有事要对大家说"，一定不能写成"启示"（"启示"为启发、提示、领悟）。

2. 诚恳平实

启事的发布者和受众是完全平等的，没有任何强制性或约束性。因而启事应使用陈述性的平实语言，以平等、诚恳的态度说明情况或表述意见，不能居高临下，也不宜渲染夸饰。

范例评析

××牌手表征集广告语活动启事

××牌手表由××钟表商会监制，××公司生产，并由××钟表商会所属会员专卖店推向市场，共创工商结合，优势互补发展之路。

××是一家拥有百年历史的钟表生产商，销售网点遍布全国各地，在消费者心目中享有很高的声誉。该公司在全国率先引进真空离子溅射镀膜设备和技术，为表壳镀膜。其生产的××牌手表具有较高的耐磨性、抗腐蚀性，自面市以来，深受消费者青睐。

××公司与××钟表商会联合生产的××牌手表即将投放市场，为进一步争创名牌，开拓新路，特在全国范围内征集广告语。

一、广告语要求

（1）突出××名店特色和××先进设备、精湛工艺及产品高质量的特点。

（2）突出超耐磨镀金表的优点。
（3）语言简练、内容新奇，不超过20个字。

二、奖励标准

此广告语征集活动设一等奖一名，奖价值1 000元××镀金表一只和奖金2 000元。

设二等奖两名，各奖价值500元镀金表一只和奖金1 000元。

设优胜奖100名，奖××牌镀金表一只。

凡参加本次活动均可获赠精美纪念卡一份。

三、评奖办法

此次活动成立××广告征集组委会，并请广告界专家、经济学家、新闻资深人士共同组成评奖小组，保证公正、公平。评奖结果将于国庆节后在《××时报》《××日报》上同时发布。

欢迎各界人士参加××牌手表广告征集活动，来信来稿截止时间：××××年×月×日（以邮戳为准）。

来信请寄××市××路××号楼××广告语征集活动组委会收，并注明广告语征集字样，邮编××××××，联系电话×××××××。

【评析】

这则启事采用的是总分式写法，先总述××牌手表的有关情况，说明了征集广告语的目的；然后分条列述广告语的创作要求及奖励标准、评奖办法；最后交代了来稿截止时间、联系方式。启事主旨明确、条理清楚，符合启事写作要求。

任务实施

一、环境要求

可选择模拟办公室或多媒体教室等场所进行，备好纸、笔，配备计算机、投影仪等设备，最好每名学生均有条件进行上机写作。

二、实施步骤

第一步，通过网络查阅同类启事的写法。

第二步，分组讨论招聘启事写作的内容要点，主要包括：招聘公司情况简介、岗位工作介绍、招聘条件、其他要求或需要告知的事项。

第三步，每人执笔或上机，写作初稿。

第四步，不同小组组员间相互修改并签名。

第五步，选取学生作品在多媒体上展示，师生共同点评。

拓展训练

训练一

广东科达网络有限公司拟招聘人才，请分析下面的招聘启事存在的问题并修改。

广东科达网络有限公司招聘启事

广东科达网络有限公司是华南地区最早从事互联网核心业务和技术研究的公司之一,现已发展成为集科研、教育培训、网络运行和网络服务于一体的高新技术企业。因业务迅速发展需要,现面向社会招聘市场部销售经理、项目专员、系统集成人员、销售服务人员,共6名:

(1)性别、年龄不限。
(2)计算机或营销专业本科或以上。
(3)具有IT行业销售丰富经验,有客户优先。
(4)有创造力及团队精神。
(5)擅长与人交往,性格开朗。
(6)能熟练运用常规办公软件,计算机操作良好,英语四级水平以上。

销售服务人员主要负责用户咨询、答疑、数据收集反馈、分析用户要求。

以上职位,有意者请将相关资料寄至:广州科达信息网络工程研究中心人事行政部。

训练二

恒丰商业集团公司经理例会决议:为了加强企业文化建设、凝聚人心、增强企业软实力,公司决定以工会组织为依托,成立各种职业业余社团。初步规划拟成立歌舞、曲艺、主持、文学、书画、公关、武术协会,××××年5月底以前摸清职员选择意向,6月中旬分协会单独召开筹备会议,6月底集中召开隆重的成立大会,届时集团公司总裁、各部门经理均出席成立大会。为广泛发动职员,扩大参与度,要求每位职员结合自身特长选择一至两个协会报名参加。各协会统一发布征集会员启事,并在内部刊物《恒丰报》上连登三期。请撰写上述启事。

训练三

因业务发展需要,办公场地扩增,健爽茶饮料有限公司将于11月18日整体搬迁至广州众创工业园,具体地址为广州市黄埔区创业路××号,电话020-82××××××。

请根据以上材料,撰写一份登报启事,告知广大消费者和有关客户。

项目二　声明

学习目标

1. 了解声明的概念、写作背景、特点及常见类型。

2．掌握声明的结构、写法和写作要求。
3．能根据任务要求，规范地拟写和修改声明。

情境任务

"爱水佳人"化妆品有限公司是广东一家中韩合资的化妆品公司，其原料全部从国外进口，生产的化妆品质量上乘，可与国外大品牌媲美，价格也仅比一般国产化妆品高一些，性价比很高，因此很受市场欢迎，近几年发展很快。最近，公司发现有一些不知名的厂商无视国家工商管理法规，大量仿冒"爱水佳人"牌化妆品的包装，生产低劣产品，在辽宁、河北、河南、安徽、山东、湖南、湖北、山西等地以低价销售，尔后又被一些商贩混同真品，高价零售，给公司的声誉和销售都带来了很大的影响，相当一部分不明真相的消费者误认为"爱水佳人"的品质大幅下降，价格却不断上升，从而放弃了他们的产品。

为此，"爱水佳人"公司急需做出公开声明，说明真相，维护自己的合法权益，制止事态进一步恶化。

要求：请代该化妆品公司拟写这份声明。

任务分析

要写好此声明，必须深刻理解声明的概念及传播背景，了解其写作目的，掌握其行文结构和写法，以及特殊的写作要求，将应有的内容一一表述到位，注意语气和措辞。写作维权声明，一定要能够分析事件，做到逻辑清晰，有理有据；能够辨清责、权、利。

学习指引

声明

知识点

声明是组织（或个人）为维护自身权益、规避风险，就有关事项和问题，公开向社会各界告知，表明自己的态度和立场的文书，也是树立组织（或个人）形象的一种手段。

声明可以张贴，也可以广播、登报，其中登报最为常见。

一、声明的写作背景

发表声明的原因往往是企业遇到了某些尴尬或不利因素。任何一个企业或者机构，在业务活动的具体开展过程中，都有可能会遇到这些情况：遗失重要的企业或者机构印章、证照、支票或重要文本；遇到社会公众或某些特定群体的猜测或误解；遭受到一些有失偏颇的舆论攻击；其业务活动的开展受到不正当的外来干扰；企业在具体业务开展过程中发生了严重的差错等。

当企业面对这些情况时，往往会以声明的形式发出商务告启文书，以挽回对企业的不利影响。之所以要以声明传播信息，是由于企业在这样的情况下，需要以严肃的语调，通过正规的形式澄清或解释一些问题。声明的目的就是要把企业在这种情况下有可能产生的各类损失降到最小。针对不同的情况，声明的写作目的在于说明事情经过、对已经散播的错误信息进行纠正、对严重干扰己方的对象或行为提出警告、对由于自身因素造成的差错做出道歉等。

当然，有些具体形式的声明，如营业执照遗失等，是有关社会职能部门明确要求公开告启的，这或是出于规范管理的需要，或是出于某些法律、法规的需要，或是出于履行某些必要行政手续的需要等。

二、声明的常见类型

1. 遗失作废声明

遗失作废声明，就是商务机构因遗失比较重要的物件，并且该物件由拾到者使用会产生对该机构的不利影响，而发布的此物件作废无效的声明。这类遗失物多为印章、证照、支票及其他重要文件。

2. 维权声明

维权声明是商业机构为维护自己的合法权益而发表的声明。

三、声明的指向

声明的指向通常是社会公众，即企业通过公众媒体向社会公众做出有关具体的声明。然而，在实际情况下，有的声明虽然在形式上是面向公众的，但就其实际内容来看，该文书有着具体的针对性。例如，如果是为了公开辟谣而发布的声明，其具体的针对方就是传播谣言的始作俑者和收到谣传信息的群体，由于企业无法确定这些群体中的个体，只能公开向包括这一群体在内的公众辟谣。

四、声明的特点

1. 针对性

声明是对某种事项或问题表明态度、立场或说明真相，具有很强的针对性。

2. 鲜明性

声明中肯定什么、否定什么或坚持什么要表达清楚。声明的立场、态度要鲜明。

3. 权威性

有法定资格的机关单位或法定代表人或委托人做出的说明和表态具有权威性。

> **技能点**

一、声明的结构和写法

声明由标题、正文和尾部三部分组成。

1. 标题

标题一般有三种形式：

（1）只写文种"声明"，这种比较常见。

（2）由事由和文种构成，如"关于维护本公司注册商标权的声明""遗失声明"等。

（3）采用发布机关名称、授权事由、文种三项结构形式，如"××有限公司授权常年法律顾问×××主任律师声明"。

> **注意事项**
>
> 有的在"声明"前面还加修饰词"郑重"，以表明自己是严肃对待声明事项的，多用于为保护合法权益而发表的声明。

2. 正文

一般先要写明发表声明的原因或理由，接着写明声明的事项或问题，表明有关立场、态度和做法，最后提出声明者的希望或要求。

不同种类的声明，写作的侧重点也有所不同。例如，遗失声明的正文中，要写明遗失的是什么，遗失支票要写明号码和银行账号，遗失证件、执照要写明签发机关和编号、份数等，最后写上"声明作废"收结全文。在维权声明的正文中，须指明被侵权事实，向对方提出警告、要求，说明为制止事态的继续发展将要采取的措施、做法。如要求对方立即停止侵权行为，采取一定形式（登报或通过广播、电视公开）赔礼道歉，限期在适当范围内消除影响，说明对侵权方保留追究法律责任的权利等，有的还写上对于举报者的奖励办法。最后写上"特此声明"作结。

3. 尾部

尾部包括署名、时间和附项三项内容。写完正文，于右下方由声明单位署名，并于其下写明年、月、日。有的声明正文内容中写有希望公众检举揭发侵权者的意思，还应在署名项目的下方附注自己单位的地址、电话、电传号码及邮政编码，以便联系。

二、声明的写作要求

（1）行文要郑重、有力。
（2）文字要简洁、确切。
（3）语气要严正、紧急。

范例评析

例文1

严 正 声 明

针对近期社会上相关网络媒体报道及转载，关于×××（集团）有限公司（以下简称我公司）的负面新闻，为了提醒有关投资者注意，防止上当受骗，我公司在此做出如下严正声明：

一、近期，我公司发现相关企业及个人未经我公司任何授权和许可，擅自使用我公司名称进行虚假宣传，侵害了我公司的名称权；在使用我公司简介材料时有故意误导的行为，侵犯了我公司的名誉权，并给我公司造成了损失。我公司将通过法律途径追究其法律责任。在此，我公司要求相关企业及个人立即停止用我公司名义进行虚假宣传。

二、据我公司了解，相关企业及个人以我公司名义进行非法集资的行为实际上并没有经过我公司股东会的表决通过和任何授权，是有关个人利用控制公司公章进行的违法行为，产生的一切法律后果和责任均由其个人承担。

三、现在社会上仍有一些企业利用我公司名义进行非法集资活动。因此，我公司再次提醒广大投资者谨防上当，不要轻信不实宣传进行投资。

四、目前我公司对相关企业的上述行为已提请法律诉讼。因此我公司再次郑重声明："我公司不隶属于任何机构，也未开展任何直销业务。"对此我公司将持续予以关注，也提请广大投资者注意，防止上当受骗。

特此声明！

×××（集团）有限公司
××××年×月×日

【评析】

这则声明第一部分简要交代发布声明的原因及目的；第二部分首先叙述被侵权的事实，接着对侵权者提出警告，然后提醒相关人员不要受骗，最后再次重申公司立场及下一步采取的维权措施。文章采用分条列项的写法，条理清晰，态度鲜明。声明处处表明自己为行业利益、为用户利益考虑的立场，提升了企业的形象。

例文2

遗 失 声 明

广州市宏伟建筑工程有限公司不慎遗失营业执照副本，证照编号为：4000223×××76，现声明作废。

××××年6月1日

【评析】

这是一份登报的遗失作废声明，行文简单、规范，一般在市级及以上公开发行的报刊上刊登才有效，遗失者按法律规定刊登声明之后，即推定社会上不特定的所有人都应当知道该证无效，即解除了遗失者的社会责任。通俗来讲，就是他人再冒用该证而产生的各种后果，遗失者不再承担相关责任。

任务实施

一、环境要求

可选择模拟办公室或多媒体教室等场所进行，备好纸、笔，配备计算机、投影仪等设备，最好每名学生均有条件进行上机写作。

二、实施步骤

第一步，分组讨论"爱水佳人"化妆品公司声明写作的内容要点，包括：被仿冒的产品；真假产品的区分；声明者的态度、立场与要求等。

第二步，每人执笔或上机，写作初稿。

第三步，不同小组组员间相互修改并签名。

第四步，选取学生作品在多媒体上展示，师生共同点评。

拓展训练

训练一

下面是广西××制药有限责任公司发表的一篇维权声明，请分析其存在的问题并进行修改。

声 明

广西××制药有限责任公司是国家管理局唯一批准生产"××灵"药品的生产厂家。"××灵"药品研制生产以来，广西××制药有限责任公司从未授权、委托其他厂家生产该种药品。近来，药品市场上出现了其他厂家生产的"××灵"药品，其中有些还标有"广西××制药有限责任公司授权"字样，纯系假冒。其做法不仅侵犯了广西××制药有限责任公司的合法权益，而且侵害了广大患者利益，也扰乱了药品市场的秩序。为此，我公司发表声明：凡有上述不法行为的厂家，必须立即停止生产、销售"××灵"药品，立即停止一切对广西××制药有限责任公司的侵权行为并对此前生产、销售"××灵"药品所发生的一切不良后果承担全部责任。对此前，尤其是此后侵犯广西××制药有限责任公司生产"××灵"药品权益的行为，我公司将随时依据国家有关法律、法规，追究其经济责任和法律责任。

训练二

阅读下文，回答下列问题。
（1）这份声明可以划分几个层次？请概括层意。
（2）作为声明，在语言上和其他类别的告启类文书有什么不同？
（3）把带点的字改成"独家生产商"和"独家进口销售公司"可不可以？为什么？

英荷××××集团在华企业××××股份有限公司郑重声明

"××"商标系英荷××××股份有限公司在中华人民共和国依法注册的商标，根据我公司与英荷××××股份有限公司签订的商标独占使用许可协议，××××股份有限公司是"××"商标产品（即"××"香块、沐浴乳、洁面乳等产品）在中华人民共和国境内的独占生产权人和独占进口销售权人。任何未经我公司授权而进口或在中华人民共和国境内经销进口的上述商标产品的行为都属侵权行为，对此我公司保留追究其法律责任的权利。

××××股份有限公司
××××年×月×日

训练三

李红在出差新加坡回国之后，在回家路上遗失了护照，请代她拟一个遗失作废声明登报发表。

商务告启文书综合实训

一、实训目标

通过真实的工作情境，要求学生利用所掌握的理论知识与写作技能，完成相应情境中的写作任务，旨在全面锻炼和提高学生的商务告启文书写作的综合能力。

二、情境任务

上海泛联科技股份有限公司近年来不断发展壮大，业绩连年攀升。
经有关部门批准，该公司已接受上海申银万国证券股份有限公司辅导超过六个月，正在准备申请公开发行股票并上市。

公司网络开发部为配合公司扩大宣传，展示公司实力，建立了官方网站，计划在上市的同时开放。为了避免网站上的各种信息被他人随意利用甚至不法利用，需要另外公开发表一份告启文书，说明各种有关侵权和免责的事宜。

为保证公司官方网站的正常运行，现公司需公开招聘一名网络技术总监。

请根据以上情境，完成如下写作任务：

（1）该公司网站的法律声明。

（2）该公司招聘网络总监启事。

三、任务实施

（一）环境要求

本实训可选择模拟办公室或多媒体教室等场所进行，备好纸、笔，配备计算机、投影仪等设备，最好每名学生均有条件进行上机写作。

（二）实施步骤

第一步，分小组讨论各项写作任务的内容要点。

第二步，小组内分工合作，一人完成一部分内容，具体由组长根据讨论结果安排每位组员的写作任务。

第三步，每人执笔或上机，完成任务初稿。

第四步，各小组就本组的各项任务初稿进行讨论并修改。

第五步，以小组为单位上交。

考核评价

按作文质量评定每组每项写作任务的成绩。

优	各项任务写作格式正确，结构完整，内容明确具体，主题突出，条理清楚，文字通顺，标点符号使用正确，在规定时限内快速完成，打印装订与展示规范美观，完全符合要求
良	格式正确，结构完整，内容具体，主题明确，条理清楚，文字通顺，及时完成，打印规范
中	格式基本正确，结构基本完备，内容具体，条理清楚，按时完成，打印规范
及格	格式基本正确，结构基本完备，内容基本符合要求，按时完成，打印规范
不及格	格式不正确，结构不完整，内容不符合要求，不能按时完成，没有打印

模块测试六

模块七 商务契约文书

模块要点

本模块由业务洽谈纪要、意向书、协议书、经济合同、招标书、投标书六个项目构成。通过项目训练,旨在使学生了解业务洽谈纪要、意向书、协议书、经济合同、招标书、投标书的含义、特点、种类与作用,掌握其写作格式、结构与要求,能够结合实际任务撰写规范的常用商务契约文书;培养学生科学化、规范化、严谨务实的思维习惯,培养沟通、竞争、双赢能力和宏观眼光,使学生逐步具备并强化组织管理者的商务和法律意识。

➢ **重点**
- 业务洽谈纪要的结构和写法。
- 意向书的结构和写法。
- 协议书的结构和写法。
- 经济合同的结构和写法。
- 招标书的结构和写法。
- 投标书的结构和写法

➢ **难点**
- 业务洽谈纪要的写作要求。
- 经济合同主体的结构。
- 意向书与协议书的区别。
- 意向书与合同的区别。
- 协议书与合同的区别。
- 招投标的过程。
- 招标文件的构成和写法。
- 投标文件的构成和写法。
- 本模块中各文种的病文析改。

项目一　业务洽谈纪要

学习目标

1. 了解业务洽谈纪要的含义、特点和分类。
2. 掌握业务洽谈纪要的写法和写作要求。
3. 能根据任务要求，规范地拟写和修改业务洽谈纪要。

情境任务

海南省国营东昌农场拥有荔枝种植面积1.2万亩（非法定计量单位，1亩=666.6平方米），产品已通过海南省农业厅"无公害农产品"的质量认证。优良的品质保障吸引了众多的海内外收购商。全球最大的零售商沃尔玛（中国区）也一直看好东昌农场的荔枝产品。近几年，沃尔玛已经从东昌农场多次收购荔枝，并通过其销售渠道将荔枝销往全国各地，获得了消费者认可。因此，今年沃尔玛决定加大在东昌农场的采购力度。2022年3月5日，东昌农场销售科的××科长和沃尔玛中国区的采购经理××在文昌大酒店就今年采购农场100万公斤荔枝的时间、地点、价格、运输方式等进行了愉快的洽谈，并达成了初步的意见。

要求：请以双方此次有关荔枝购销的洽谈为依据，撰写一份业务洽谈纪要。

任务分析

作为一种双方建立某种经济关系的备忘录性质的业务洽谈纪要，既是双方就谈妥事项开展工作的依据，也是双方领导决策和进一步签约的依据。要写作这份业务洽谈纪要，一要介绍洽谈各方的基本情况，了解洽谈的缘由背景；二要记录洽谈的议程、议题、涉及的问题、达成的共识、存在的分歧及对对方的要求；三要掌握业务洽谈纪要写作的相关知识与技能；四要体现良好的职业道德和诚信为本的经营理念。

学习指引

知识点

业务洽谈纪要是按照业务洽谈的实际情况，将洽谈的主要议程、议题、涉及的问题、达成的结论及存在的分歧等加以归纳总结，经双方代表签字确认后，形成的正式书面文件，在一定程度上能起到补充和证明的作用。它对双方均具有一定的约束力。业务洽谈纪要可以作为就达成共识的事项开展工作及双方领导决策的依据，有利于下一步协商的开展，但一般不具有法律效力。

业务洽谈纪要在具体的工作过程中又常被称为"业务商谈纪要""业务会谈纪要""商务谈判纪要"等。

业务洽谈纪要的含义、特点及分类

一、业务洽谈纪要的特点

作为当事各方之间建立某种经济关系的凭证性质、备忘录性质的业务洽谈纪要，它是业务开展过程中一种常用的重要文书，常具有以下特点：

1. 纪实性

业务洽谈纪要作为一种纪实性文本，具有纪实性特点。纪要所反映的必须是洽谈中所发生的情况，是洽谈中所讨论的问题和洽谈结果的如实记载和辑录。

2. 平等性

参与洽谈各方都是平等的。任何一方都不得将自我的意愿强加给另外一方。洽谈各方也不应受到任何外界的干扰。体现在纪要中就是客观真实地将各方的意见陈述出来，常采用各自的语气加以表达。

3. 协商性

作为进一步合作的指导性文件，业务洽谈纪要不同于合同。它不要求将条款制订得非常具体、细致，而是着重确定双方合作、建立商贸关系的大方向，在重要事项上做出原则性约定，以指导今后的进一步合作。双方在洽谈的过程中更多的是一种建立在互利基础上的协商。

4. 备忘性

业务洽谈纪要需要全面记录洽谈中的所有相关事项，如双方达成的共识、存在的分歧，以及双方所表达的欲进一步接触的意愿等。业务洽谈纪要应充分体现出它的备忘性。

5. 约束性

业务洽谈纪要虽不具备法律约束力，但对洽谈各方也有一定的道德约束力，这主要表现在商业信誉上。作为一个成熟的企业，必须树立良好的企业形象，创建并维护良好的商业信誉。

二、业务洽谈纪要的分类

业务洽谈纪要按性质可分为综合性业务洽谈纪要和单项性业务洽谈纪要。

业务洽谈纪要按内容可分为联合经营企业洽谈纪要、生产业务洽谈纪要、销售业务洽谈纪要等。

业务洽谈纪要按范围可分为国内业务洽谈纪要和涉外业务洽谈纪要。

技能点

一、业务洽谈纪要的结构和写法

因为所洽谈业务的范围和性质不一样，业务洽谈纪要并没有严格的统一格式。通常由标题、正文和落款构成。

1. 标题

业务洽谈纪要标题通常有三种写法：

（1）直接写文种名称，如"业务洽谈纪要"。

（2）事由＋文种名称，如"关于合资经营光明农场的业务洽谈纪要"。

（3）单位名称＋事由＋文种名称，如"天地公司与森德公司关于建立互动加工业务洽谈纪要""××贸易公司与××制造厂的产品购销业务洽谈纪要"。

2. 正文

正文是业务洽谈纪要的具体展开，常包括引言、主体和结尾三个部分。

（1）引言。引言通常包括业务洽谈的背景和目的、当事各方的国别、单位名称、洽谈方代表姓名、会谈时间、会谈地点及商谈项目名称等，后常用"现达成初步意见如下""现将洽谈内容纪要如下"来过渡。

> **注意事项**
> 作为契约文书，业务洽谈纪要常采用"双方同意""双方认为""双方一致表示""双方商定"等习惯性短语。

（2）主体。具体写明洽谈的主要议题，每一个议题下的具体事项，各自的意见和承诺、权利和责任，一般采用条文式来写作。主体要求真实客观地记录各方当时洽谈的实际情况，主要涉及洽谈的主要目标、有争议的问题、达成共识的问题及双方提出的要求等，争取准确地将各方的意见陈述出来。

（3）结尾。结尾常就本次协商未尽事宜、下次商谈的时间与地点、文件的份数和留存方式进行说明。

3. 落款

落款常包括洽谈各方的单位名称（盖章）、洽谈方代表姓名（签字）、洽谈的时间等。

二、业务洽谈纪要的写作要求

1. 格式完整

业务洽谈纪要常由标题、正文和落款三部分组成，遵循一般格式进行写作。

2. 内容真实

业务洽谈纪要要忠于会谈实际，反映当时的洽谈情况，不得随便更改会谈内容。撰写业务洽谈纪要态度要客观，尊重彼此，以各方的语气来表述意见。

3. 重点突出

对会谈中的主导性议题要重点予以表述，突出洽谈主题。对其他敏感问题和有争议的问题，也要层次清楚地加以辑录。

范例评析

例文1

业务洽谈纪要

中国××公司××分公司（以下简称甲方）的代表与×国××公司（以下简称乙方）的代表于2022年2月25日在中国广州市白云宾馆就兴办××合资项目进行了协商，双方交换了意见，现达成初步意见如下：

一、依据双方的洽谈，乙方愿意就合资兴办××项目投资约××××美元（大写数字），但投资方式有待进一步协商。甲方愿意以自己的厂房、人工、技术、设备为投资资本，但如何作价则要等甲方统计好相关数据后双方再做决定。

二、双方一致同意2022年5月初××合资项目全面展开，具体开工时间有待进一步磋商。总体原则是尽量创造条件，尽快上马新项目。

……

六、经过本次洽谈，双方合作意愿明确。期待在今后的一个月内再行接触，以便进一步商洽合作事宜，具体时间待双方协商后再定。

七、本洽谈纪要一式两份，用中文书写。甲、乙双方各执一份。

甲方：中国××公司××分公司（盖章）　　乙方：×国××公司（盖章）

甲方代表：××（签字）　　　　　　　　　乙方代表：××（签字）

日期：2022年2月25日　　　　　　　　　　日期：2022年2月25日

【评析】

这是一篇关于合资兴办项目的业务洽谈纪要。标题直接写明文种，简洁醒目。引言部分交代了洽谈双方的国别、单位、会谈时间、会谈地点、洽谈项目名称等，接着用"双方交换了意见，现达成初步意见如下"引出正文。正文具体记录了双方在洽谈过程中各自的意见，并以甲乙方各自的语气来表达，真实程度高。在正文的尾部，就纪要书写文字、未尽事宜、下次见面协商的时间及文件的留存进行了说明。最后是落款，包括了洽谈单位名称（盖章）、洽谈单位代表姓名（签字）、签订的时间。本业务洽谈纪要内容完整，条理清楚，写作规范。

例文 2

关于创办联营综合服务公司的洽谈纪要

为更合理利用双方优势，提高经济和社会效益，××市化工厂（以下简称甲方）和×××公司（以下简称乙方）于2022年3月8日在××地就创办联营综合服务公司的问题进行了友好洽谈。现将洽谈内容纪要如下：

一、联营综合服务公司在创建之初的生产经营项目（略）

二、甲方提供运输工具载重车数辆给联营企业，按月收取适当的租用费。乙方提供土地一块给联营企业，按月收取适当的租用费。乙方一并提供综合服务公司所需的生产人员。

三、此联营项目估计投资人民币十余万元（包括基建、厂房、设备及流动资金）。甲方投资比例约七成，乙方投资比例约三成，获得利润按投资比例分成。

四、综合服务公司是具有法人资格、实行独立核算、自负盈亏的企业。

五、双方各派代表若干人组成筹建小组，具体负责筹建工作。筹建小组应于明年春完成可行性研究并提交工作方案。

六、有关具体问题双方在进行可行性研究后进一步协商。

七、本洽谈纪要一式四份，双方各执两份。

甲方：××市化工厂（盖章）　　　　　　乙方：×××公司（盖章）

甲方代表：×××（签字）　　　　　　　乙方代表：×××（签字）

日期：2022年3月8日　　　　　　　　　日期：2022年3月8日

【评析】

这是一份双方联办公司的洽谈纪要。标题由项目内容和文种构成。引言部分，写双方单位名称、因何事项进行了"初步协商"和合作的指导思想。一句"现将洽谈内容纪要如下"引出主体部分。主体部分采用条文式结构，依次列出联营综合服务公司的经营项目、双方的职责、双方投资比例、公司的性质和经济形式、组建筹建小组及意向书份数等内容。文本的语言注重使用留有余地和弹性的语言，如载重车是"数辆"、土地是"一块"、投资比例约"七成""三成"，各派代表"若干"等，还有"有关具体问题双方在进行可行性研究后进一步协商"，这些都是颇能体现业务洽谈协商性特点的语言。

例文 3

关于创办合营公司的洽谈纪要

　　为充分利用双方优势，提升产品进军国际市场的竞争力，杭州×××公司（以下简称甲方）和××进出口公司（以下简称乙方）于2022年5月9日在××地就创办合营企业生产××牌产品一事进行了友好洽谈，并达成了初步的意见。现将洽谈内容纪要如下：

　　一、双方同意投资总额为××万元，可用现金、设备、实物（包括厂房）等方式进行投资。设备参照同类产品的国际市场价，物资及厂房采用公证行估价和友好协商相结合的办法予以折算。

　　二、产品销售以杭州为主要市场，如出口到其他国家和地区应以不冲击乙方现有的销售网点为原则，合营公司应在出口产品前征求乙方的意见。

　　三、合营公司的投资争取在四年内收回，具体方案由董事会根据公司赢利情况讨论决定。

　　四、合营公司产品使用乙方××牌商标，每年度按产品销售总额向乙方交付一定比例商标使用费。

　　五、为维护合营公司的利益，甲方不再以任何名义和方式在杭州、深圳经营同类产品的生产和销售，乙方也不再在该地段设厂生产同类产品。

　　六、关于参股比例、人事安排，双方同意由乙方代表到杭州与甲方代表进一步予以商讨。

　　七、本洽谈纪要一式两份，双方各执一份。

甲方：杭州×××公司（盖章）　　　　　　乙方：××进出口公司（盖章）
甲方代表：×××（签字）　　　　　　　　乙方代表：×××（签字）
日期：2022年5月9日　　　　　　　　　　日期：2022年5月9日

【评析】

　　这是一份双方合营公司的洽谈纪要，就投资总额及实物折算方法、生产与销售、投资回报、未尽事宜等都进行了分条记录。标题醒目、格式规范、语言简洁、语气客观、思路清晰，是一篇较好的业务洽谈纪要。

任务实施

一、环境要求

　　可选择模拟办公室、会议室或多媒体教室等场所进行，备好纸、笔，配备计算机、投影仪、白板、话筒、会议桌等设备，最好每名学生均有条件进行上机写作。

二、实施步骤

　　第一步，通过网络查找写作业务洽谈纪要的相关材料。

　　第二步，以两个小组为单位，根据所给材料，模拟业务双方洽谈业务。分组讨论荔枝购销业务洽谈纪要写作的内容要点，主要包括：洽谈双方的基本情况、洽谈依据和目的、洽谈的议程、洽谈的议题、达成的共识、存在的分歧、文本的保存等。

　　第三步，每人执笔或上机，写作初稿。

第四步，各小组成员间相互修改，形成小组作业。

第五步，选取学生作品并在多媒体上展示，师生共同点评。

拓展训练

训练一

李强2021年7月自大学毕业后就一直供职于大连罗丹工艺装饰品有限公司销售部。2022年3月，公司迎来了一次发展的好机遇。公司法人代表罗丹带领销售部同事一起与来自韩国的泰伦工艺品公司代表金京珉就合资筹建新公司一事进行了洽谈，并达成了初步的意见。洽谈后，罗总吩咐李强将洽谈内容进行整理，写出一份业务洽谈纪要。因头一次参与这种高级别的洽谈，李强显得很兴奋，第二天就递交了洽谈纪要。但是，罗总看后却眉头微蹙，轻声表示了自己的意见。下面是李强撰写的洽谈纪要，请分析存在的问题并进行修改。

关于合资筹建炫彩工艺品公司的洽谈纪要

海风习习，春光明媚。在2022年3月15日这样一个具有里程碑意义的日子里，我公司与韩国的泰伦工艺品公司（以下简称乙方）在漂亮的大连海滨酒店进行了愉快的交谈，取得圆满成功，会后双方代表开香槟酒表示了庆贺，气氛热烈。双方就以下几个问题初步达成意见：

一、投资金额及比例（略）

二、单位名称

初步定名为炫彩工艺品公司，定址在大连，单位性质为中外合资企业。

三、利润分配（略）

四、违约责任（略）

大连罗丹工艺装饰品有限公司（章）　　韩国泰伦工艺品公司（章）

2022年3月15日　　　　　　　　　　　2022年3月15日

训练二

2022年6月5日，××贸易公司业务部李经理和××电子厂销售部唐经理就××产品的购销事宜进行了洽谈并基本达成共识。洽谈的内容涉及双方的权责，主要包括：××产品的销售方式、包装要求、宣传广告、运输环节、费用结算等。

请就此次双方的洽谈内容予以纪要。

训练三

为提高国际市场占有份额，提升企业综合竞争力，广州市番禺绣品服装有限公司和马来西亚萨摩亚纺织品公司于2022年4月16日在番禺长隆酒店就合资创办企业的问题进行了磋商。双方就企业的名称、性质、经营范围、投资及利润分配的比例、双方的职责等方面达成了初步的共识。洽谈气氛友好而热烈。请依据双方此次的洽谈内容，撰写一份业务洽谈纪要。

项目二 意向书

学习目标

1. 了解意向书的含义、特点和分类。
2. 掌握意向书的写法和写作要求。
3. 能根据任务要求，规范地拟写和修改意向书。

情境任务

随着社会主义市场经济的发展，企业用工的要求越来越高。高职院校作为培养高素质、高技能型技术人才的教育基地，必须面向市场，坚持以就业为导向，解放思想，更新观念。校企合作正是这样一种与经济发展相适应、与教育改革相协调的新型办学模式，是国际上职业教育发展的成功经验，也是我国职业教育可持续发展的必然趋势。××职业技术学院作为我国首批28所"国家示范性高等职业院校"之一，在校企合作办学方面迈出了富有成效的步伐。为了让本校珠宝专业的学生得到更多的实践岗位，××职业技术学院决定与六福集团（国际）有限公司斥资逾亿元在广州番禺设置的珠宝加工厂联合办学。本着互利互惠的原则，双方经过多次的接触，就校企合作的必要性、校企合作的模式、校企合作办学模式的组织与实施等方面初步达成合作意向。××职业技术学院校长办公室秘书小吴据此写成了一份校企合作意向书。

要求： 请根据以上情境，拟写校企合作意向书。

任务分析

校企合作是目前各类职业教育谋求自身发展、实现与市场接轨的一项重要举措，它可以使学校和企业的设备、技术实现优势互补、资源共享，以切实提高育人的针对性和实效性，提高技能型人才的培养质量。校企合作的成功运转需要一个相互融合的过程，其中拟定规范的校企合作意向书是首要环节。要写作这份校企合作意向书，一要明确校企合作的必要性；二要商讨校企合作办学的模式及其具体的组织与实施；三要掌握意向书写作的相关知识与技能；四要树立法律意识和全局意识。

学习指引

知识点

意向书运用十分广泛，其内容较为复杂。一般来说，意向书是当事各方就经济活动中的某个项目，通过初步洽商，就各自的意愿达成一致认识、表示合作意愿的书面文件，是当事各方进行实质性谈判、展开下一步经济活动的依据，是签订协议和合同的前奏。

意向书主要表述当事各方的合作意愿，能指导各自相关具体业务的发展方向；能对当事各方产生约束力，保证各方的经济利益；能为签订正式协议和合同做好前期准备。

一、意向书的特点

1. 协商性

意向书是当事各方基于共同利益，经平等协商后的初期产物，在协商过程中，当事各方均可按各自的意图和目的提出意见，也可以对某一项目提出几种方案和设想。在正式签订协议、合同前内容亦可随时变更或补充。意向书多用商量的口吻，有时还用假设、询问的语气，不具有强制性。

2. 临时性

意向书只是表达商谈的初步成果，记录各方基本的观点，为今后的进一步合作做铺垫，所以一旦最终确定了合作各方的权利和义务，签订了正式的协议和合同后，意向书的使命便告终。意向书不像协议、合同那样具有法律效力。

3. 简约性

意向书的内容是粗略的，是当事各方经协商后意愿的记载，是初步达成的一致意见，对于实施过程中的具体细节和相关的违约责任并没有涉及。意向书对当事各方日后某项工作的开展具有一定的方向指导作用。

二、意向书的分类

意向书只是表明一种意向，一种双方或多方当事人的设想、兴趣、态度、观点和打算，不具有法律效力，不受法律保护。它是签订协议、合同的基础。

意向书按照内容的不同可分为技术合作意向书、工程确立意向书、联合投资意向书和经济洽谈意向书等。

意向书按签署方式的不同可分为单签式意向书、联签式意向书、换文式意向书三种类型，其中最常见的是联签式意向书。单签式意向书由出具方签署，合作方在副本上签字认可；联签式意向书由双方联合签署，各执一份，是使用较多的方式；换文式意向书由双方各自签署后交换文本。

技能点

一、意向书的结构和写法

意向书的结构一般包括标题、正文和落款三大部分，具体包括标题、单位名称、双方出席代表、时间、地点、协商的缘由及经过、协商的主要事项、需要注意的事项、签名、盖章及具体日期等。

1. 标题

意向书标题常见的写法有四种形式：

（1）只标明文种，即"意向书"。

（2）项目内容+文种，在"意向书"前写出协作内容，如"合资经营××公司意向书"。

（3）单位名称+文种，如"××厂与××有限责任公司意向书"。

（4）单位名称+项目内容+文种，如"广州大学与广州新光科技有限责任公司关于联合开发××产品意向书"。

2. 正文

正文是意向书的主要组成部分，由引言、主体和结尾三部分组成。

（1）引言。引言写明签订意向书的依据、缘由和目的。写明合作各方单位的全称、各方代表人姓名、各方商议的简要情况、磋商后达成的意向性意见。然后用"在各方友好协商的基础上，特达成如下合作意向"或"兹签订意向书如下"等习惯用语作为过渡语引出主体。

> **注意事项**
> 有的意向书的引言写得比较简单，只是将合作各方的名称、代表人姓名列出，为叙述方便，通常在单位名称后分别加括号注明"以下简称甲方""以下简称乙方"等；有的意向书的引言写得较具体，要说明双方磋商的大致情况，包括谈判磋商的时间、地点、议题、考察经过等，篇幅相对较长。

（2）主体。主体常用条款式分条列项地写明合作各方达成的意向性意见。如中外合资经营企业，需就合资项目整体规划、合营期限、投资金额及方式、双方责任分担、经济效益预算、利润分配及亏损分担等主要问题，表明各方达成的初步意向。

> **注意事项**
> 主体部分的语言相对比较平和，具有相互协商的性质，一般不使用"必须""应为""否则"之类的词语。另外，因意向书只是合作各方初步的合作设想，内容粗略，并不具有法律约束力，所以，在主体中不必写违约责任。

（3）结尾。结尾内容较灵活。如涉及未尽事宜的解决方式，结尾可就还有哪些问题需要进一步洽谈、洽谈日程的大致安排、预计达成最终协议的时间等予以补充。可以写明"未尽事宜，在签订正式合同或协议书时再予以补充"一语，以便留有余地。如果意向书涉及多种文字，在结尾处要加以说明，并写明意向书的文本数量及保存方式。

3. 落款

意向书落款应由签订各方单位、代表人签字盖章，填写签订意向书时完整的日期。

二、意向书的写作要求

1. 平等互利

合作方不分国家大小、单位贵贱和资金多少，都应平等对待。既不能迁就对方，也不能把自己的要求无原则地强加给对方，应遵循平等协商、互利互惠的原则。

2. 表述清晰

意向书的内容要清晰，避免套语。记录要具体，用词要准确，不能含混不清。

3. 态度客观

意向书的内容要忠实于商议的过程，态度要诚恳，做到不卑不亢、礼貌客观。合作各方在意向书的写作中，通常用各自的语气来叙述。

4. 语气协商

因意向书是当事各方磋商后达成的初步意见，是进一步接洽和合作的基础，所以，行文多用商量、协商的语气，有时在行文中就某一个问题的解决还可以提出几种方案。

范例评析

例文1

建立合资企业意向书

中国天津市开发区信诚科技有限公司（以下简称甲方）和韩国（株）NESS公司（以下简称乙方），根据中华人民共和国的有关法律法规，本着平等互利的原则，通过友好协商，同意在中华人民共和国共同投资建立合资企业，双方达成意向如下：

第一条 按照《中华人民共和国外商投资法》和其他有关法律法规，双方同意在中国境内天津市经济开发区建立合资公司。

合资公司的名称：（待定）

公司地址：天津市经济开发区（具体待定）

第二条 合资公司为中国法人，受中国的法律、法规和有关规章制度的管辖和保护，在遵守中国法律的前提下，从事约定范围内一切合法经营活动。

第三条 合资公司的法律形式为有限责任公司，合资公司的责任以其全部资产为限。

第四条 目的

合资双方希望加强经济合作和技术交流，从事第五条所规定的经营活动，为投资双方带来满意的经济利益。

第五条 合资公司生产和经营范围：研发、生产太阳能电池片、电池组件及相关设备；自营和代理各类商品及技术的进出口业务。

第六条 合资公司生产规模：初步预计年产太阳能电池片120兆瓦，年产太阳能电池片生产设备1 000套。

第七条 总投资约2 500万美元，投资比例初步定为甲方占20%，乙方占80%。

第八条 投资方式

1. 甲方：依据现有的土地、厂房、设施和生产技术出资，具体折算方式有待双方进一步确定。

2. 乙方：以现金形式一次性注资，投资额度约为2 000万美元。

第九条 经营年限

合资公司经营年限自营业执照签发之日起50年。

第十条 本意向书未尽事宜，由双方在合同中约定。

第十一条 本意向书一式两份，双方各执一份。

甲方：中国天津市开发区信诚科技有限公司（盖章）

乙方：韩国（株）NESS公司（盖章）

甲方代表：李×忠（签字） 乙方代表：李×九（签字）

日期：2022年3月6日 日期：2022年3月6日

【评析】

该意向书言简意赅、条理清楚。引言以简洁的文字概述了合作方的单位名称和已达成的主要合作项目，用"双方达成意向如下"引出正文。正文采用条款式分条列出双方达成的具体意向，包括合资公司的性质等11条要素，按照事情的轻重安排，条理清晰。落款为合作双方的单位及代表签字盖章，标明意向书成文时间。整篇意向书格式规范、结构完整、语言准确，用商量语气行文，是一篇不错的意向书。

例文2

合资生产××产品意向书

2022年3月1日至3月7日，英国××公司（以下简称甲方）Edison先生与我国太原市延昆自动化设备厂（以下简称乙方）厂长李力昆先生就双方合资生产××产品事宜，进行了多次商谈。现达成初步意向如下：

一、合资生产的××产品，年生产量初步确定为××吨。

二、双方投资比例初步确定为：投资总额××万元人民币，其中甲方占60%，乙方占40%。

三、生产××产品年利润预算约达到××万元人民币，双方按投资比例分成或另行商议，利润分配方式将在签订合同时予以明确。

四、该合资项目预定在2022年6月前正式投入生产。

五、双方于2022年4月16日前准备好各自的可行性研究报告的有关资料。2022年5月前由乙方编写项目建议书上报行政主管部门，经批准后即告知甲方。

六、未尽事宜，双方将及时沟通，进而形成商谈备忘。在正式生产前签订生产××产品合同。

七、本意向书一式两份，双方各执一份。

甲方：英国××公司（盖章）　　　　乙方：中国太原市延昆自动化设备厂（盖章）
甲方代表：Edison（签字）　　　　　乙方代表：李力昆（签字）
日期：2022年3月7日　　　　　　　　日期：2022年3月7日

【评析】

本意向书结构清晰、重点突出。行文中多用协商语气，如"初步确定为""约达到""另行商议"等，符合意向书写作的一般格式和要求。此意向书表示了双方合资生产××产品的共同意图及实施这一意图的大致措施安排，是进一步展开经济项目的基础和构想，对双方相关业务的开展具有一定的约束力。

任务实施

一、环境要求

可选择模拟办公室、会议室或多媒体教室等场所进行，备好纸、笔，配备计算机、投影仪、白板、话筒、会议桌等设备，最好每名学生均有条件进行上机写作。

二、实施步骤

第一步，通过网络查找意向书写作的相关材料。

第二步，以两个小组为单位，根据所给材料，模拟协商过程，分组讨论校企合作意向书写作的内容要点，主要包括：校企合作的必要性、校企合作的模式、校企合作办学模式的组织与实施等。

第三步，每人执笔或上机，写作初稿。

第四步，各小组成员间相互修改，形成小组作业。

第五步，选取学生作品并在多媒体上展示，师生共同点评。

拓展训练

训练一

为了集中各自的优质资源,扩展市场占有份额,马来西亚××油漆有限公司与我国上海××造漆厂于2022年4月26日在上海就合资事宜进行商谈后达成一致意向,双方决定联手在上海开办合资公司。会后,上海××造漆厂的秘书小孙写了一份合作意向书。但是厂长看后却说意向书写作不规范,责令她回去修改。以下就是小孙写成的合作意向书初稿,请分析存在的问题并修改。

意　向　书

一、甲乙双方愿以合资或合作的形式成立合资公司,定名为××有限公司。

二、投资金额

总投资××万元。其中,甲方以工厂现有的厂房、设备折价投入,投资总金额为××万元;乙方以现金投入、购买设备方式入股,投资××万元。

三、利润分配

各方按投资比例进行利润的分配。

四、合资企业生产能力

(略)

五、合资年限为三年,即2022年7月15日至2025年7月15日。

六、合资企业自营出口业务或指定有关进出口代理公司代理产品的出口事宜。

七、合资企业其他事宜按《中华人民共和国外商投资法》有关规定执行。

八、双方必须严格遵循意向书中的各项条款,任何一方不得擅自更改和结束合作内容。否则,由此产生的一切后果将由违约方承担。

九、本意向书自双方签字之日起生效。

十、本意向书一式两份,甲乙双方各执一份。

甲方　　　　　　　　　　　　　　乙方

中国上海××造漆厂(盖章)　　　马来西亚××油漆有限公司(盖章)

法人代表(签字):　　　　　　　法人代表(签字):

日期:2022年4月26日　　　　　日期:2022年4月26日

训练二

洞口县洞口乡处于中山和珠海的临界处,因为地理位置的优势,近年来吸引了众多的海内外投资商,极大地提升了本地的经济价值。同时,乡农村经济合作社也一直致力于开拓市场,寻找商机,选择突破。经过数月的调研和考察,2022年1月10日,乡农村经济合作社与中山市化工厂就经济联营一事达成合作意向。双方协议成立一个独立核算、自负盈亏,具有独立法人地位的综合服务公司。计划初期投资人民币15万元,其中,乡农村经济合作社入资30%,中山市化工厂入资70%,利润按投资比例进行分成。综合服务公司的主要业务是利用化工厂生产过程中产生的废石灰渣来生产煤渣砖。化工厂提供载重2.5吨的车辆数辆代客户运输,按月收取适量的租金;乡农村经济合作社提供厂房、工作人员及负责煤渣砖的销售。

请为洞口乡农村经济合作社与中山市化工厂就此次达成的合作意向撰写一份经济联营意向书。

> **训练三**
>
> 我国××市××厂厂长与美国××公司董事长经过多次洽谈，于2022年6月19日在白云宾馆达成初步合作意向。双方决定合资生产××产品，年产量初步确定为××万吨，并确定于2022年12月底正式投入生产。美方负责提供生产原料、技术及设备，中方负责提供生产场地、人员的培训及管理。计划前期投资人民币50万元，其中，中方入资60%，美方入资40%，利润按投资比例进行分成。双方约定在2022年8月1日前准备好各自的可行性研究报告的有关资料，2022年9月前由中方编写项目建议书上报行政主管部门，一旦获准立项，中方立即告知美方。
>
> 请为我国××市××厂与美国××公司就此次达成的合资生产××产品的意向撰写一份意向书。

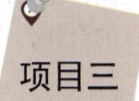

项目三 协议书

学习目标

1. 了解协议书的含义、特点和分类。
2. 认识协议书与意向书的差别。
3. 掌握协议书的写法和写作要求。
4. 能根据任务要求，规范地拟写和修改协议书。

情境任务

为了拓展物流业务的新空间，经多次友好协商，2022年3月18日，广东长城国际货运有限公司与深圳市荣成物流有限公司就后者在其前海湾物流园区南油1号仓荣成货场为前者提供货柜提还、车辆停放、人员管理及现场办公设备等相关服务，签订了一份合作协议书。

要求：请根据以上情境，拟写一份合作协议书。

任务分析

协议书是经有发展业务意图的各方就彼此的权责经过详细磋商，达成一致意见后签订的书面文件。协议书内容较意向书具体，且具有法律效力。要写作这份合作协议书，一要介绍协议双方的基本情况及签订协议的依据和目的；二要确定双方协议的具体事项；三要掌握协议书写作的相关知识与技能；四要体现法律意识。

学习指引

知识点

协议书作为一种契约文书，广泛应用在社会生活的方方面面，是有业务往来的双方或数方，为了解决或预防纠纷、确立某种法律关系、保障各自的合法权益或维护共同的利益，经双方或数方共同协商达成一致意见后签订的书面文件。协议书一旦签署就具有了一定的法律效力。

协议书又称协议,有广义和狭义之分。广义的协议书是指社会集团或个人处理各种社会关系、事务时常用的契约类文书,包括合同、议定书、条约、公约、联合宣言、联合声明、条据等。狭义的协议书是指国家、政党、企业、团体或个人就某个问题经过谈判或共同协商,取得一致意见后,订立的一种具有经济或其他关系的契约性文书。

一、协议书的特点

1. 内容概括

协议书的内容简单而概括,体现出当事各方日后就达成协议的项目开展工作的原则和方向。协议书签订后,就有关具体事项往往还需签订合同来予以明确。

2. 适用广泛

协议书适用于生活中的方方面面,可以是国家机关、社会团体、企事业单位之间,也可以是个人之间为完成某一共同议定的事项而签订的契约性文书;可以大至国家间项目的合作,也可以是个人物质生活的保障。

3. 具有约束力

协议书是契约文书的一种,确定了各方的权利和义务。其作为信用的凭证,使各方互相监督、互相牵制。一旦签订,对当事各方均产生法律约束力。

二、协议书的分类

协议书按签订的形式可分为口头协议书和书面协议书。

协议书按照内容可分为合资协议书,购销协议书,赠与协议书,借款协议书,委托协议书,代理协议书,建设工程协议书,技术协议书,仓储保管协议书,运输协议书,供用电、水、气、热力协议书,租赁协议书,劳务协议书,保险协议书,补充协议书,调解协议书,仲裁协议书,变更或解除合同协议书等。

协议书按照时效可分为长效协议书(可长达几十年,如子女收养、过继协议)、短期协议书(可以只在几天或几小时内有效,如赔偿协议,在支付赔偿后就失效了)。

三、协议书和意向书的区别

(1)性质作用不同。协议书具有法律效力,属契约性文书,一旦签订,未经协议各方同意,不得随意更改协议内容;意向书没有法律效力,属草约性质,签订形式和内容较灵活。

(2)内容要求不同。协议书的内容较意向书具体;意向书内容粗略,具体意见和细节尚未考虑好。

技能点

一、协议书的结构和写法

协议书一般由标题、正文、落款三部分构成。

1. 标题

协议书标题常见的写法有:

(1)文种名称,如"协议书"。

（2）事由+文种名称，如"开设连锁分店的协议书""来料加工协议书"。

（3）单位名称+文种名称，如"××厂与××公司协议书"。

（4）单位名称+事由+文种名称，如"恒达商业集团与广州酒家合资兴建杭州分厂的协议书"。

2. 正文

正文是协议书的核心，虽然不同内容的协议书在写作上侧重点有不同，但总体上可以遵循一些共同的格式和惯用语，其结构一般包括引言、主体和结尾三个部分。

（1）引言。引言主要涉及签订协议的原因和目的。然后常用"双方于××年××月××日在××（地点），经过友好协商，在平等互利的原则下，就××事宜，达成如下协议""经充分协商，协议如下"等惯用语引出协议书的主体。

（2）主体。主体是协议书的核心内容，包括当事各方协商的具体条款，涉及各方的权利和责任。一般采用分条列项的写法，有的协议每个条款还列有小标题，下设分点。

（3）结尾。结尾常包括文本的份数和留存方式等。

3. 落款

落款常包括协议书各方的签字盖章，以及具体的签署日期。

注意事项

◆ 签订协议书时，若有中间人或公证人，也需签字盖章。若是手抄件，抄写人也要签字。

◆ 内容重要的协议书，要请公证处公证，签署公证意见、公证人姓名、公证时间并加盖公证机关印章。

二、协议书的写作要求

1. 平等性

平等互利、协商一致、等价有偿，是签订协议书的原则。协议书必须在当事各方自由表达意愿的基础上，经过充分协商后达成。协议书各方地位平等，彼此尊重，追求协作互利。

2. 合法性

协议书的内容和签订程序必须合法，要遵循国家现行的法律、法规和相关的政策制度。

3. 契约性

签订协议书是一种契约行为，具有法律效力。协议书签订后，未经协议各方商议，任何单位和个人都不得对其擅自加以变动。

范例评析

例文1

货物出口运输协议

甲方：江苏大舜石油工程技术有限公司
地址：扬州市文汇东路180号金马大厦708室
电话：0514-87781760，13905250902
传真：0514-87851566
联系人：向晴

乙方：深圳市永邦国际货运代理有限公司
地址：深圳市沿河北路京广中心 1517～1518 室
电话：86-755-82374403/85624418
联系人：刘强

江苏大舜石油工程技术有限公司（以下简称甲方）委托深圳市永邦国际货运代理有限公司（以下简称乙方）代办相关货物（见订单）自珠海高栏港巨涛工厂经深圳盐田港保税物流园区中转后至江苏扬州运输报关等业务，双方经友好协商，达成以下协议：

一、运输的货物名称、数量、起止地点、货柜要求、运输方式：
1. 名称：油水分离设备。
2. 数量：2 套，毛重约 19 850 公斤 /2 套。
3. 起运地：珠海巨涛工厂。
4. 中转地：深圳盐田港保税物流园区。
5. 目的地：江苏扬州和兴工业园。
6. 运输方式：由乙方提供车辆在发货人交货地装货，经盐田港保税物流园区进行出口进口代理报关业务后运至江苏扬州和兴工业园。

起运时间：2022 年 4 月 9 日—2022 年 4 月 30 日

二、乙方负责代理甲方如下事项：
收货及安排货车从珠海巨涛工厂运至深圳盐田港保税物流园区进行出口进口代理报关业务后，运至江苏扬州和兴工业园。

三、甲方应在乙方接受委托的截单时间前（本协议订立生效后，预计拖运时间两天前）填制内容完整的货物出口托运单并加盖公章传真到乙方公司，托运单上应明确注明甲方单位名称、电话、传真及联系人，托运单内容应随附准确的托运货物品名、件数、重量、体积、目的港等相关资料。

四、双方签订本协议后，在乙方收到甲方的正式托运单后，乙方需及时安排、调度相关设备。乙方有责任随时向甲方通报运输进度，以便准确安排装卸作业。

五、甲方订舱内容（出货品名等资料）如有更改，取消或因其他因素而导致出运状况有所更改变动时，甲方应主动通知乙方，乙方经确认后如有产生额外费用，甲方必须承担支付。
甲方应提供完整的代理报关资料。

六、费用支付：
金额：合计人民币 47 000 元（人民币肆万柒仟元整）。
付款方式：甲方确认货物到达无误后，在卸货前安排付清所有的费用。
该协议所需费用为固定金额，包含门到门的运费、保险费、代理报关费、仓库操作等费用。

七、双方责任：
1. 甲方责任：甲方需保证实际出运货物与委托单相符。由于在货物中夹带、匿报危险货物等原因而造成事故，甲方应承担赔偿责任。
2. 乙方责任：运输的货物短少、污染、损坏，乙方应按货物的实际损失，依第三方仲裁机构判定结果予以理赔。

八、本协议适用中华人民共和国法律，甲方乙方因本协议发生争议应尽可能协商解决，协商不成的，可直接向广州海事法院申请诉讼。

九、本协议一式两份，双方各执一份。协议自双方签字盖章之日起生效（复印件和传真件具有同等法律效力）。

甲方签字/盖章：　　　　　　　　　乙方签字/盖章：
日期：2022年3月29日　　　　　　日期：2022年3月29日

【评析】

这份协议书结构完整、条理清楚、内容明确，符合写作要求。标题采用了"事由+文种"的写法。正文的开头先列出双方单位的基本情况和合作的原则；然后用"双方经友好协商，达成以下协议"引出协议主体；之后分条列出九项双方达成的共识；协议结尾还对复印件和传真件的法律效力做了说明，使得整份协议的内容更为严密，协议落款要素齐备。

例文2

租 船 协 议

协议编号：20220613

租船方：天津中远物流（以下简称甲方）

船东：广州鱼珠物流基地有限公司（以下简称乙方）

甲乙双方根据下列条款和条件于2022年6月13日签署本协议并使之生效。

甲方委托乙方全权负责处理11套撬块设备从珠海高栏港码头到天津新港的海运。乙方负责捆扎及海上运输等事项。

一、船舶资料

1. 船名：荣华号轮船。
2. 舱口尺寸等相关资料：（略）。

二、货物描述

核桃壳过滤器撬块、加药撬及管线、爬梯等相关货物，具体如下：

1. 核桃壳过滤器撬块：约10吨/台，共十台。
2. 加药撬：约6吨/台，共一台。
3. 管线及爬梯等散件一批。

三、装船期及装卸港

1. 装船期：2022年6月20日—2022年6月21日。
2. 装货港：珠海高栏港码头。
3. 卸货港：天津新港码头。
4. 航次包船运输，货物不可叠放，可接受甲板货。
5. 装货率/卸货率：装卸港均按CQD条款。

四、运费及运输条款

1. 航次包船包干价：人民币200 000元（人民币贰拾万元整）。
2. 运费支付：协议签订后，在货物抵运卸货港卸货前付清。
3. 运输条款：以上费用含海运费、绑扎材料费及货物船上绑扎等相关费用。乙方负责海上运输及货物绑扎，保证货物在航运过程中的安全。

五、双方责任

（一）甲方的责任

1. 负责在装货港安全装卸货物，确保船舶装卸作业安全。

2. 按时支付运费。

3. 在船舶装卸货物的过程中，协调好港口、码头的关系。在装卸港口，因货物所产生的所有费用，如码头费、理货费等，甲方必须付清费用。

（二）乙方的责任

1. 乙方提供的船舶应处于良好的适航状态，配备足够的、合格的适任船员，确保货物按时运到甲方指定的卸货地点。

2. 服从甲方的指挥，配合好甲方的工作。

3. 在装货港接货时需对货物外观状况进行检查，若发现异常需记录并及时通知到位，并保证货物在运输途中的安全。如在运输途中因乙方责任造成货物损坏或遗失，后果由乙方负责。

六、本协议未尽事宜或争议，双方应本着互谅互让的原则协商解决。

七、本协议一式两份，双方各执一份，签字之日起生效（传真件有效），并至本委托事项完毕时终止。

八、适用法律

本协议适用中华人民共和国法律，甲方乙方因本协议发生争执应尽可能协商解决，协商不成的，可直接向广州海事法院申请诉讼。

甲方签字/盖章：   乙方签字/盖章：

日期：2022年6月13日   日期：2022年6月13日

【评析】

本协议书写作规范。本协议标题直接写明事由，简洁醒目。标题下右方标注了协议编号。引言部分交代了协议双方的名称、协商的原则、协议的时间和达成的主要事项。正文主体则分条具体记录了双方协商一致的事宜。最后是落款，包括了协议双方的签字盖章和签订时间。

任务实施

一、环境要求

可选择模拟办公室、会议室或多媒体教室等场所进行，备好纸、笔，配备计算机、投影仪、白板、话筒、会议桌等设备，最好每名学生均有条件进行上机写作。

二、实施步骤

第一步，通过网络查找协议书写作的相关材料。

第二步，以两个小组为单位，根据所给材料，模拟协议双方，就合作的具体事宜予以协商。分组讨论签订合作协议书的内容要点，主要包括货柜提还、车辆停放、人员管理及现场办公设备使用等。

第三步，每人执笔或上机，写作初稿。

第四步，各小组成员间相互修改，形成小组作业。

第五步，选取学生作品并在多媒体上展示，师生共同点评。

拓展训练

训练一

广州市诚泰贸易有限公司因为业务往来，经常要为外地的客户预订酒店。为此，公司的行政秘书李想以公司旁边的南联酒店为对象草拟了一份订房协议。但是，这份订房协议却被行政主管指出了若干不规范之处。请找出不规范之处并修改。

南联酒店订房协议书

甲方：南联酒店
乙方：广州市诚泰贸易有限公司
甲方按最优惠的房价给乙方（标准房438元/间/晚，豪华房498元/间/晚，三人间530元/间/晚），结算方式：现金结算（含发票）。
乙方客户就以下事项的相关责任约定：
损坏甲方酒店内用具与使用有偿用品的，甲方应与乙方协商处理，相关责任由乙方承担。
损坏甲方酒店管理范围内任何私人财产的，双方应积极协商处理，由此产生的责任由乙方承担。
致使他人人身伤害或发生故意滋事等具有刑事性质事件的，甲方不承担任何责任，但双方应积极配合处理。
注：广交会期间（日期为每年4月14日到5月6日，10月14日到11月6日），甲方给予乙方的价格以当日房价为基准适当上调，较最优惠房价上浮幅度不超过50%。
甲方负责人签名/盖章：李×　　　　　　　　　2022年5月4日
乙方负责人签名/盖章：曾×　　　　　　　　　2022年5月4日
甲方联系电话：020-34693088　34693068
传真：020-34693098
乙方联系电话：020-34693546
本协议一式两份：甲、乙双方各执一份，本协议从签约日期起一年内有效（甲方保留最终解释权）
备注：

训练二

××有限公司与××集团本着平等互利的原则，经多次协商，愿共同致力于开发××区，将其建设成为华南地区的贸易科技中心。双方就合作方式、投资比例和利润分配、设计和施工、双方责任、仲裁、管理机构设置及其他事项进行了较深入的讨论，达成共识后签订了合作协议书。

请根据以上情境，写作一份合作协议书。

训练三

新加坡华宇公司与其中国独家代理商深圳鑫达有限公司就代理销售××产品一事进行了友好商谈，内容主要包括：双方的共同目标、利润分配、双方权利与义务等。

请以此情境撰写一份代理销售××产品协议书。

项目四 经济合同

学习目标

1. 了解经济合同的含义、特点和分类。
2. 认识经济合同与意向书、协议书的异同。
3. 掌握经济合同的写法和写作要求。
4. 能根据任务要求，规范地拟写和修改经济合同。

情境任务

深圳荣华贸易总公司想将公司的业务推广到上海，拟筹建上海办事处，但是考虑到经济成本和实际运作的困难，荣华贸易总公司的林总一直有些犹豫。后经朋友介绍，得知上海市光明广告集团公司也有意在深圳成立分公司，也正为同样的问题犯难。林总立即联系上海市光明广告集团公司的邵总，就双方交换写字楼为对方准备办事处一事进行了商谈，经过一番协商，双方就写字楼的质量、双方的权利与义务、合同的履行期限、违约责任和解决争议的办法等达成了一致意见。深圳荣华贸易总公司秘书小王根据商讨结果拟出了一份交换写字楼合同。

要求：请根据以上情境，拟写一份交换写字楼合同。

任务分析

现在的社会已经进入到法治时代，以法为重，共建法治社会。越来越多的经济关系和经济活动准则需要用法律形式确定下来。格式规范、内容准确的经济合同自然成为发展商品经济不可或缺的工具。要想此次写字楼交换成功，写作合同时，一要明确此次经济行为的目的和意义；二要考虑双方约定的具体条款；三要掌握经济合同写作的相关知识与技能；四要体现法律意识。

学习指引

《民法典》中合同的相关内容

知识点

经济合同的出现是社会进步的体现。在我国经济发展的不同阶段，曾经有不同的合同立法。如1981年实施的《中华人民共和国经济合同法》、1985年实施的《中华人民共和国涉外经济合同法》和1987年实施的《中华人民共和国技术合同法》，之后就是1999年10月1日实施的《中华人民共和国合同法》。

《中华人民共和国合同法》于2021年1月1日废止。这些法规的颁布和实施对规范当时的经济行为起到了非常重要的作用。

2020年5月28日，第十三届全国人民代表大会第三次会议通过的《中华人民共和国民法典》（以下简称《民法典》），于2021年1月1日起施行。与此同时，《中华人民共和国婚姻法》《中华人民共和国继承法》《中华人民共和国民法通则》《中华人民共和国收养法》《中华人民共和国担保法》《中华人民共和国合同法》《中华人民共和国物权法》《中华人民共和国侵权责任法》和《中华人民共和国民法总则》废止。

《民法典》在中国特色社会主义法律体系中具有重要地位，是一部固根本、稳预期、利长远的基础性法律，对推进全面依法治国、加快建设社会主义法治国家，对发展社会主义市场经济、巩固社会主义基本经济制度，对坚持以人民为中心的发展思想、依法维护人民权益、推动我国人权事业发展，对推进国家治理体系和治理能力现代化，都具有重大意义。

《民法典》第三编第四百六十四条规定：合同是民事主体之间设立、变更、终止民事法律关系的协议。

合同是社会和经济发展到一定阶段的产物，涉及交易、权利与义务的确定，与百姓社会生活的各个方面息息相关。从内涵上看，经济合同是指平等民事主体的法人、其他经济组织、个体工商户、农村承包经营户相互之间为实现一定的经济目的，明确相互权利义务关系而设立、变更、终止民事权利义务关系的协议。从外延上看，它主要包括：买卖，供应电、水、气、热力，赠与，借款，保证，租赁，融资租赁，保理，承揽，建设工程，运输，技术，保管，仓储，委托，物业服务，行纪，中介，合伙等19种类型的典型合同。

虽然以上典型合同在内容上各有侧重，但总体上，经济合同的客体都是指合同主体的权利、义务所共同指向的事物。经济合同的内容包括合同主体享有的权利和所承担的义务。

经济合同的主体是民事主体，主要包括自然人、法人和其他组织。其中自然人即公民，是指依法享有民事权利和承担民事义务的人。法人是经国家认可，具有一定的组织结构，有独立的财产或独立的预算，能够以自己的名义进行经济活动，具有民事权利能力和行为能力，依法独立享有民事权利和承担民事义务的组织。具体包括依照法定程序成立的国家机关、企事业单位、社会团体等。其他组织则包括具有民事权利能力和民事行为能力的企业承包人、个体工商户、农村承包经营户等组织或个人。

一、经济合同的特点

1. 合法性

合同的合法性主要表现在主体、内容、订立程序和表达形式都必须符合国家的规定。具体来说：①合同的当事人都必须是依法独立享有民事权利和承担民事义务的法人、自然人和其他组织。②合同的内容必须合法，凡是违反国家相关规定，损害国家、社会、他人合法利益的合同，都是无效合同，是不受法律保护的。如以国家明文禁止的买卖人口、非法集资、走私文物、聚众赌博、贩卖毒品等为内容的合同都是无效合同，当事人还会面临被追究刑事责任的后果。③合同的签订程序必须合法。合同的内容要经过反复协商，当事各方一致同意后才能签订。④合同的表达形式必须合法。合同文本要采用合同管理机关或有关行业主管部门规定的统一的文本合同格式，形式上尽量做到完整和规范。

2. 约束性

合同一旦签订即具有法律约束力，合同当事方就要认真履行合同规定的义务，并依法享有相关的权利。任何一方不得擅自更改或解除合同。否则，必须承担由此变更所导致的经济损失和法律后果。

3. 平等性

合同当事方无论钱财多少，无论地位高低，都是依法独立享有民事权利和承担民事义务的平等的组织或个体，在签订合同时都享有平等的权利，同时也必须承担各自的义务。在签订合同时，必须依据"协商一致、平等互利、等价有偿"的原则，任何一方或其他势力都不可以把自己的意志强加给合同当事方，不得干涉合同签订的内容和形式。

二、经济合同的分类

1. 按合同内容分类

经济合同的含义、特点及分类

按照合同内容来看，目前主要有19大类的典型合同：买卖合同；供应电、水、气、热力合同，赠与合同，借款合同，保证合同，租赁合同，融资租赁合同，保理合同，承揽合同，建设工程合同，运输合同，技术合同，保管合同，仓储合同，委托合同，物业服务合同，行纪合同，中介合同和合伙合同。不同种类的合同都侧重于不同的内容，行文上也有各自的风格。

2. 按合同订立的基本形式分类

除法律有特殊规定外，采取什么形式订立合同由当事人自行选择。《民法典》第四百六十九条规定："当事人订立合同，可以采用书面形式、口头形式或者其他形式。书面形式是合同书、信件、电报、电传、传真等可以有形地表现所载内容的形式。以电子数据交换、电子邮件等方式能够有形地表现所载内容，并可以随时调取查用的数据电文，视为书面形式。"

3. 按合同涉及的国别分类

按照合同涉及的国别可分为对内经济合同和涉外经济合同。

4. 按写作格式分类

按写作格式可分为条文式合同、表格式合同和文表结合式合同。

5. 按时效分类

按照时效可分为长期合同、中期合同和短期合同。

三、合同与意向书、协议书的区别

合同、意向书和协议书常被混淆在一起。三者都属于契约文书，都和当事方的经济活动密切相关，但是彼此之间的区别还是较明显的。

意向书记载当事方合作意愿，作为进一步洽谈活动展开的基础，常成为签订协议书和合同的前奏，是当事方洽谈一致的结果，有一定的约束力，但本身不具备法律效力。意向书内容粗略，其中也不涉及违约责任。

事实上，协议书和合同确实存在很多一致性。协议书和合同作为签约方对共同关注的事项经过详细研究和商讨后确立下来的一致意见，在符合法律法规的前提下，一旦经双方或多方签字就都具有了法律效力；作为契约的一种，对签订方都具有约束作用；对契约中约定的商品贸易或工作的开展都具有指导作用；写作格式也大体一样。

《民法典》第四百六十四条规定：合同是民事主体之间设立、变更、终止民事法律关系的协议。从这一概念中可以看出，合同就是协议。但根据逻辑学的原理，协议是合同的种概念，即所有的合同都是协议，但并非所有的协议都是合同，所以说合同是具有特定内容的协议。

具体来看，协议书与合同之间的主要区别有：合同有《民法典》作为依据，协议书暂时没有具体法规规定；协议书比合同应用范围广，项目往往比合同项目要大，内容不如合同具体。因此，协议书签订以后，往往还要分项签订一些专门合同。

技能点

一、经济合同的结构和写法

经济合同一般由标题、正文、落款三部分构成。

1. 标题

经济合同的写作结构及要求

经济合同标题常见的写法是：合同的性质+文种，如"基本建设合同""粮食订购合同"。标题的右下方常标明合同编号。

2. 正文

正文是经济合同的具体内容，常包括引言、主体、结尾三个部分。

（1）引言。引言即合同的开头，通常有合同当事方的基本信息和签订合同的目的及依据。如在标题之下另起一行并排写出签约方的单位名称全称、签约方代表人姓名，单位名称后面可以用括号注明"甲方""乙方""出租方""承租方""买方""卖方"等，在下文中则用简称来指代。然后常用"为了……，根据……法律的规定，双方经过充分协商，特订立本合同，以便共同遵守"等惯用语来引出正文的主体。

注意事项

如果经济合同是企业的法定代表人、其他经济组织的主要负责人授权其他经办人或者委托的代理人代为签订的，在审查合同主体是否具有法定资格的同时，还应注意审查经济合同签订人是否具有代理人、经办人的资格。

（2）主体。合同的主体是指合同的具体条款，是经济合同最核心的部分。《民法典》第四百七十条规定，合同的内容由当事人约定，一般包括下列条款：当事人的姓名或者名称和住所，标的，数量，质量，价款或者报酬，履行期限、地点和方式，违约责任；解决争议的方法。当事人可以参照各类合同的示范文本订立合同。

经济合同的条款经当事方协商一致后，逐一写明。条款涉及当事方的权利与责任，书写要意思明确、切实可行，它是合同能否正确履行的关键。

注意事项

◆ 经济合同当事方只能根据批准的业务范围，或者依法享有的组织活动的范围签订经济合同。凡是超越经营范围签订的经济合同都是无效合同。

◆ 如果企业需要变更或扩大经营范围，根据《民法典》第五百四十三条的规定，当事人协商一致，可以变更合同。

（3）结尾。结尾常包括合同的有效期限、合同文本的份数及保存方式、合同附件份数及名称，如："本合同自××××年××月××日至××××年××月××日有效，过期作废。""本合同自双方代表签字，加盖双方公章或合同专用章即生效，至××××年××月××日终止。""本合同一式四份，甲乙双方各执一份，副本两份，分别送双方上级主管机关存查。"

> **注意事项**
> 如果合同除正文外还带有附件，合同结尾则会对附件进行说明，如注明合同附件的效力，如："本合同附件、附表均为本合同的组成部分，且具有同等的法律效力。"同时，应注明附件名称、序数和份数。在写作上，附件、附表均写在合同条款的最下方。

3. 落款

在正文下方标注合同当事方单位全称和法人姓名，加盖公章或合同专用章，双方代表签字。如需审批，需写双方主管机关和签证机关的名称并加盖印章。数额较大、周期较长的合同还要公证，之后标注合同签订日期。如有需要，日期下写明合同当事方各自的地址、邮编、传真、电话、银行账号、电子邮箱地址等信息。

二、经济合同的写作要求

签订经济合同是一种法律行为，必须遵循合法原则、平等互利原则、协商一致原则和等价有偿原则。写作合同时一定要态度端正、谨慎细致。具体来说，写作经济合同应注意以下几点：

1. 严格遵守国家法律法规和现行政策规定

只有内容和签订程序都合法的合同才是有效合同，才受到法律的保护。

2. 体现协商一致、平等互利的原则

签订经济合同要体现出自觉自愿和平等互利的原则，任何一方不得将自己的意志强加给对方，也不允许其他势力对合同内容进行干涉。合同的内容需经当事方协商一致。

3. 条款要完备

合同的条款要完整齐备，逻辑严密，任何的疏漏和想当然都会引发误会，甚至产生严重的经济和法律后果。要严格按照《民法典》的规定来设置条款。有时根据实际需要，经当事方协商一致后还可以进行补充和变更。

4. 语言要明确

合同语言须准确、周密，以防止产生歧义，造成损失，中断合同的正确履行。例如，某公司从国外进口原木，合同中规定的 "质量标准为直径50厘米以上""交货地点为北京""乙方不能按期交货，每延期一天，应偿付甲方5%的违约金"这些条款内容的不精确肯定会导致当事方之间产生纠纷。

5. 态度要严肃

签订合同是法律行为，一旦签订就会产生法律效力。单方面变更和终止合同都需要承担相应的违约责任。所以书写合同时态度一定要严肃认真，不能有丝毫马虎。

范例评析

例文 1

房屋租赁合同

出租方（以下简称甲方）：姓名_____ 身份证号：_____
产权证号：_____ 电话：_____
承租方（以下简称乙方）：姓名_____ 身份证号：_____
电话：_____

为了明确甲方与乙方的权利和义务，经双方友好协商，特签订本合同，以便共同遵守：

一、房屋基本情况

甲方房屋（以下简称该房屋）坐落于_____，结构为_____，室内建筑面积为_____。具体见附件1。

二、房屋用途

该房屋用途为居住。仅限乙方居住，租赁期间不得转租他人。

乙方不得改变房屋用途，不得改变房屋建筑结构，不得向外扩建。

三、租赁期限

租赁期限自____年____月____日起至____年____月____日止。甲方应于本合同生效之日起5日内，将该房屋交付给乙方。

四、租金

该房屋月租金为人民币_____，租金交付实行按月结算。

租赁期间，如遇到国家有关政策调整，则按新政策规定调整租金标准。

五、租金付给方式

乙方需在每月月初十日之前将本月的房屋租金人民币_____元以银行转账的形式交付给甲方，并用手机短信及时通知甲方。甲方提供中国银行账号为_____。

六、关于室内家具家电的约定

甲方提供部分家具家电供乙方使用，清单见附件2。乙方应爱护使用。

七、甲方对房屋产权的承诺

甲方保证该房屋没有产权纠纷。

八、维修养护责任

租用期间，室内家具家电的一般日常维修保养，均由乙方负责，费用乙方自付。若属常规房屋大修，费用则由甲方承担。

因乙方管理使用不善造成房屋及其相连设备、家具家电的损坏，其维修费用，由乙方承担。若出现重大损坏，甲方将追究其责任，并要求赔偿损失。

租赁期间，防火安全，环境卫生，综合治理及安全、保卫等工作，乙方应执行当地有关部门规定并承担全部责任，并听从甲方检查劝告。

九、关于装修和改变房屋建筑结构的约定

乙方不得随意改变房屋建筑结构，不得损坏房屋设施及原装修。

如实在需要改变房屋的内部某一设置，需先征得甲方书面同意，投资由乙方自理。退租时，甲方有权要求乙方按原状恢复。

十、关于房屋租赁期间的有关费用

所有需付费的项目和物品，如水、电、燃气、电话、网络、有线电视、管理费等，均由乙方自己付费，并承担用户的一切违约责任。

在租赁期间，如果发生政府机关有关部门征收本合同未列出项目但与使用该房屋有关的费用，均由乙方支付。

十一、租赁期满

租赁期满后，如乙方要求继续租赁，乙方应在期满前一个月向甲方提出，若甲方同意继续租赁，则续签租赁合同。

十二、因乙方责任终止合同的约定

乙方有下列情形之一的，甲方可终止合同并收回房屋，造成甲方损失，由乙方负责赔偿：

1. 擅自拆改承租房屋结构或改变承租房屋用途的。
2. 拖欠租金累计达半个月。
3. 利用承租房屋进行违法活动的。
4. 故意损坏承租房屋的。

十三、提前终止合同

租赁期间，任何一方提出终止合同，需提前一个月书面通知对方，经双方协商后签订终止合同书，在终止合同书签订前，本合同仍有效。

如因国家建设、不可抗力因素，甲方必须终止合同时，一般应提前一个月书面通知乙方。乙方的经济损失甲方不予补偿。

十四、违约责任

租赁期间双方必须信守合同，任何一方违反本合同的规定，依据事实轻重，按年度须向对方交纳年度租金的10%作为违约金。乙方逾期未交付租金的，每逾期一日，甲方有权按月租金的2%向乙方加收滞纳金。

十五、因不可抗力原因导致该房屋毁损和造成损失的，双方互不承担责任。

十六、本合同未尽事项，由甲、乙双方另行议定，并签订补充协议。补充协议与本合同不一致的，以补充协议为准。

十七、本合同之附件均为本合同不可分割之一部分。本合同及其附件内空格部分填写的文字与印刷文字具有同等效力。

本合同及其附件和补充协议中未规定的事项，均遵照中华人民共和国有关法律、法规和政策执行。

十八、本合同在履行中发生争议，由甲、乙双方协商解决。协商不成时，甲、乙双方同意由仲裁委员会仲裁，也可向人民法院起诉。

十九、乙方于本合同签订之日向甲方支付保证金人民币＿＿＿＿元后，合同随之生效。

二十、本合同共五页，一式两份，甲、乙双方各执一份，均具有同等效力。

附件1：房屋建筑结构图（略）

附件2：房屋内家具家电清单（略）

甲方（签章）：　　　　　　　　　　乙方（签章）：

日期：××××年××月××日　　　　日期：××××年××月××日

【评析】

本房屋租赁合同格式规范、内容完整。采取条文式写法，开头将合同当事方的基本情况标注清楚；引言写出写作此合同的依据和当事方态度；主体则分别列出房屋地址、居室间数、建筑面积、房屋家具电器、月租金额、租金缴纳日期和方法、租赁双方的权利与义务、注意事项、违约处理等基本条款，要言不烦；结尾说明附件名称及效力、未尽事宜、合同生效日期、合同份数及留存方式；落款是当事方的签名盖章和签约时间。

例文2

产品购销合同

××购字××号

甲方（供货方）：××市××发动机厂

地址（住址）：

联系电话：

传真：

法定代表人：

开户银行：

账号：

税号：

营业执照号码：

乙方（购货方）：××汽车制造有限公司

地址：

联系电话：

传真：

法定代表人：

开户银行：

账号：

税号：

营业执照号码：

根据《中华人民共和国民法典》及有关法律法规，为明确甲、乙双方的权利与义务，甲、乙双方经友好协商，就××产品购销事宜现签订合同如下：

一、产品商标、品名、型号、单位、数量、价格

商　标	品　名	型　号	单　位	数　量	单价（元）
××	发动机	A-11型	台	10	15 000
总计金额（人民币大写）		拾伍万元整			

二、产品的质量

甲方向乙方供应的产品的质量应当符合该产品的国家标准和行业标准。

三、产品的验收方式及标准

由需方按质量标准予以验收。

四、产品的包装方式及费用承担

用木箱包装。甲方产品包装之标示应符合国家法律法规的规定，对于产地、原材料、用途、使用方法、警示语、生产期等必须有清晰的标示。产品的包装费用由甲方负担。

五、供应产品的期限、地点、方式

1. 乙方自××××年××月××日起至××××年××月××日止向甲方采购产品。
2. 供货的地点：甲方公司总部1号仓库。
3. 供货方式：采用甲方一次性送货，除非乙方要求甲方分开送货。

六、运输方式及运杂费承担：由甲方托运到乙方，运费由乙方承担。

七、检验的标准与方式

1. 对于甲方供应的产品，乙方在验收时采用本合同第二条之标准作为质量检验标准。
2. 乙方收货时对甲方所供应的产品进行抽检。

八、货款结算方式：现金支付。

九、其他约定

1. 甲方须保证在有厂家或经销商进行商品促销或销售奖励等活动时，在乙方符合条件的情况下，协助乙方进行相同的活动。
2. 甲方应积极参与乙方进行的各种促销活动。

十、违约责任

1. 甲方违反合同约定，多交或少交产品，乙方有权拒收多交的产品，一切经济损失由甲方负担。甲方少交产品，如造成乙方经济损失，甲方应负赔偿责任。如果乙方仍然需要少交部分的商品，甲方应当继续供应少交的商品。
2. 乙方不得无故拒收甲方按合同供应的产品，造成甲方经济损失的，应当予以全额赔偿。
3. 甲方向乙方供应的产品不符合质量标准，或提供假冒伪劣的产品，导致乙方遭受相关政府部门处罚或引致乙方顾客的投诉，乙方有权退货，由此造成的经济损失由甲方承担。乙方可单方面终止本合同，并保留追究甲方赔偿乙方商誉损失的权利。
4. 如果甲方向乙方供应的产品因所有权有争议或受到限制，或侵害他人的知识产权，而造成乙方的经济损失，甲方应承担赔偿责任。

十一、甲、乙双方在履行合同的过程中发生争议，应当协商解决，协商不成，双方选择××市人民法院诉讼解决。

十二、本合同经双方法定代表人签署及加盖公章后生效，有效期到××××年××月××日。

十三、本合同一式两份，双方各执一份。未尽事宜，双方协商签订补充协议书，该补充协议书与本合同具有同等法律效力。

甲方（盖章）： 乙方（盖章）：

法定代表人（签名）： 法定代表人（签名）：

签署日期：××××年××月×× 日签署日期：××××年××月××日

【评析】

　　这是一份产品购销合同，标题下方标注了具体的合同编号。合同正文开始前先展示了双方企业的基本情况（包括单位名称、地址、联系电话、传真、法定代表人、开户银行、账号、税号、营业执照号码等）；接下来，正文采用分条列项与表格相结合的方式，就××产品进行了说明，并对双方购销××产品事宜的各项权责分别予以确定；落款要素齐备。整篇合同行文思路清晰、要点明确、格式规范。

任务实施

一、环境要求

　　可选择模拟办公室、会议室或多媒体教室等场所进行，备好纸、笔，配备计算机、投影仪、白板、话筒、会议桌等设备，最好每名学生均有条件进行上机写作。

二、实施步骤

　　第一步，通过网络查找经济合同写作的相关材料。

　　第二步，根据所给材料，以两小组为单位，模拟当事双方，就彼此交换写字楼的具体事宜予以协商。分组讨论交换写字楼合同的具体条款，主要包括写字楼的质量、双方的权利与义务、合同的履行期限、违约责任和解决争议的办法等。

　　第三步，每人执笔或上机，写作初稿。

　　第四步，各小组成员间相互修改，形成小组作业。

　　第五步，选取学生作品并在多媒体上展示，师生共同点评。

拓展训练

训练一

　　苏州新时代工业园生物纳米科技发展有限公司为了提高公司竞争力，决定对公司现在应用的各种软件统一进行改良换代。经过后勤部门和行政部门同仁的联合筛选，决定向北京金山软件有限公司购买相关的软件设备。为此，刚从某高职文秘专业毕业的行政助理小李撰写了一份购销合同。在合同中，小李采用了表格和条文相结合的方式对此次交易进行了描述。写完之后，小李自我感觉良好。但是，办公室曾主任在看过合同后却指出了若干不妥之处，小李这才恍然大悟：合同的写作不是自己感觉好就可行的，在内容和格式上都有严格的规定。以下是小李撰写的购销合同，请分析存在的问题并进行修改。

购 销 合 同

合同编号：××××

供方（甲方）：北京金山软件有限公司

需方（乙方）：苏州新时代工业园生物纳米科技发展有限公司

签订地点：（略）

经充分协商，特签订此合同，共同遵守。

一、产品名称、数量和价格

产品名称	产品规格	等　级	数　量	单　价	折　扣	金　额
合计金额	仟　　佰　　拾　　万　　仟　　佰　　拾　　元　　角　　分					

二、质量标准及检验时间、方法及负责期限：（略）
三、交货日期：（略）
四、交货及验收方法、地点及期限：（略）
五、包装标准：（略）
六、运输方式、目的地及运费承担：（略）
七、给付定金的数额、时间和地点：（略）
八、结算方式及期限：（略）
九、保险费
以×方名义，由×方按本合同总值×%投保，保险费由×方承担。
甲方单位名称：北京金山软件有限公司（章）
甲方签约代表（签字）：
乙方单位名称：苏州新时代工业园生物纳米科技发展有限公司（章）
乙方签约代表（签字）：

训练二

上海诚毅物流有限公司决定向天津科瑞电子厂购买74S型号的计算机显示器××台、RV-12型号的投影仪××台、VGA线缆××根、VGA分配器××台。为明确双方的权利与义务，经详细协商，就产品的名称、型号、数量、单价、金额、质量要求、交货地点及方式、交货时间、运输方式及费用负担、包装要求、结算方式、违约责任、其他约定事项等内容予以确认。

请根据以上情境，拟定一份产品购销合同。

训练三

××公司为进行××生产活动，就贷款一事与中国××银行××分行签署了一份借款合同。合同的主要条款包括：贷款种类、贷款金额、借款利率、借款和还款期限、还款资金来源及还款方式、保证条款、违约责任、其他约定责任等。按照银行的规定，××公司聘请××（单位）作为保证方。经银行审查，证实××（单位）具有足够代偿借款的资产。在合同履行期限内，保证方有权检查和督促××公司及时履行义务，若××公司拒不履约时，保证方将承担偿还本息的责任，同时保留向××公司追偿的权利。

请为××公司和中国××银行××分行拟写一份借款合同。

项目五　招标书

学习目标

1. 了解招标书的含义、特点和分类。
2. 了解招标的程序。
3. 掌握招标书的写法和写作要求。
4. 能根据任务要求，规范地拟写和修改招标书。

情境任务

临近寒假，为了创设和维护良好的教学和生活环境，广州××大学后勤处在充分听取了各方意见之后，决定对教学楼和北校区1号学生宿舍铝合金窗进行全面维修，对各校区的枯树及树枝进行修剪，重新安装南校区教学楼和图书馆的电梯。为此，后勤处在2022年3月27日就以上3项维修工程向社会公开招标，要求施工工期为30个工作日，维修内容详见维修报价清单。有意者需在4月2日上午11时30分前与后勤处符永勤同志联系。联系电话为020-863×××××、020-318×××××。

要求：请根据以上情境，以广州××大学后勤处的名义向社会公开发布一份招标公告。

任务分析

公开平等的市场竞争是保持经济发展活力的法宝。招标对于招标方来说是择优，对于投标方来说是竞争。要写作这份招标公告，一要介绍招标项目名称、背景与目的；二要明确招标方的各种要求；三要掌握招标书写作的相关知识与技能；四要明确公平公正的竞争原则；五要严守遵纪守法、诚信经营的底线。

学习指引

知识点

招标是一种必须依照《中华人民共和国招标投标法》的规定进行的竞争性经济活动。《中华人民共和国招标投标法》由中华人民共和国第九届全国人民代表大会常务委员会第十一次会议于1999年8月30日通过，自2000年1月1日起施行，后根据2017年12月27日第十二届全国人民代表大会常务委员会第三十一次会议《关于修改〈中华人民共和国招标投标法〉、〈中华人民共和国计量法〉的决定》修正。

广义上来说，招标书包括招标申请书、招标通告、招标公告、招标邀请信（函）、招标章程、中标通知书等，即在整个招标过程中招标方制作的各种文件。狭义的标书包括招标的贸易条件和技术条件。物资与设备采购主要应列明商品名称、各种交易条件和投标人须知，如投标人资格、投标日期、投标保证金和投标单寄送方法等。工程项目还应包括项目规范、工程量表、合同条件及图表等。招标书受到法律的监督和保护，是中标后签订合同的重要依据。

招标分为公开招标和邀请招标。招标能引进竞争机制，寻求最佳方案，选择最佳人选。招标书包括公布招标单位、招标项目、招标时间、招标步骤及联系方法等内容，是吸引投标者参与投标的媒介和工具。招标书的使用可以增强市场活力，有利于打破贸易垄断，展开市场经济下的良性竞争。招标书对于招标方来说是为了寻找最佳合作对象；对于投标方来说是为了竞争。对招标方来说，可以缩短工程施工或交货时间，提高工程质量，降低生产成本，获得较好的服务，有利于提高经济效益；对于投标方来说，新的挑战也意味着新的机遇，公开平等的竞争将会给单位的发展提供机会和条件。

一、招标的程序

招标必须严格按照国家法律和相关文件的规定，一般来说，招标单位要遵循一整套的流程，分步完成招标工作：

（1）向主管部门报送招标申请书。
（2）发布招标通报、启事或邀请信（函）。
（3）招标方对投标者进行资格审查。
（4）招标方宣布或通知资格审查合格者，送发招标书。
（5）招标方介绍招标企业情况或商品要求。
（6）招标方接受投标书，并予以密封。
（7）组织投标方公开演讲、答辩。
（8）招标方组织审标、议标、评标、定标。
（9）招标方向中标方发中标通知书。
（10）招标方向未中标者退投标书。

二、招标书的特点

1. 公开性

按照《中华人民共和国招标投标法》第五条的规定："招标投标活动应当遵循公开、公平、公正和诚实信用的原则。"整个招标过程是公开、透明的。招标书的写作也充分体现出公开性。

2. 规范性

招标文书的制作过程和基本内容都要严格遵守《中华人民共和国招标投标法》的规定和要求，其所涉及的技术规范和质量标准都应符合有关法律法规的制约，具有严明的规范性。

3. 明确性

招标书对招标的项目或工程的主要目的、基本情况、产品质量、人员素质、具体要求等条款的表述要明确、清晰，切忌模棱两可，含有歧义。

4. 竞争性

招标书要体现出优胜劣汰的原则，充分调动投标方的积极性，踊跃参与竞争。

5. 时效性

招标书具有强烈的时效性。首先，招标方为了早日完成项目，都希望尽快找到符合条件的最优合作伙伴，故对时间设置了期限要求。其次，招标书中对项目每个阶段的具体展开都有明确的时间标注，以便使工作有条不紊地开展，也使投标方做到心中有数，根据要求行事。

三、招标书的分类

招标书按招标的范围可分为国际招标书、国内招标书、单位系统内部的项目招标书。

招标书按内容和性质可分为生产经营性招标书和科学技术性招标书两大类，常见的有设计招标书、建筑工程承包招标书、劳务招标书等。

招标书按招标过程可分为招标申请书、招标通告、招标公告、招标邀请信（函）、招标章程、中标通知书等。

招标书按招标的方式可分为公开招标书、邀请招标书和指定招标书。公开招标由建设单位在当地、全国或国际性媒体上刊登招标广告；邀请招标由建设单位向有能力承担该项工程的若干施工单位发出招标书；指定招标由建设项目主管部门或提请基本建设主管部门向本地区所属的几个施工企业发出指令性招标书。

技能点

一、招标书的结构和写法

《中华人民共和国招标投标法》第十九条规定：招标人应当根据招标项目的特点和需要编制招标文件。招标文件应当包括招标项目的技术要求、对投标人资格审查的标准、投标报价要求和评标标准等所有实质性要求和条件以及拟签订合同的主要条款。

招标书的写作结构及要求

虽然按照招标的不同流程，招标书的写法并不统一。但是典型的招标书还是有较固定的格式，一般由标题、正文、结尾三部分组成。

1. 标题

（1）文种名称，如"招标书""招标邀请函""招标公告""招标启事"。

（2）招标项目内容＋文种，如"承包工程招标书""维修月溪乡敬老院围墙招标书"。

（3）招标单位名称＋文种，如"上海石油化工厂招标通告""宏发公司招标公告"。

（4）招标单位名称＋招标项目内容＋文种，如"湖南湘南学院网络升级招标书""广州大学修建图书馆工程招标书"。

2. 正文

常用的招标书正文结构包括引言、主体。

（1）引言。引言常简述招标的背景、缘由和依据，以及招标项目的具体名称，主要写明招标单位的基本情况和招标目的。

（2）主体。主体是招标书的关键内容，要逐条写清文件编号、招标项目情况（如标的名称、型号、数量、质量、价格、规格等）、招标范围、招标方式（公开招标、指定招标、邀请招标）、招标时限、招标地点、投标资格、商务要求、技术要求、保证条件、支付办法、投标说明、其他事项等内容。

3. 结尾

结尾应写明招标单位的名称、地址、电话、传真号码、联系人、邮政编码、发文日期等信息，以便投标者联系。

二、招标书的写作要求

1. 内容合法

招标是一种具有法律效力的经济活动。一定要严格按照国家颁布的有关招标的具体办法和技术规范,合理合法地撰写招标文书。

2. 格式规范

招标是操作性很强的经济活动,讲究一定的程序和形式。招标书的制作在格式上要遵循相关的规定,从而体现规范的特点。

3. 态度公正

无论是公开招标还是邀请投标,招标方对于参与竞标的对象都应做到一视同仁。制作招标书时应充分体现出公平、公正、透明的原则,只有秉持客观又不偏颇的态度,才能尽快找到最佳的合作伙伴。

4. 重点突出

对于招标书中具体项目有关的款项,如要求、标准、条件等要素都要重点予以说明。这样既方便投标方全面了解情况,做出准确的判断,同时也为下一步签订经济合同做好准备。

5. 用语准确

招标书是投标方参与竞标、设计投标书、日后签订合同的主要依据,所用语言一定要清晰准确,切忌含混不清、表述歧义,避免经济和法律纠纷的产生。

范例评析

例文 1

招标邀请书

致:_____(投标人名称)

1. 根据广东省企业基本建设投资项目备案证(备案项目编号:160101749110575)批准,中国对外贸易中心(集团)现决定对××展馆配套设施项目:展馆机电安装工程及专业工程管理配合服务工程施工进行公开招标,选定承包人。

2. 本次招标工程项目的概况如下:

2.1 建设规模:包括电气系统、给排水系统、空调通风系统、消防系统等系统的机电设备采购与安装。

2.2 工程建设地点:广州市××区××路××街PZB1402地块。

2.3 计划开工日期:①计划于2022年7月28日前开工;②2022年12月31日前完成机电安装工程施工;③2023年1月21日前完成整体调试;④2023年3月21日前通过竣工验收。

2.4 工程质量要求符合(《工程施工质量验收规范》)标准。

3. 本工程对投标申请人的资格采用资格预审方式,你单位经资格预审后评为合格并获得了投标资格,如你方对本招标工程项目感兴趣,请你方从广州建设工程交易中心一楼窗口处购买招标文件和相关资料。时间为2022年6月15日下午15:30。

4. 招标文件售后不退。

5. 投标申请人在投标文件中，应按照有关规定提交80万元（人民币）的投标担保。

6. 投标文件提交的截止时间为2022年7月4日9时30分，提交到广州建设工程交易中心211室。逾期送达的或不符合规定的投标文件将被拒绝。

7. 本招标工程项目的开标会将于上述投标截止时间的同一时间在广州建设工程交易中心211室公开进行，投标人的法定代表人或其委托代理人应按招标文件的要求准时参加开标会议。

招标单位：中国对外贸易中心（集团）

地　　址：广州市流花路117号

联 系 人：唐强先生

联系电话：1331629××××

传　　真：（020）8913××××

招标代理：广州市正阳招标采购服务中心

地　　址：广州市广仁路1号广仁大厦6楼606室

联 系 人：李锦小姐、成方先生

联系电话：020-8317××××

传　　真：020-8317××××

注：本招标邀请书使用GZZB 200612—001招标文件范本。

【评析】

这是一篇招标邀请书。开篇直接致相关符合条件的指定单位，用简洁的语言叙述了此次招标的背景和理由后，分条就本次招标工程项目的概况进行了介绍。具体内容包括建设规模、工程建设地点、计划开工日期、工程质量标准、招标书购买、投标文件投放、开标等事宜。落款是招标单位及招标代理单位的盖章，及其各自的地址、联系人、联系电话与传真号码。最后标注此函使用的范本编号。此招标邀请书语言流畅、思路清晰，书写规范。

例文2

公开招标公告

标的：面向电视演播室的电视广播系统

一、递交标书的期限及地点

期限：截至2022年7月27日下午5时前。

地点：杭州××广场181～187号××商业中心19楼F至I座，××广播电视股份有限公司财务及行政部。

二、开标地点、日期及时间

日期及时间：2022年7月28日上午9时30分。

开标地点：杭州××广场181～187号××商业中心19楼F至I座，××广播电视股份有限公司财务及行政部会议室。

开标时，投标人或其法人代表应出席，以便解释标书文件中可能出现之疑问。

三、临时保证金

金额：人民币 380 000.00 元（人民币叁拾捌万元整）。

提交方式：以××银行担保之方式提交或以现金通过××银行存款至××广播电视股份有限公司的账户中。

四、确定保证金

金额相当于总价百分之五。

五、索取招标方案卷宗

a）有关招标方案卷宗，存放于杭州××广场181～187号××商业中心19楼F至I座，××广播电视股份有限公司财务及行政部，有意投标人可于办公时间内到上址查阅及索取副本。

b）也可通过××广播电视股份有限公司官网免费下载（网址：http://www.×××.com）。

六、中标标准

是否全面达到技术指标（占55%）

供应及安装以上系统的经验是否丰富（占10%）

价格是否合理（占30%）

是否按时交货（占5%）

××广播电视股份有限公司 2022 年 7 月 12 日　于杭州

行政总裁　×××

【评析】

这是一份公开招标公告，书写简洁明了。开头直接表明标的及招标的方式，接下来用六点分别就递交标书的期限及地点，开标地点、日期及时间，临时保证金，确定保证金，索取招标方案卷宗，判给标准予以说明，条理清晰，突出了重点。落款是招标单位名称、招标公告发布时间、地点及行政总裁的签署。

例文 3

招 标 文 件

项目编号：2022-021

项目名称：重庆市沙坪坝区××医院采购监控设备及安装

第一篇　采购项目书

我单位根据重庆市沙坪坝区政府采购办公室下达的任务通知书，对重庆市沙坪坝区××医院监控设备及安装进行采购。欢迎具有生产、安装监控设备资质的供应商参加竞争性谈判。

一、报名、发标、投标截止及开标时间、地点

1. 发标时间：北京时间 2022 年 3 月 14 日（网上下载，网址：http://www.××××.com）。

2. 投标报名截止时间：北京时间 2022 年 3 月 16 日 16:30 之前。

3. 投标截止时间：北京时间 2022 年 3 月 17 日 15:30 之前。

4. 开标时间：北京时间 2022 年 3 月 17 日 15:30。

5. 开标地点：重庆市沙坪坝区政府采购中心一楼（沙坪坝区梨园路336号）。

二、供应商资质要求
1. 具有独立承担民事责任的能力。
2. 具有良好的商业信誉和健全的财务会计制度。
3. 具有履行合同所必需的设备和专业技术能力。
4. 有依法缴纳税收和社会保障资金的良好记录。
5. 参加政府采购活动前三年内,在经营活动中没有重大违法记录。
6. 具有重庆市安防从业资质证。
三、其他规定(略)
四、谈判费用
一切与谈判有关的费用,均由参与谈判的供应商自理。
五、竞争性谈判文件(略)

第二篇 采购项目监控主要设备技术参数、数量及要求

一、沙坪坝区××医院增加监控系统技术参数(略)
二、现场踏勘(略)

第三篇 竞标

一、竞标报价
1. 本谈判项目报价以人民币报价。
2. 提交竞标文件的份数和签署。(略)
3. 竞标文件的递交。(略)
4. 竞标方参与人员。
各个竞标方可派1~3名代表参与谈判,其中1人应为法人代表或具有法人授权委托书的授权代表。
二、谈判程序(略)
三、成交原则(略)
四、中标通知(略)
五、签订合同(略)

第四篇 商务要求

一、完工时间(略)
二、设备验收(略)
三、质保期(略)
四、付款方式(略)
五、合同的签订
谈判结束后,成交供应商应持中标通知书,按中标通知书要求签订书面合同。

第五篇 竞标文件格式要求

一、竞标方概况
二、竞争性报价函
三、项目实施方案和技术方案的详细描述
四、商务条款承诺

五、其他优惠承诺
六、法定代表人身份证明
七、法定代表人授权委托书
八、竞标方的企业法人营业执照复印件
九、相关的资质证明

本招标文件中的附件是正文不可分割之部分，具有同等效力。

附件一：沙坪坝区政府采购供应商资格登记申请表
附件二：沙坪坝区政府采购中心供应商资格审查说明
附件三：投标报名表

招标单位：重庆市沙坪坝区政府采购中心（盖章）
地址：重庆市沙坪坝区梨园路336号
联系人：曾小毅
电话：1382556××××；1377391××××

2022年2月1日

【评析】

这份文件是重庆市沙坪坝区××医院委托沙坪坝区政府采购中心采购及安装监控设备的招标书，格式规范。标题点明文件性质。正文分成两部分，即引言和主体。引言包括项目编号和项目名称。接下来，全文分成五篇分别对采购项目书，采购项目监控主要设备技术参数、数量及要求，竞标，商务要求，竞标文件格式要求进行了规定和说明。

落款包括招标单位名称、地址、联系人、电话和文件发布时间，要素齐备。全文思路清晰，内容表达完整。

任务实施

一、环境要求

可选择模拟办公室、会议室或多媒体教室等场所进行，备好纸、笔，配备计算机、投影仪、白板、话筒、会议桌等设备，最好每名学生均有条件进行上机写作。

二、实施步骤

第一步，通过网络查找招标书写作的相关材料。

第二步，根据所给材料，以小组为单位讨论广州××大学招标公告的具体条款，主要包括：项目工程名称、施工地点、设计及要求、承包方式、投标方的资质要求；领取招标文书的时间、地点及时间期限；递交投标书的方式、地点及时间期限；开标时间与地点；评标标准等。

第三步，每人执笔或上机，写作初稿。

第四步，各小组成员间相互修改，形成小组作业。

第五步，选取学生作品并在多媒体上展示，师生共同点评。

拓展训练

训练一

BP（碧辟）是世界上最大的能源公司之一，向顾客提供运输燃料、光热能源、油品零售服务，以及与人们日常生活密切相关的各种石化产品。BP 在华业务包括合资兴建大型石化联合企业、天然气的生产和进口、加油站零售业务、润滑油的生产和销售、液化石油气（LPG）的进口及营销、航空燃油供应，以及太阳能发电装置的本地生产。此次碧辟（中国）工业油品有限公司决定对公司国内润滑油（非危险品）物流运输业务进行招标。总经理助理伊丽了解了公司的招标要求后写成了一份招标书。但是总经理看过后却表示不满意，建议伊丽听取办公室主任老李的意见后再行修改。以下是伊丽写成的招标书，假设你是老李，请提出你的意见。

招 标

碧辟（中国）工业油品有限公司为加快其产品在中国的流通，决定对公司润滑油（非危险品）国内物流运输业务进行招标。凡有意参与者请遵照以下说明参与我公司的招标、投标工作。

一、招标项目

国内物流运输：从太仓及东莞始发，能到达中国大部分省或直辖市。预算年运输额超过四千万元。

二、投标方的资质要求

投标方需要有以下关于润滑油运输的基本业务能力：公路运输，能到达全国大部分省或直辖市；国内油罐车运输；集装箱国内海运或内河运输。

三、招标流程安排

2022/01/18　　　　招标方签署项目保密协议及完成资质问答表。
2022/01/21　　　　发布标书。
2022/02/23　　　　投标截止。
2022/03/09　　　　招标方组织评标专家组负责评审，从中选择 2～3 家拟中标公司，再进行议标、决标，最终结果在十天后另行单独通知。

四、投标方在投标时需按投标价的 5% 缴纳履约保证金，现金和支票都可以。未中标单位的保证金将当场退回。最终中标单位的保证金不退，作为该项目的质保金计入总合同金额。

五、开标与评标

1. 开标

招标会时间定在 2022 年 3 月 9 日上午 9:00 进行。现场开标时间为 3 月 9 日上午 9:30，开标地点为碧辟（中国）工业油品有限公司一楼多媒体会议室。参加开标的投标代表应签名报到，证明其出席。正式开标前未签名出席，视为废标。开标时由招标领导小组领导宣布开标程序和办法，并当场认定投标文件的封签并拆封。

2. 评标

由评标专家组进行，主要比较各投标文件所提供的质量、价格和投标方的服务、信誉、实力，综合选定中标方。我们本着性能价格比最优的原则，并不保证最低价中标。投标方不参加评标过程。评标结果由评标专家组当场宣布并书面通知拟中标方。

碧辟（中国）工业油品有限公司（盖章）
2021 年 12 月 3 日

> **训练二**
>
> ××省××厅××处招标办决定就2022年本省重点民生项目××工程进行招标。考虑到本市××公司在建筑行业良好的口碑和业绩,××省××厅××处招标办向其发去了招标邀请书。
>
> 请依据以上情境,以××省××厅××处招标办的名义写作招标邀请书。

> **训练三**
>
> 经天津市城乡建设委员会批准,天津市城市建设开发公司就××小区××建筑工程实行公开招标,择优选择建筑单位。请替该公司拟写一份招标公告。

项目六 投标书

学习目标

1. 了解投标书的含义、特点和分类。
2. 了解投标的程序。
3. 掌握投标书的写法和写作要求。
4. 能根据任务要求,规范地拟写和修改投标书。

情境任务

随着市场经济的规范化和国际化,招投标已经成为企事业单位、各种组织和个人经常要从事的业务活动。临近寒假,为了创设和维护良好的教学和生活环境,广州××大学后勤处就2022年3月27日全面维修教学楼和北校区1号学生宿舍铝合金窗,修剪各校区的枯树及树枝,重新安装南校区教学楼和图书馆的电梯等3项维修工程向社会公开招标。在认真阅读了招标公告后,广州风雷建筑公司决定参加此次竞标。

要求:请根据以上情境,以风雷建筑公司的名义向湖南××大学递交一份投标书。

任务分析

投标是一个较量实力、技术、信誉、能力、策略等的一个综合的竞争过程。影响投标成功的因素有很多,但一份格式完整、内容齐备、表述清晰的投标书则是能否中标的重要环节。要写作投标书,一要表明投标的愿望;二要构思投标书的具体内容;三要掌握投标书写作的相关知识与技能;四要体现规范的法律意识和公平公正的竞争思维。

学习指引

知识点

《中华人民共和国招标投标法》第二十七条规定：投标人应当按照招标文件的要求编制投标文件。投标文件应当对招标文件提出的实质性要求和条件作出响应。招标项目属于建设施工的，投标文件的内容应当包括拟派出的项目负责人与主要技术人员的简历、业绩和拟用于完成招标项目的机械设备等。

具体来说，投标书是对招标书的回答，是投标人在承包建筑工程或承买大宗商品时，愿意接受招标人在招标书中提出的条件和要求，向招标人申请承买或承包并报出价目时使用的一种文书。

投标是一个竞争激烈的商业活动，是各投标方比较实力、技术、财力、信誉、技能、人才、经营策略和管理经验等综合素质的过程。投标是否成功受到很多要素的影响，但是投标书撰写得如何也直接影响到投标的结果。

一、投标的程序

投标与招标一样，都是一种必须依照《中华人民共和国招标投标法》的规定而进行的竞争性经济活动。投标活动是对招标行为的直接反应。

一般来说，一次成功的投标活动也有相应的程序安排：

（1）欲投标者出示有关证件或材料，填写报名登记表，递交投标申请书。

（2）经招标方资格审查合格的投标方撰写投标书，把投标书密封送招标方。

（3）投标方公开演讲、答辩。

二、投标书的特点

1. 目的明确

任何一份投标书都是对应具体的招标书而写成的，是针对招标书中提供的项目内容、招标方提出的商务及技术要求而做出的回应。投标书目的单一、明确，都是以中标为唯一宗旨。

2. 科学严谨

投标书是投标方提供给招标方的备选方案和实力展现。投标书的撰写要讲究科学性，思路要严谨。对于招标项目要有清晰的认识，对即将展开的业务活动要做到胸有成竹，大到总体工作的部署，小到生产工具的准备。在充分展示当前的条件后，对未来进行科学预见。

3. 切实可行

为了在众多的投标者中脱颖而出，投标书必须提供切实可行的措施和强有力的保障体系。所列条款内容要务实，一切都要建立在实事求是的基础上。

4. 制作规范

投标书与招标书一样，都是非常讲究规范格式的文书。同时，内容上还要严格遵守国家有关的投标规定，认真执行国家颁布的技术规范和质量标准，不能为达到目的而不择手段、随心所欲。

三、投标书的分类

投标书按性质可分为生产经营性投标书、科学技术性投标书两大类。

投标书按投标的对象可分为大宗商品贸易投标书、承包某项工程项目投标书、承包企业投标书、租赁企业投标书、劳务投标书等。

投标书按投标方人员组成情况可分为个人投标书、合伙投标书、集体投标书、企业投标书等。

> **技能点**

一、投标书的结构和写法

投标书一般由标题、称谓、正文、落款四部分组成。

1. 标题

（1）只有文种，如"投标书""投标答辩书""投标申请书"。

（2）投标项目名称＋文种，如"××工程投标书"。

（3）投标单位名称＋投标项目名称＋文种，如"××公司承包××工程投标书"。

2. 称谓

称谓即招标单位全称、主送机关或主管部门，在标题下一行左侧顶格书写。

3. 正文

投标书的正文内容包括投标人的态度和能力，一般包括引言和主体两个部分。

（1）引言。引言是表明投标的项目名称，交代投标的依据和目的，介绍投标单位的基本情况，以及对该投标项目的态度。

（2）主体。主体要根据实际写清楚商品数量、技术要求、商品价格、商品规格、交货日期、工程项目开工及竣工日期、具体提出完成该项目所要采取的措施，如专业技术、组织管理，以及安全生产措施、造价及各项费用预算、投标书有效期限等的说明。有的还要附上对本单位优势的分析，阐明投标单位的指导思想、经营方针，要求招标单位提供的配合条件，标价明细表等。由于标的不一样，需要写明的条款也各有侧重。

> **注意事项**
>
> 如果在标题处已经标注了单位联系方式和投标日期，则在落款处可以省略。

4. 落款

落款包括投标单位及法人代表签名盖章，同时写明单位联系方式（联系人信息、单位地址、邮编、电话、传真、银行账号等）和投标日期。

二、投标书的写作要求

1. 内容合法，用语准确

投标书内容必须符合国家相关法律法规的具体要求、质量标准和技术规范。有效的招投标书是签订经济合同的依据，受到法律的约束和保护。投标书的内容一旦经签字确认，任意变更都需承担违约责任。

2. 重点突出，条理清晰

投标书中的各项指标和措施都要重点突出地予以介绍，思路要清晰，务求内容周密。重点突出、表述清楚的投标书既有利于招标方全面准确地了解自身的意图和实力，从而帮助招标方做出准确的选择，同时也为下一步双方签订合同做好准备。

3. 格式规范

投标是操作性很强的商业行为，讲究一定的程序和形式。投标书与之相适应，也要注意格式的规范。

4. 态度客观

投标活动具有很强的竞争性，遵循市场优胜劣汰的规则。但是，投标单位不能为达到目的而不择手段。投标书的书写一定要坚持实事求是的态度。投标单位为承揽招标项目，必须具有相应的技术、经济实力和相应的补偿能力。在写作投标书时，一定要从自身的实际出发，量力而行，对其中达标条件的设置以适度为宜。

5. 讲究时效

《中华人民共和国招标投标法》第二十八条规定：投标人应当在招标文件要求提交投标文件的截止时间前，将投标文件送达投标地点。招标人收到投标文件后，应当签收保存，不得开启。投标人少于三个的，招标人应当依照本法重新招标。在招标文件要求提交投标文件的截止时间后送达的投标文件，招标人应当拒收。

只有按时高效完成投标书的写作才会迎来主动，获得商机。

范例评析

例文 1

中船龙穴造船基地民船项目分段涂装工场工程施工投标文件

招标编号：0747-0740SITC3004T001
项目名称：中船龙穴造船基地民船项目分段涂装工场工程
投标文件内容：投标文件投标书部分
投　标　人：×××建筑安装工程有限公司（公章）
法定代表人或其委托代理人：（签字或盖章）
日　　　期：二〇二二年三月十日
目录（略）
一、法定代表人身份证明书（略）
二、投标文件签署授权委托书（略）
三、投标书

投 标 书

广州中船南沙龙穴建设发展有限公司：

根据已收到的贵方关于中船龙穴造船基地民船项目分段涂装工场工程（招标编号：0747-0740SITC3004T001）的招标文件，遵照《工程建设项目施工招标投标办法》的规定，我单位经考察现场和研究上述工程招标文件的投标须知、技术规范、工程量清单、图样和其他有关文件后，我方愿以人民币壹亿壹仟壹佰玖拾叁万捌仟伍佰柒拾壹元（大写）的总报价，按上述技术规范、图纸等的条件承包上述工程的施工、竣工和保修。

1. 一旦我方中标，我方保证在2022年4月30日开工，2023年3月24日竣工，即330天（日历天）内竣工并移交整个工程。

2. 除非另外达成协议并生效，你方的中标通知书和本投标文件将构成约束我们双方的合同。

3. 我们明白招标人不一定要接纳最低的投标价的投标或收到的任何投标，也不会解释选择否决任何投标的原因与理由。

4. 我方金额为人民币六十万元的投标保证金在投标时已同时递交。

5. 我们确认本投标已考虑招标人或其招标代理单位向我方发出的关于招标文件的修改通知。

6. 我方承诺，如果我们违反了招标文件的相关要求或者未能按照要求履行我方的责任，贵方有权扣除我方提交的人民币六十万元的投标保证金。

投标人：（盖章）×××建筑安装工程有限公司

邮政编码：030024

单位地址：山西省太原市迎泽西大街169号

传真：0351-612×××× 电话：0351-635××××

法定代表人：（签字、盖章）

开户银行名称：中国建设银行股份有限公司太原市西矿街支行

开户行地址：山西省太原市西矿街130号

银行账号：4001835208050012253-××× 电话：0351-619××××

日期：二〇二二年三月十日

四、投标书附录

投标书附录

序号	项目内容	约定内容	备注
1	履约保证金	中标价款的（10）%	
2	开竣工时间	预计2022年4月30日开工（以合同开工日期为准），2023年3月24日全部竣工	
3	误期违约金额	（30 000）元/天	
4	误期赔偿费限额	合同价款（10）%	
5	施工总工期	330日历天	
6	质量标准	合格	
7	预付款金额	合同价款的（10）%	
8	进度款付款时间	双方约定的工程款（进度款），按监理、总包人确认的合格工程量每个月支付一次，金额为当月工程量价款的80%，付款时间为提交经总包人及监理确认的《工程量报告》的下一个月10日（遇节假日顺延），累计支付进度款总额不超过合同总价的90%（含预付款）	
9	竣工结算款付款时间	工程通过质监站验收并评定为合格，承包人将符合招标文件要求工程竣工资料交付总包人，并且审价结论下达后，按照审价确认的工程价款扣除5%质量保证金，总包人签发竣工结算付款凭证后28天内支付本工程合同价款总额的5%竣工款及其余未付款项	
10	质量保证金	合同结算价款的5%	
11	安全、廉洁担保金	安全（合同结算价款的3%）；廉洁（合同结算价款的2%）	
12	保修期	竣工验收合格后两年	

五、投标保证金回执单复印件（略）
六、招标文件要求投标人提交的其他投标资料
1. 营业执照复印件
2. 企业资质证书复印件
3. 诚信手册复印件
4. 安全生产许可证复印件
5. 广州市建筑业企业登记备案证复印件
6. 拟任项目经理资质等级证书及高级工程师职称证复印件
7. ISO9000 质量管理体系、职业健康安全管理体系、环境管理体系认证证书复印件
8. 企业同类型业绩证明材料
9. 企业近年来履约历史及社会信誉
10. 企业获奖证书

【评析】
此文件为投标文件中的投标书部分，单独成册。封面包括投标书的标题，投标工程名称、招标编号、投标单位名称、法定代表人姓名和标书送出时间等基本信息。

文件中投标书书写规范、重点突出、语言简洁。标题用"投标书"直接写出文件性质。标题下左顶格写出招标方单位全称。投标书的正文首先表明投标方对该项目的认识，以及投标方对此的态度，然后用分条列项的格式将开工、竣工时间，投标方对招标文件的理解，中标通知书和投标书的法律效力，投标保证金的金额与说明等内容予以明确。落款包括投标单位的名称、地址、电话、邮编、法人代表姓名、开户银行名称、开户行地址、银行账号、银行电话及投标书签订时间，是一篇写得不错的投标书。

例文 2

中船龙穴造船基地民船项目分段涂装工场工程施工投标文件

招标编号：0747-0740SITC3004T001
项目名称：中船龙穴造船基地民船项目分段涂装工场工程
投标文件内容：投标文件商务部分
投标人：×××建筑安装工程有限公司（盖章）
法定代表人或其委托代理人：（签字或盖章）

地址：××××
邮编：××××
电话：××××
传真：××××

日期：二〇二二年五月十八日

目录（略）
一、投标报价说明（略）
二、投标报价汇总表（略）

三、主要材料清单报价表(略)

四、设备清单报价表(略)

五、分部分项工程量清单报价表(略)

六、措施项目报价表(略)

七、其他项目报价表(略)

八、工程量清单项目价格计算表(略)

九、综合单价分析表(略)

十、投标报价需要的其他资料(略)

【评析】
此文件为投标文件中的商务部分,单独成册。封面包括投标书的标题,投标工程名称,招标编号,投标单位名称、地址、电话、邮编、传真,法定代表人姓名,标书送出时间等基本信息。正文针对招标文件的具体要求,逐一呈上本企业各项目的报价表、单价分析表和投标报价需要的其他资料,内容翔实,是展示自己实力和竞争力的部分,直接关系到能否中标。

例文3

中船龙穴造船基地民船项目分段涂装工场工程施工投标文件

招标编号:0747-0740SITC3004T001

项目名称:中船龙穴造船基地民船项目分段涂装工场工程

投标文件内容:投标文件技术部分

投标人:×××建筑安装工程有限公司(盖章)

法定代表人或其委托代理人:(签字或盖章)

日期:二〇二二年五月十八日

技术承诺函(略)

一、施工组织设计

1. 工程概述(略)
2. 施工总体部署及承诺(略)
3. 临时工程与施工总平面布置(略)
4. 土建工程的主要施工方法(略)

……

16. 安全施工的保证措施(略)
17. 文明施工的保证措施(略)
18. 环境保护体系及保证措施(略)
19. 消防保证措施(略)
20. 对不可抗力的认定(略)
21. 对违约责任的认定及承担相应违约责任(略)

二、项目管理机构配备情况(略)

1. 项目管理机构配备情况表(略)
2. 项目经理简历表(略)

3. 项目技术负责人简历表（略）
4. 项目管理机构配备情况辅助说明资料（略）

三、拟分包项目情况表（略）

四、钢结构分包协议（略）

五、企业资信材料（略）

【评析】

此文件为投标文件中技术部分的封面和主体内容的框架。封面包括投标书的标题、投标工程名称、招标编号、文件内容、投标单位名称、法定代表人或其委托代理人姓名、标书送出时间。主体内容记录了投标文件技术部分的组成情况，让读者轻松知悉主要内容。文件首先安排的是技术承诺函，然后是施工组织设计、项目管理机构配备情况、拟分包项目情况表、钢结构分包协议和企业资信材料五个方面的内容展示，每个部分都有非常详细的材料补充，讲究科学、措施可行。可以预见的是，接下来的正文将会内容翔实，形式多样，图、文、表与附件相结合，是展示投标方技术实力和竞争力的最关键部分，是此次投标文件中最具有说服力的部分。既有总体的规划，也有细节的安排；既有文字的叙述，也有图片的印证。既有对公司、个人资质的说明，也有对生产资料的具体使用规定。

任务实施

一、环境要求

可选择模拟办公室、会议室或多媒体教室等场所进行，备好纸、笔，配备计算机、投影仪、白板、话筒、会议桌等设备，最好每名学生均有条件进行上机写作。

二、实施步骤

第一步，通过网络查找投标书写作的相关材料。

第二步，根据所给材料，以小组为单位讨论风雷建筑公司投标书的具体条款，主要包括项目名称、技术要求、承包方式、费用安排、工程进度等。

第三步，每人执笔或上机，写作初稿。

第四步，各小组成员间相互修改，形成小组作业。

第五步，选取学生作品并在多媒体上展示，师生共同点评。

拓展训练

训练一

上海市鑫鑫电子制造厂在得知上海新东京集团招标欲采购一批电压检测器、电压调整器、电压泵后，综合考虑到本厂的实力和发展战略，决定参与此次竞标。为了增加中标的胜算，厂长秘书小黄事先拟定了一份投标书，但是在交给办公室主任审核时，却遭到了主任的批评。以下是小黄拟定的投标书，请分析存在的问题并进行修改。

> 致上海新东京集团投标书：
>
>   贵集团的招标书收悉。我们觉得凭借我厂雄厚的技术实力完全可以胜任这项工作。为此，我们特提交此投标书。
>   货物总报价：30 万元。
>   货物清单一式三份。
>   投标保证书一份。
>   另外，我们慎重申明，我们还拥有以下的权利和义务：
>   我们将根据招标文件中的规定履行相关的责任和义务。
>   如果我们在开标之后的投标有效期内撤标，造成的损失将由我方承担。
>   总之，我相信凭借我厂的强大实力，我们一定能在此次竞标中脱颖而出。
>
> 上海市鑫鑫电子制造厂
2022 年 2 月 12 日

● 训练二

  ××建筑工程公司根据××集团修建职工活动中心施工招标书和设计方案的要求，认为自身完全符合对方的要求，决定对该工程进行投标。为此，公司招投标办就工程总报价、总工期、主要材料指标、工程质量标准、工程进度、施工方法、安全措施、需要对方提供的条件等方面进行了认真的讨论。请你代表该公司拟写一份投标书。

● 训练三

  ××茶厂就××商场采购××茶叶的投标邀请书非常感兴趣，该茶厂招投标办要求秘书小王按照招标书的要求，结合本单位的实际，草拟一份投标书后再呈递给厂长审阅。于是小王找到业务部的胡经理，胡经理介绍了此次投标保证金的金额、开标一览表、投标价格表、商品简要说明一览表、资格证明文件等有关事项。
  请你代表××茶厂招投标办秘书小王拟写一份投标书。

商务契约文书综合实训

一、实训目标

  通过真实的工作情境，要求学生利用所掌握的理论知识与写作技能，完成相应情境中的写作任务，旨在全面锻炼和提高学生商务契约文书写作的综合能力。

二、情境任务

  岭南二中成立于 1921 年 10 月 15 日，经历了历史上多次变迁，始终坚持"求真、务实、科学、创新"的校训，数十年来励精图治，桃李遍布国内外。为了迎接学校即将到来的百年华诞，学校在 2021 年 2 月成立了以校长刘胜利为组长的校庆组委会来统筹承办校庆各种事宜。
  为了在校庆期间让广大校友和国内外来访人士对学校的建校历程和未来发展规划有更清晰的

认识，2021年2月10日经校长办公会议决定制作5万份校庆宣传画册，具体责成校庆组委会联系相关商家并予以落实。画册的内容由双方协商选择，主题为"昨日的纪念、今日的盛放、明日的辉煌"，画册的交货时间为2021年6月1日。经过多方联系和多次接触，2021年3月1日，岭南二中校庆组委会初步选定广州市流光彩印有限公司为承办宣传画册业务的负责单位，并签订了意向书。3月8日，双方代表在美丽的麓湖酒家就此次业务的开展进行了详细的洽谈。3月9日，双方在继续交流的基础上签订了合作协议书。3月20日，双方代表就此次合作正式签订了合同。

经过几个月紧锣密鼓的安排，迎校庆各项工作都有条不紊地进行着。临近暑假，校庆组委会决定利用暑假时间，对一万平方米的教学楼和图书馆进行全面整修（主要包括内外墙粉刷、窗户、桌椅、电梯维修，电线线路、空调、消防设施检修）。为此，学校向社会各建筑工程公司公开招标（投标截止时间为2021年6月10日上午9时，投标文件提交到质量高、信誉好、技术强、速度快、价格低者优先）。2021年5月25日下午3:30在学校办公室购买招标文件和相关资料。投标申请人在投标文件中，应按照有关规定提交10万元人民币的投标担保。

经过6月10日上午9时在岭南二中综合楼201多媒体会议室组织的现场开标及之后岭南二中组织的专家议标和评标，广州市华盛建筑工程公司在参与竞标的数十家单位中脱颖而出，最终中标成功。

2021年10月1日～3日，岭南二中处处绿树红花、彩旗飘飘，在欢声笑语中岭南二中这位充满活力的百岁寿星接受了来自海内外学子的齐声祝福。

请根据以上情境，完成如下任务：

（1）就岭南二中校庆组委会3月1日与广州市流光彩印有限公司为制作校庆宣传画册一事进行的商谈，写出一份合格的合作意向书。

（2）就3月8日双方商谈如何制作宣传画册业务的会议内容，写出一份合格的业务洽谈纪要。

（3）请为双方撰写一份承制宣传画册的合作协议书。

（4）请为岭南二中与广州市流光彩印有限公司就制作校庆宣传画册一事拟写一份格式规范、内容准确的合同。

（5）请以岭南二中后勤处负责人的身份替学校拟写一份合格的招标书。

（6）如果你是华盛建筑工程公司的招投标办公室秘书小李，应当怎样代表公司写出一份具有竞争力的投标书？

三、任务实施

（一）环境要求

可选择模拟办公室、会议室或多媒体教室等场所进行，备好纸、笔，配备计算机、投影仪、白板、话筒、会议桌等设备，最好每名学生均有条件进行上机写作。

（二）实施步骤

（1）以两小组为单位，模拟业务双方，分组讨论各项写作任务的内容要点。

（2）小组内分工合作，一人完成一部分内容，具体由组长根据讨论结果安排每位组员的任务。

（3）每人执笔或上机，完成任务初稿。

（4）各小组就本组的各项任务初稿进行讨论并修改。

（5）以小组为单位上交作品，师生共同点评打分。

考核评价

按作文质量评定每组每项写作任务的成绩。

优	各项任务写作格式正确，结构完整，内容明确具体，主题突出，条理清楚，文字通顺，标点符号使用正确，在规定时限内快速完成，打印装订与展示规范美观，完全符合要求
良	格式正确，结构完整，内容具体，主题明确，条理清楚，文字通顺，及时完成，打印规范
中	格式基本正确，结构基本完备，内容具体，条理清楚，按时完成，打印规范
及格	格式基本正确，结构基本完备，内容基本符合要求，按时完成，打印规范
不及格	格式不正确，结构不完整，内容不符合要求，不能按时完成，没有打印

模块测试七

模块八
商情调研文书

> **模块要点**

本模块由市场调查报告、市场预测报告、可行性研究报告三个项目构成。通过项目训练，旨在使学生了解市场调查报告、市场预测报告、可行性研究报告的含义、特点与作用，掌握其写作格式、结构与要求，掌握商情调研中搜集、整理、分析相关资料的方法，能够结合实际任务撰写规范的常用商情调研文书；培养学生运用商情调研相关知识为领导决策服务的意识以及科学求实的精神品质。

➤ **重点**
- 市场调查报告的结构和写法。
- 市场预测报告的结构和写法。
- 可行性研究报告的结构和写法。

➤ **难点**
- 商情调研中，如何做出正确的分析与预测。
- 市场调查报告与市场预测报告的区别。
- 本模块中各文种的病文析改。

项目一　市场调查报告

▶ **学习目标**

1. 了解市场调查报告的含义、特点、分类和目的。
2. 掌握市场调查报告的结构和写法。
3. 能根据任务要求，规范地拟写和修改市场调查报告。

▶ **情境任务**

天龙电器有限公司主要经营家用电器，现拟于六月下旬，进行为期3天的热水器消费者和终端卖场调查。调查对象主要是有一定文化层次和稳定经济收入的人群。此次调查拟采用调查问卷和面谈提问相结合的方式，有效调查人数按300人计算。样本选取方法为在每个分店的不同地点随机选取。此次调查的目的是了解目前中高档消费群体对于储水式电热水器、燃气热水器、即热式电热水器、太阳能热水器的看法,并进行分析判断,提出对策建议,以便为公司今后营销策略的调整服务。

要求:请根据以上情境,展开市场调查并拟写市场调查报告。

任务分析

没有调查就没有发言权,市场调查是企业经营运作的"望远镜"。要完成此任务,首先要进行前期工作,即制订调查方案、设计调查问卷;其次,通过各种方法展开调查,搜集资料;再次,要对搜集到的资料进行整理、分析;最后,根据研究得出结论,形成调查报告。要完成一份高质量的市场调查报告,除了抓好上述各个环节外,还应具备科学求实的精神。

学习指引

知识点

市场调查就是运用科学的方法,有目的、有计划地搜集、整理、分析、研究市场对商品的需求情况。如消费者的购买力、消费者的购买习惯、商品价格、需求量、销售环境、流通渠道,以及竞争情况等。

市场调查报告是指企业单位或经济部门等运用科学的调查方法,有目的、有计划地对商品生产、供应、需求和销售等市场情况资料进行全面、系统地搜集、整理、分析、研究,从而得出符合市场发展趋势的结论的书面报告。它是企业决策中非常重要的参考依据。

市场调查是市场调查报告写作的前提与基础,要想写出好的市场调查报告,首先必须认真进行市场调查。市场调查的范围和内容,应该根据市场调查报告的要求而定。

一、市场调查报告的特点

1. 针对性

针对性是指市场调查报告的写作要有明确的目的性。在一篇市场调查报告中,往往从市场实际出发,围绕企业某种产品所面临的主要问题,有针对性地调查市场营销的某一个或某几个环节,如产品质量、价格、营销状况、消费心理、市场占有率、销售环节、竞争对手状况等,但不能面面俱到。

2. 真实性

市场调查报告所依据的材料必须真实可靠、准确无误。市场调查报告中涉及的一切材料,诸如历史资料、现实材料、典型事例、统计数据等都必须言之有据、准确无误。市场调查报告搜集的材料应该尽量是第一手材料,并选用科学的调查方法。

3. 时效性

市场调查报告要及时、迅速、准确地反映、回答现实经济生活中出现的具有代表性的紧迫的问题。市场调查报告对市场瞬息万变的情况反应要迅速及时,否则,时过境迁,市场调查报告就会失去其参考价值。

二、市场调查报告的种类

关于市场调查报告的分类,从不同的角度有不同的分法。按调查对象和作用,市场调查报告可分为如下四种类型：

1. 商品调查报告

调查的内容主要包括：商品的设计、功用、价格、品牌（商标）、包装、售后服务，以及商品开发的评价、建议。其目的是根据商品消费者的需要不断改善现有产品和推出新产品。

2. 消费者调查报告

调查的内容主要包括消费者的数量、地区分布、购买力、品牌偏好、购买数量、对产品的改进要求等。其目的是掌握市场需求，明确现实的目标市场定位。

3. 销售情况调查报告

调查的主要内容包括当前商品供应量、销售情况、市场潜在容量、进出口情况、销售渠道是否合理、促销手段是否最优等。其目的是了解销售市场的现状，尝试发现潜在市场，为今后制定营销策略提供依据。

4. 竞争情况调查报告

主要是对现有的和潜在的对手及产品情况进行调查，通常包括竞争对手的数量、企业经营管理实力、销售策略等内容。其目的是趋利避害，稳住并提高市场占有率。

以上所分的四种类型，均可以进一步细分，形成某一方面的专题调查报告。

技能点

一、市场调查的程序

1. 市场调查准备阶段

（1）确定调查目标。实施调查，首先要确定调查目标，界定调查需要解决的问题，以便明确需要收集的资料，缩小调查范围，选出企业最需要掌握或解决的问题。

（2）制订调查方案。确定目标后，应该拟订出具体调查的计划，包括调查目的和要求、调查项目的内容、调查所需要采用的方法、调查进度的安排、调查人员的分工、调查费用的预算及调查注意事项等。

市场调查的程序和方法

2. 市场调查阶段

此阶段按调查方案进行实地调查活动，收集资料。

3. 市场调查分析研究阶段

调查后，对收集到的有关资料进行整理和分析。整理包括：编校，对收集的资料加以校核，剔除不准确、不符合实际情况的资料；分类，将经过核实的资料进行归类，并制成各种统计图表。分析包括：数据处理，计算各类数据的平均数、标准差和百分率等；制作图表，反映各类资料之间的相互关系等。整理和分析资料的过程也就是对资料进行研究的过程。

4. 撰写市场调查报告

撰写市场调查报告是整个市场调查活动的最后环节，是市场调查的成果体现，也是分析市场机会，进行决策的依据，主要是综合已有的数据和信息，根据自己的研究得出结论。

二、市场调查的方法

1. 基本方法

市场调查的基本方法有普查、抽样调查、典型调查和个案调查等。普查是全面性的调查；抽样调查是从全部调查对象中，选择一部分具有代表性的对象加以调查，以观察和推断事物的全貌；典型调查是通过对少数典型对象的调查来认识事物本质的一种调查方法；个案调查是在调查对象总体中只选择一个单位、一个人来进行有关内容的全面调查分析，即以"解剖麻雀"的方法，了解总体的一般情况。

市场调查要求及时、迅速、正确和可靠，也要求用最少的时间、最低的费用取得最佳的调查结果。由于普查花费大、时间长，调查的结果往往因时间拖长而失去时效，所以，一般的市场调查都不采用普查，而大都采用抽样调查的方法。抽样调查的关键在于准确地选择少数有代表性的对象，如果调查对象选择不当，也容易影响调查效果。

2. 具体方法

在确定基本调查方法之后，还要选择具体的方法，一般有以下三种：

（1）询问法。询问法是根据已经制定的调查内容，用口头或书面的方法取得调查资料。

（2）观察法。观察法是调查者到调查现场观察调查对象的行为、言谈，而不直接向调查对象提出询问，在被调查者无所感知的情况下进行调查。

市场调查时常采用：顾客动作观察法、店铺观察法（包括商标、橱窗、商品陈列等）、实际痕迹测量法。

（3）实验法。实验法就是从影响调查问题的许多因素中选出一个或两个因素，把它们置于一定的条件下，进行小规模的实验，然后研究是否应大规模投产或投入市场。

以上三种方法可以单独使用，也可以结合使用。

三、市场调查问卷与问卷结构设计

多数市场调查都是以问卷的方法请被调查对象作答。这种以书面提问测试的方法，收集被调查者看法的文字资料叫作市场调查问卷。市场调查问卷是国际通行的一种调查方法，也是市场调查中采用最广的一种方法。调查能否获得真实的资料，往往取决于问卷的设计是否合理、科学。问卷可以根据不同的调查对象，设计为针对个人、家庭、团体或单位的。

一份完整的问卷一般由三个部分组成：标题、说明语（或封面信、前言）、主题内容。

1. 标题

标题一般由调查对象或内容加上"调查问卷"（文种）组成，如"北京市居民消费意识调查问卷""豆制食品调查问卷"。

问卷的标题应该简明扼要、含义明确、主旨突出。

2. 说明语（或封面信、前言）

说明语（或封面信、前言）是写给调查对象的简信。其作用是向调查对象说明调查者的身份，调查的目的、意义，填答要求等，以求获得合作与支持。如不是面访的被调查者，还要交代怎样回收问卷、要求、注意事项，还包括感谢、保证隐私等承诺内容。例如，××意见回邮问卷的说明语："尊敬的消费者：十分感谢您购买使用'××'产品，为让我们更加了解您的需求，现占用您数分钟，完成以下问卷。为给您提供更优质的产品和服务，敬请配合，深表感谢！"

说明语要简短、诚恳、热情。在拦截式的访问中可由调查者口头说明。

3. 主题内容

主题内容是问卷的主体部分，主要是以提问和供选答案的形式进行调查。主题内容主要包括：调查对象的基本情况，与调查主题相关的事实或行动的态度、感觉、偏好等。主体部分围绕以上内容，进行问题和答案的设计。

问卷可分为开放型、封闭型、开放封闭结合型三种类型。

（1）开放型（又称无结构型）。此类问卷只设计问题，不提供选择答案，由问卷填写人根据实际情况自由填答，所做的回答可以让调查者了解比较具体的情况或新的动向，有利于调查深入展开，但给统计分析带来一定困难。

（2）封闭型（又称封闭结构型）。此类问卷多从调查目的、主题出发设计问题，同时每项问题又设计若干可供选择的答案，答案不超出问卷设计者的思路，带有限制性。这类问卷的答案形式很丰富，有二分法，如"是"或"否"，"有"或"无"，"您知道'××'吗？□知道□不知道"；有多选法，即一个问题提供三个以上的答案，可多选，如"您预计再次购买的小家电为：□电暖器□吸尘器□加湿器□多功能烘干机"；此外还有直线式、比较法、矩阵式、序列式等。

（3）开放封闭结合型（半结构型），即以上两种问卷类型的结合。

问卷设计中，问题是核心，要求注意围绕调查目的和一个主旨（重点）展开，让人弄清究竟问的什么问题。提问要具体、明确，不能含混不清。答案要与问题相呼应，意义确定，不能模棱两可，使人无所适从。

问题最好以"中性"的方式出现，不带明显的暗示、诱导性，否则，所得到的调查数据就不是实际情况，容易导致错误的结论。例如，"您喜欢高露洁牌牙膏吗？"此问题就没有以"中性"的方式出现。

问题要按照合理的顺序排列，可以采用以下方式：按照调查主题的事实要求排列，按问题的复杂程度排列，按人们的思维逻辑顺序排列。语句力求通俗、浅显。

四、市场调查报告的结构和写法

市场调查报告一般由标题、正文和落款三部分组成。

市场调查报告

1. 标题

标题常用的写法有两种：

（1）单标题。

1）公文式。结构为"调查范围+调查时间+调查内容+文种"。有时可省略调查范围、调查时间，如"杭州市2023年夏季流行服饰调查报告"。

2）文章式。一般直接点明作者的观点和看法，如"商品包装不容忽视"。

3）提问式。把调查研究的主题加以概括作为问题提出，如"加入WTO，企业最关心什么"。

（2）双标题。双标题由正标题和副标题构成。正标题点明文章主旨，副标题说明调查的内容、范围、时间等。如"安于'小'、专于'小'、发展'小'——温州小商品市场生意红火"。

2. 正文

市场调查报告的正文可以分为前言、主体和结尾三个部分。

（1）前言。前言的写法有两种：一是对调查情况做简要说明，交代调查的目的、时间、地点、对象、范围、方法、结果等；二是开门见山，直接提出市场的供求矛盾或介绍文章的主要内容、主要观点。

> **注意事项**
> ◆ 前言的写作做到内容概括，文字简洁，不讲套话、空话、不绕弯子。
> ◆ 有些市场调查报告也可以不写前言，开头就直接进入调查报告的正文。

（2）主体。主体是正文的核心部分，包括以下三方面内容：

1）基本情况。基本情况可以包括历史情况和现实情况，是对市场调查了解到的客观事实、有关数据进行叙述、说明，重点放在现实情况方面。对一般情况可简要介绍，重点情况则详尽阐述，要根据调查目的的需要而有所侧重，做到详略得当。写作手法上一般以文字叙述、说明为主，辅之以数据、图表。

2）分析判断。分析判断是对市场调查了解到的基本情况进行研究，确定调查对象在市场竞争中所处的位置，从不同方面揭示原因，判断市场发展的趋势和前景等。写作手法上一般以议论、说明为主。

3）对策建议。这是这类报告的落脚点。根据分析判断得出的结论，思考相应对策，供决策者参考。写作时要注意可行性、针对性，语气要委婉。

（3）结尾。结尾是全文的结束部分。有些调查报告在正文表述完后，即告结束，没有单独的结尾。多数报告有结尾：结尾部分或是对全文的概括归纳，或是重申观点，或是提出希望和建议，或是提出未能解决而又需引人注意的问题。

> **注意事项**
> 有的调查报告还有附录，主要内容是分析方法的说明、统计图表、公式，以及参考数据。

3. 落款

如果市场调查报告是为了供内部参阅，则调查者在正文右下方署名，并写上完成的日期；如果是在报刊上发表，则在标题下方署名，一般不再写明写作日期。

五、市场调查报告的写作要求

1. 深入调查研究，充分占有资料

市场调查报告是市场调查的反映，搞好市场调查是写好报告的前提。只有通过深入调查研究，才能掌握大量、翔实、典型的市场信息，为写好报告奠定坚实基础。

2. 运用事实说话，做到观点与材料的统一

真实客观是市场调查报告的生命。只有如实反映市场状况，运用真实、可信的事实说话，做到观点与材料的统一，市场调查报告才具有说服力。

3. 突出重点

在进行市场调查中，需要调查或反映的问题可能较多，但在一篇市场调查报告中，不宜面面俱到地全部罗列，而应该抓住主要矛盾，有所侧重，才能突出重点。

范例评析

例文 1

顾客问卷调查
（节选）

亲爱的读者：

  为更好地服务于您，我们希望能更多地了解您，了解您的爱好、需求及对产品、品牌的偏好。请您完整填写以下问卷，并寄回给我们。作为××××俱乐部的推广活动，我们在收到您的反馈问卷后，将赠送您俱乐部蓝卡。还不赶快行动，加入××××俱乐部，开始享受积分累积及其他会员优惠（会员特惠详见第×页）！

  非常简单，只需完整填写以下问卷，并于7月25日之前寄给我们。在下一期中我们将与您分享此次的调查结果。

  请填写清楚品牌名和商店名，以便我们做出正确的统计。谢谢！

  您的姓名：_____　　您的会员号：_____

（请正确填写您的会员号，否则我们无法赠送您俱乐部蓝卡。如果您忘记了您的会员号或您还不是××××俱乐部会员，请致电我们的免费客服热线 800-820-××××，查询您的会员号或免费申请成为××××俱乐部会员，索取您的会员号。）

Q1. 您是否有手机？□是，品牌名称_____　□否

Q2. 您是否有计算机？□是，品牌名称_____　□否

Q3. 您是否有自己的住房？□是　□否

Q4. 您是否有家庭轿车？□是，品牌名称_____　□否

Q5. 您是否有宠物？□是，宠物种类_____　□否

Q6. 您最喜欢的杂志：_____

Q7. 您最喜欢的百货商店：_____

Q8. 您最喜欢的饮料品牌：_____

Q9. 您最喜欢的手机品牌：_____

Q10. 您最喜欢的计算机品牌：_____

Q11. 您最喜欢的电器品牌：_____

Q12. 您最喜欢的轿车品牌：_____

Q13. 您使用频率最高的银行：_____

Q14. 您最喜欢的银行：_____

Q15. 您是否有信用卡？□是，您最常使用的信用卡_____　□否

Q16. 您是否买过保险？□是，保险公司名称_____　□否

Q17. 您最喜欢的产品种类：
□服装　□鞋子　□手袋　□化妆品　□香水　□护肤品　□洗发用品

Q18. 在下期的杂志中您还希望包括哪些产品？
□服装　□化妆品　□手表及配件　□电器，电器种类_____　□计算机产品
□家居用品　□婴儿用品　□其他您感兴趣的产品（请注明）_____

Q19. 请问您是否有兴趣收到××××俱乐部合作公司提供的免费试用产品及一些产品促销信息？
□有兴趣 □没兴趣
Q20. 您的个人情况
D1. 您的性别：□男 □女
D2. 您的年龄：□19岁以下 □20~24岁 □25~29岁 □30~34岁 □35~39岁 □40~44岁 □45~49岁 □50岁以上
D3. 您的家庭月收入：
□2 000元以下 □2 001~4 000元 □4 001~6 000元 □6 001~10 000元 □10 001元以上
D4. 您的家庭地址：_____省_____市_____邮编_____
D5. 您的手机_____，您是否愿意通过手机短信息形式收到××××俱乐部最新打折或促销信息？□是 □否
D6. 您的E-mail_____，您是否愿意通过E-mail形式收到××××俱乐部最新打折或促销信息？□是 □否
非常感谢您参与此次活动！
回信请寄：上海邮政信箱040—×××
邮政编码：200040
（请在信封左下角注明"会员信息反馈"字样）

（资料来源：摘自TVSN公司的邮递DM。）

【评析】

该问卷结构完整。开头的说明语设计符合要求，阐明了调查的目的等，用语简洁。主体部分的问题采用半结构型，起到互相弥补的作用。每项问题清晰单一，基本围绕调查主题：侧重了解××××俱乐部会员的消费动向和爱好。

例文2

2021年上半年中国数码相机市场调查报告

2021年上半年，中国数码相机市场整体销量走势平稳，固定镜头相机市场受到手机冲击持续萎缩，微单相机销量激增，6月份已达中国整体相机销量的62.6%，且上半年微单相机平均客单价已超过6 500元。相机品牌方面，佳能、尼康成为上半年最大赢家，富士相机异军突起，全画幅相机市场份额占比持续走高。

一、2021年上半年数码相机市场销量概况

（一）2021年上半年全球数码相机产品概述

2021年上半年，全球数码相机市场共正式发布10台数码相机新品，其中微单相机占据9台，单反相机仅有1台，为宾得K-3 Mark Ⅲ。10台数码相机多集中于专业级产品，其中全画幅相机4台、中画幅相机1台、专业视频相机1台、复古微单相机3台；2021年上半年没有传统意义上的卡片相机发布。

2021年上半年10台新品相机中，全画幅与中画幅占据了5台，而且APS-C画幅与

M43画幅中也有多台属于专业级产品。随着影像行业发展，如今相机产品逐步向高端化发展，未来入门产品数量将会持续减少。

（二）全球数码相机市场：市场稍有复苏，微单相机销量超过36%

2021年上半年，全球数码相机市场总销量为4 230 992台，超越2020年同期3 429 785台，涨幅为23.36%，1~6月整体销量相对较为平稳。其中可换镜头相机总销量为2 741 455台，微单相机销量为1 528 231台，微单相机如今已成为最重要的相机消费类别，占到总销量的36.12%，可换镜头相机占总销量的55.74%。

亚洲数码相机销量异军突起，欧洲、美洲市场状况持续低迷。不少相机品牌的核心产品，在2021年上半年仍然处于持续缺货状态，镜头类产品缺货尤为严重，这一定程度上限制了整体相机的销量提升。

如今智能手机的摄像头水平持续提升，普遍采用多摄像头技术以及高像素大底传感器，因此低端卡片机的市场份额已寥寥无几。如今，各大品牌相机发力点多集中于中高端产品线，其中专业级全画幅微单、专业视频相机、Vlog相机，成为2021年上半年的核心销售产品。

（三）中国数码相机市场：微单销量已超单反3倍，微单客单价超过6 500元

中国数码相机市场，微单相机销量提升尤为明显。2021年上半年，中国数码相机市场相机总销量为596 752台，可换镜头相机销量为470 396台，占总销量的78.83%，其中单反相机销量为141 593台，微单相机销量为328 803台，上半年微单相机销量为单反相机的2.32倍。剩余为卡片机销售126 356台。

1~6月，中国数码相机市场中微单相机销售占比持续走高，6月份微单相机销量已达单反相机的3.14倍。对于国内消费者而言，单反相机更受老年用户及工作室青睐，而对于大部分大众消费者特别是年轻用户群体，微单相机已经成为购机的首要选择。

在相机客单价方面，2021年上半年单反相机平均客单价为3 534元，而微单相机客单价为6 629元。如今入门相机市场，单反相机拥有较大的市场沉淀，诸如尼康D5300、佳能800D等型号依然具有较大市场，而高端产品市场，已然是微单相机的天下。可以预见2021年下半年，伴随着佳能EOS R3、尼康Z9等旗舰微单问世，专业级单反相机的市场将会快速减少。

二、中国数码相机市场品牌与产品分析

（一）中国数码相机市场品牌关注度：佳能持续走高，尼康热度大幅提升

2021年1~6月，中国数码相机市场佳能相机关注度持续走高，半年关注度达到了44.33%，稳居关注度第一位。尼康上半年具有较大幅度的产品促销力度，而且尼康Z5、Z6、Z6 II全画幅微单相机销量颇为不错，因此整体关注度达到了19.32%，相比于去年有了较大提升。

在2021年1~6月中国相机市场品牌关注度排名图中（见图1）可以看到，佳能相机虽然上半年没有新品，但是凭借佳能EOS R5、R6的强大号召力，市场关注度一直保持持续走高态势。索尼虽然发布了Alpha 1、Alpha 7R III A、Alpha 7R IV A等多款机型，但是主力机身Alpha 7 IV没有发布，因此关注度出现下滑。富士近两年一直保持上升态势，上半年凭借GFX100S和X-E4两款爆款相机，关注度一度逼近10%。

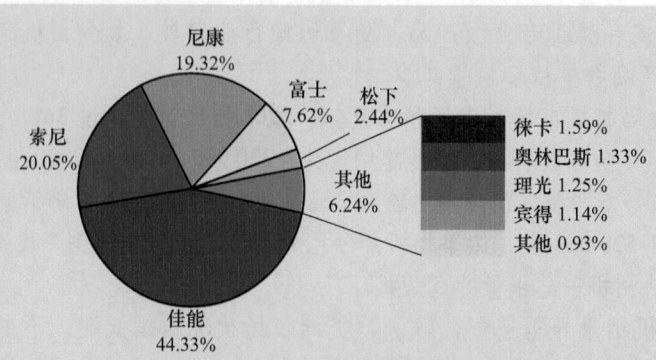

图 1 2021 年 1~6 月中国相机市场品牌关注度

（二）中国数码相机市场相机关注度：微单相机占据七席

2021 年上半年，中国消费者最关注的 10 款相机中，7 款为微单相机，3 款为单反相机。佳能 EOS R5、R6，索尼 A7M3 分别为关注度前 3 名，这 3 款相机也是如今的购机首选。而第四名为尼康 Z5，这是尼康去年推出的入门级全画幅微单相机，具有极高的性价比，在 2021 年 618 期间取得了非常优秀的销售业绩。佳能 SD Mark IV、索尼 A6400、佳能 6D Mark II、佳能 90D、尼康 Z 6II、索尼 A7R4 分别位居五至十名。

在微单相机关注度前 10 名的机型中（见图 2），虽然佳能 EOS R5、R6 高居一二名，但是佳能其他微单相机并没有上榜。索尼微单相机有四款上榜，分别为索尼 A7M3、A6400、A7R3、A7R4。索尼相机在过去一直保持微单相机的统治地位，但是如今随着佳能、尼康、富士纷纷发力，索尼的地位已不如前。尼康上半年凭借产品质量以及价格优势，重新吸引了很多用户的关注。值得注意的是，微单相机前 10 名中，仅有索尼 A6400、富士 X-T4 为 APS-C 画幅，其余 8 台均为全画幅产品。

如今单反相机关注度已经大不如前，前 10 名产品（见图 3）佳能占据 6 席，尼康占据 4 席。与微单相机不同，单反关注度前 10 名中有不少为入门产品或者老旧全画幅型号，目前单反相机用户关注价格集中于 3 000~10 000 元，专业单反相机仅有佳能 5D Mark IV、1D-X Mark III 和尼康 D850 上榜。

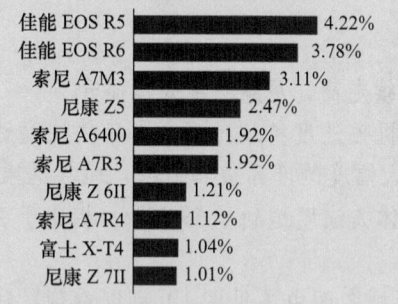

图 2 2021 年 1~6 月中国数码相机市场微单关注度前 10 名

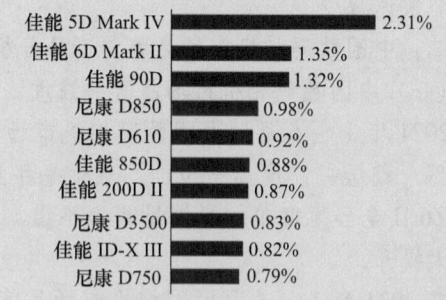

图 3 2021 年 1~6 月中国数码相机市场单反关注度前 10 名

（三）相机类型关注度占比：微单相机关注度已近六成

2021 年上半年，中国消费者对于单反的关注度比例为 30.57%，相比于 2020 年的

39.55%下降了接近9%。微单相机关注度由2020年的46.41%上升至57.42%，上升比例为10.01%。如今相机发展的方向已经明朗，微单相机在未来10年甚至20年，都会是相机发展的主流形态。

（四）画幅比例占比：全画幅相机成为消费主流

2021年上半年，中国数码相机市场消费者对于全画幅关注度持续提升，由2020年53.01%上升至59.63%，而APS-C画幅关注度同样由19.65%上升至23.01%。相比之下，M43画幅和一英寸画幅的关注度持续走低（分别为4.32%、7.06%），随着手机发展，小底相机市场逐渐萎缩，手机传感器如今已经接近一英寸传感器，即便是索尼黑卡等一英寸热门产品，如今市场关注度也有了较大下滑。

（五）像素占比：高像素机型关注度走高

中国消费者一直青睐于高像素相机，2021年上半年相机新品种，诸如索尼Alpha 1、Alpha 7RIIIA、Alpha 7RIVA、富士GFX100s等都是高像素机型，因此高像素关注度进一步走高，上升至42.29%。而2 400万～3 000万像素是如今主流相机像素区间，关注度为23.52%。

（六）价格占比：8 000～12 000元成为首要购机价格区间，2万元以上高端机型关注度提升

对于中国消费者而言，如今8 000～12 000元价格区间，已经逐步取代过去3 000～5 000元价位区间，成为众多消费者的购机首选价位。特别是万元全画幅，如今成为相机市场的价格竞争的热门价格段。国内消费者如今对于12 000元以上机型，特别是20 000元以上机型的需求持续提升，例如佳能EOS R5、富士中画幅相机，如今大受高阶摄影发烧友青睐。

三、2021年上半年中国数码相机市场用户分析

（一）用户年龄分析：中老年用户仍为核心消费群体

对于中国摄影群体，目前虽然年轻化趋势加快，但是主要提升在于手机摄影的快速发展。传统相机市场方面，35岁以上用户依然是主力消费人群。特别是50岁以上摄影用户占比依然达到了30.62%，相比年轻人，中老年用户群体具有更强的消费能力，并且拥有更多的自由时间，因此这一比例依然会长期持续下去。

（二）中国相机消费者摄影水平分析：专业视频用户比例提升

根据调研，2021年中国数码相机消费者中，完全不了解摄影的新手用户以及摄影入门用户占比超过了60%，因此大众摄影依然是中国相机销售市场的主要驱动力。

相比之下，视频及影视从业者比例达到了14.21%，这一部分用户比例正在逐年升高。随着B站、抖音等平台的崛起，国内视频用户比例正在逐年升高，未来专业视频用户比例将会继续提升。

（三）中国相机消费者购机用途分析：旅游业复苏带动相机销售

如今旅行摄影、人像摄影、家庭购机依然是国内最重要的三大相机使用用途。而视频拍摄需求正逐年提高，2019-2021年有众多专门针对Vlog（视频博客）博主的相机发布，未来视频相机市场的竞争将会逐步白热化。

（四）中国相机消费者购机诉求分析：视频用户比例逐年增长

除去画质、价格这两项必然高关注因素外，中国消费者如今对于对焦、画幅、镜头群和视频的关注度比例最高，其中视频关注度比例已达24.33%，即将超越镜头群关注度成为第五大关注因素。

四、数码相机市场展望与建议

2021年上半年数码相机发展趋势包括:传统旗舰级体育相机的微单化、中画幅相机的小型化与低价化趋势加速、相机机身防抖日益普及、复古相机成为新潮流。

(一)提升数码相机视频拍摄性能

如今数码相机视频拍摄性能已经成为促进相机发展的第二方向。当下,相机视频的发展核心依然是8K视频以及高帧率视频,但是随着相机视频功能日趋摄像机化,相机视频在专业发展上也遇到了瓶颈,相比于摄像机优秀的散热性能、可扩展性,相机在众多方面存在天生的限制条件,因此很难在专业化程度上更进一步。未来相机视频发展,将会更多朝向Vlog领域,强调易用性和智能化拍摄,在2021年下半年以及2022年,将会有更多适应现在小成本视频博主的机型诞生。

(二)开拓女性相机市场

2021年上半年最重要的黑马机型,是尼康Z fc复古微单相机。近几年,富士相机取得了极好的市场业绩,其中复古外观以及胶片色彩是非常重要的成功因素。尼康Z fc如今销量依然火爆,复古相机对年轻用户,特别是女性用户,拥有极强的吸引力。过去的相机市场男性用户一直占据主导,如今女性用户特别是年轻女性用户对于相机的需求正在逐渐提高。相比男性,女性更强调相机的上手难度、外观颜值以及色彩表现,例如可自拍翻转屏、美颜肤色、Wi-Fi性能都是女性用户非常看重的相机功能。各大品牌这两年均推出了适合女性的小型化相机,未来女性相机市场的竞争也会更加激烈。

(三)发展微单相机镜头品牌

如今微单相机快速崛起,但相对应的微单相机镜头数量仍稍显不足,而且微单镜头价格也普遍高于单反镜头,因此催生了一批新兴镜头品牌,特别是国内镜头品牌。如今国内老蛙、唯卓仕等品牌均已推出佳能RF卡口、尼康Z卡口镜头,而且国内自动对焦镜头正在增多。微单相机的发展,为镜头市场带了全新动力。

(资料来源:中关村在线原创,https://dcdv.zol.com.cn/776/7762635.html,龚老师,2021年9月28日,有删改)

【评析】

这是一篇关于数码相机市场的调查报告。该文标题由调查时间+调查内容+文种构成。该文从多个方面深入阐述了调查的结论和观点,使用了较为翔实的数据,并且对数据所反映的问题进行了适当剖析,同时对未来数码相机市场进行了展望并提出了相关建议,使报告具有较强的参考价值。

任务实施

一、环境要求

可选择模拟办公室或多媒体教室等场所进行,备好纸、笔,配备计算机、投影仪等设备,最好每名学生均有条件进行上机写作。

实地调查阶段可选取当地三家中高档商场,分小组按既定方案进行。

二、实施步骤

第一步,通过网络查阅市场调查报告写作的相关材料。

第二步,分组讨论,明确天龙电器公司市场调查的程序、调查的方法,制订调查方案。

第三步，分组设计调查问卷与面谈问题。

第四步，分组展开实地调查，搜集资料。

第五步，各小组对本组调查所得材料进行整理分析并根据分析结果撰写市场调查报告，其主要内容应包括：调查情况简介，调查结论及支持的资料，相关建议。

第六步，以小组为单位上交一份市场调查报告并在多媒体上展示，师生共同点评。

拓展训练

训练一

王婷婷是刚刚应聘到《东江消费者导报》担任编辑助理，试用期间，她接受了一项重要的工作，那就是对当前女性消费者选择手机的心理趋向做调查，下面是她完成的调查报告初稿，请分析该市场调查报告写作存在的问题并进行修改。

女性选手机心理调查报告

手机市场是近年消费市场竞争最激烈的战场之一。目前的流行趋势似乎都是以女性为主，因为凡是和她们相关的产品都能跻身销售排行榜，走入热销行列。例如，化妆品、衣服、数码产品等，手机市场也不例外。如今越来越多的手机制造商专门为女性量身定做手机，据了解，女性手机潜在的市场规模在600亿元左右，但如今女性们想要在众多手机中选出一款自己心仪的手机却不容易。

一家市场调查公司所做的调查显示，中国目前约有3 000万的白领女性，如果每部女性手机的售价在2 000元左右的话，这就是600亿元的市场。手机厂商当然不会错过这块大饼。但究竟哪种类型的手机才是现代女性的最爱呢？为此编辑采访了一些女性，她们的观点百花齐放，一起来看看她们是怎么说的：

A小姐（大二学生）：假如让我去挑一款自己最爱的手机，那我一定要挑一部外形设计出色可爱的手机。因为女性的爱美之心强烈，所以一部手机想吸引到女性青睐的话，在外形设计上必须有特色。

B小姐（公司白领）：手机一定要小巧玲珑。女孩子的手袋一般都很小，小小的袋子放进化妆品、钱包、香水等物品后，几乎就没有什么地方空余了，所以对女性来说，手机一定要小巧。

C小姐（市场经理）：可能自己是属于高薪一族，所以选手机的时候一定要挑最新款的。对外形要求不是很高，最重要的是要新。要不满街的人用的都是同一款手机，那和穿同一款式的裙子、衣服有什么不同？最好一些品牌能出些限量版的手机，当然，我说这话不是显示我自己有钱，而是代表一部分女性而已。

D小姐（文员）：我选手机最看重的是价格。价格适中对一些收入不高的女孩子是可以接受的，1 500元左右的机型才是我的首选。功能和外形一般就可以了，要求不太高。

我曾听到一位男同事评论女性选手机，他的一番话令我印象深刻：女孩子选手机只看外表不看内在，不注重配置，只要外形漂亮就可以了。就好像看世界杯，男孩子看的是足球，而女孩子看的则是足球明星。

我对这种说法持不认同态度，时代不同了，男性、女性只是对手机的偏好不同。现代女性选手机除了看外表，更注重的是手机的功能，外形和配置要兼具。

其实，手机市场逐渐细分化的趋势，激励着手机厂商细分手机产品。但话说回来，"细分"与"结合"是相对的，男性与女性对手机的偏好虽然存在着很大的差异，但如果把它们结合起来将会有更大的市场。也就是说，如果手机厂商能推出一些情侣手机，将会有更大的市场。遗憾的是，目前还未见到有手机厂商要在情侣手机上大做文章。

古话说："女大十八变"，小女孩会逐渐成长为一位有品位而成熟的女性。未来的手机也会更加先进，手机厂商推出的新机可以引领时尚，在功能上不断改进，这才是现代女性心目中的爱机。要想解读女性千变万化的心理可不是一件容易的事，手机厂商面对 600 亿元的市场看来还得花多点时间去剖析女性的心理。但是不管怎样，没有人会拒绝真正的美丽！

训练二

根据下述材料，撰写一篇市场调查报告。

中国饮料工业协会统计报告显示，2021 年国内果汁及果汁饮料实际产量超过百万吨，同比增长 33.1%，市场渗透率达 36.5%，居饮料行业第四位，但国内果汁人均年消费量仅为 1 千克，为世界果汁平均消费水平的 1/7，西欧国家平均消费量的 1/4，市场需求潜力巨大。

我国水果资源丰富，其中，苹果产量世界第一，柑橘产量世界第三，梨、桃等产量居世界前列。据权威机构预测，到 2022 年，我国果汁产量可达到 150 万～160 万吨，人均果汁年消费量达到 1.2 千克左右。2032 年，果汁产量达到 195 万～240 万吨，人均年消费量达 1.5 千克。

近日，我公司对××市果汁饮料市场进行了一次市场调查，根据统计数据，我们对调查结果进行了简要的分析。

绿色、天然、营养成为消费者选择果汁饮料时的主要考虑因素。品种多、口味多是果汁饮料行业的显著特点，据××市场调查显示，每家大型超市内，果汁饮料的品种都在 120 种左右，厂家达十几家，竞争十分激烈，果汁的品质及创新成为果汁企业获利的关键因素，品牌果汁饮料的淡旺季销售无明显区别。

1. 目标消费群

调查显示，在选择果汁饮料的消费群体中，15～24 岁年龄段的消费者占 34.3%，25～34 年龄段的消费者占 28.4%，其中，又以女性消费者居多。

2. 影响购买因素

1）口味：酸甜味道的果汁销得最好，低糖营养性果汁饮品是市场需求的主流。

2）包装：家庭消费首选 750 毫升和 1 升的塑料瓶大包装，260 毫升的小瓶装和利乐包为即买即饮和旅游时的首选，礼品装是家庭送礼的选择，新颖别致的杯型因喝完饮料后瓶子可当茶杯用，所以也影响了部分消费者的购买决定。

3. 饮料种类选择习惯

71.2% 的消费者表示不会仅限于一种，会尝试多种饮料；有什么喝什么的消费者占 20.5%，表示只喝一种的消费者占 8.3%。

4. 品牌选择习惯

调查显示，习惯于多品牌选择的消费者占 54.6%；习惯于单品牌选择的消费者占

13.2%；因品牌忠诚性做出单品牌选择的消费者占 14.2%；价格导向的消费者占 2.5%；追求方便的消费者比例为 15.5%。

5．饮料品牌认知渠道

电视广告：75.4%；超市饮品试饮：58.4%；饮料销售场所：24.5%；亲友介绍：11.1%。

6．购买渠道选择

超市：61.3%；自动售货机：2.5%；便利店：28.4%；批发市场：2.5%；大中型商场：5.4%。酒店、快餐厅等场所也具有较大的购买潜力。

7．一次购买量

喝多少就买多少的消费者占 62.4%；一次性批发很多的消费者占 7.6%；会稍微多买一点存着的消费者占 29.9%。

训练三

选择你所熟悉的某种日用品，对其在本地的市场销售情况做市场调查，写出一篇小型的市场调查报告。

训练四

利用课余时间，对自己所学专业在本地就业市场的需求情况进行一次调查，并制作成一份调查报告。

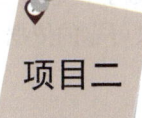

项目二　市场预测报告

学习目标

1. 了解市场预测报告的含义、特点、分类和作用。
2. 了解市场预测报告与市场调查报告的异同。
3. 掌握市场预测报告的结构和写法。
4. 能根据任务要求，规范地拟写和修改市场预测报告。

情境任务

为方便学生生活，宏润百货股份有限公司拟与星城职业学院合作，在该学院校区内办一个生活超市。为使经营方向、规模、品种、方式等更切合实际，在做出决策之前，宏润百货股份有限公司市场部派出市场专员对该学院进行市场调查与预测，并要求写出预测报告。

要求：请根据以上情境，展开市场调查并拟写市场预测报告。

任务分析

市场预测是以市场调查为基础的，是在占有、把握大量材料的基础上产生的。它是领导层进行决策的重要依据。成功的预测者，既要有高瞻远瞩的目光，也要有科学严谨的精神。要完成该市场预测报告的写作任务，首先应在校内展开市场调查，广泛收集资料；其次，要对资料进行整理、分析；最后，运用科学的预测方法进行预测，并形成报告。完成此任务，既要掌握科学的调查方法、分析方法、预测方法，还要掌握市场预测报告这一文体写作的相关技能。

学习指引

知识点

市场预测是经济预测的一个重要方面。它是在市场调查的基础上，利用各种信息资料，运用科学方法进行测算，对产、供、销发展变化趋势进行分析并做出科学推断的一种方法。把市场预测的分析过程和研究成果撰写成书面材料，即为市场预测报告。它的重点在于对未来的市场发展趋势及其规律进行预测，并提出有针对性的措施和建议，供决策者参考。

一、市场预测报告的特点

1. 预见性

预见性是市场预测报告的生命，预测是否准确是衡量其价值的标尺。市场预测报告的预见性首先来自对多方面经济信息的全面、准确的了解；其次，来自对经济活动必然规律的认识和揭示；再次，来自科学的分析、预测方法。预测的结果要尽可能准确，符合市场未来的实际，只有这样才能为决策层的决策提供有力的保障。

2. 指导性

市场预测报告不是凭主观想象，而是从实际出发，在详细占有信息资料的基础上，通过逻辑推理、统计分析、数学模型、概率判断等科学方法，去推断未来，为科学决策提供可靠的依据，因而具有极强的指导性。

3. 时效性

市场活动是瞬息万变的，存在许多不确定因素。随着市场经济的发展，竞争愈演愈烈且分秒必争。抓住有利时机，才能在竞争中立于不败之地。所以市场预测报告必须及时、快速，才能为决策层及时决策提供有效的依据。时过境迁，市场预测报告的价值会大打折扣。

二、市场预测报告的分类

市场预测报告按对象范围可分为宏观市场预测报告和微观市场预测报告。

市场预测报告按方法可分为定性预测报告和定量预测报告。

市场预测报告按时间可分为长期（5年以上）市场预测报告、中期（2～4年）市场预测报告和短期（1年或1年以内）市场预测报告。

三、市场预测报告与市场调查报告的异同

1. 相同之处

（1）写作目的相同。都与市场状况相关，都要运用调查与分析方法。

（2）写作程序相同。都要经调查、分析、研究后才写出报告以揭示市场活动规律，提出意见和建议。

（3）写作方法相同。都采用记叙、说明和议论相结合的方法表达内容。

2. 不同之处

（1）文种不同。它们不是同一文种的两个不同类别，而是两个不同文种。

（2）内容重点不同。市场调查报告着重对市场的过去和现状做客观反映，以典型事例或存在的主要问题为内容，为决策者做决策提供依据；市场预测报告着重对市场的未来状况做分析，为生产经营提供信息动态和决策参考意见。

（3）结构不同。市场预测报告一般采用纵式的递进结构，按情况预测——分析——建议的顺序行文，市场调查报告可采用纵式、横式、纵横式等多种方式行文。

（4）要求不同。市场调查报告要求有关材料具有准确性和客观性；市场预测报告是在市场调查的基础上，对未来的市场状况进行推断与预测，允许有关材料带有一定的主观推断性和不确定性。

技能点

一、市场预测的程序

1. 确定预测目标

根据企业需要，首先明确通过预测欲达到什么目的、解决什么问题。然后同时确定预测的期限和范围，制订预测计划，包括：预测内容、预测人员的组成、资料收集计划、工作进度、日程安排等。

2. 收集整理资料

按预测目标去收集资料，对收集到的资料进行核对、整理和归类，然后在此基础上进行深入的分析研究。

3. 选择预测模式

定量预测可以选择合适的数学预测方法，定性预测可以选择合适的逻辑推理方法。选定的预测方法可以是一种，也可以是多种。

4. 分析评价

由于通过不同预测方法预测到的结果往往与实际情况存在差异，所以，必须进行分析评价。在分析评价时，要综合考虑内外部各种影响因素及其变化情况，尤其是在预测中涉及的与过去不同的新因素的情况。在分析评价时，还需分析预测结果可能产生的误差及原因。

二、市场预测的方法

1. 定性预测法

定性预测法又称判断预测法或直觉经验预测法。这种方法是在没有较多的数据资料可利用时，依靠预测者丰富的经验和一定的分析判断能力，来测定、推断预测对象未来发展性质及其发展趋势的方法。这种方法节省费用和时间，又能综合分析错综复杂的情况，是目前国内外较普遍使用的方法。此种方法的缺点是常带有主观性，精确度较差。定性预测法常用于长期或宏观预测报告中。

2. 定量分析法

定量分析法又称客观分析法、统计分析法、数学分析法，是指根据大量资料、信息，运用统计公式或数学模型，进行定量分析或图解，从而对市场的趋势做预测分析的方法。其优点是比较客观，科学性强，准确度大；缺点是对宏观的不可控因素的影响难以预测。

以上两种方法各有特点，在实际工作中常将这两种方法结合运用，即先进行定量预测，根据预测获得的"纯数"，再做定性分析，这样预测的结果较科学，可靠性也大。

三、市场预测报告的结构和写法

市场预测报告一般由标题、正文、落款三部分组成。

1. 标题

（1）公文式。

1）由"单位或地区名称 + 时间 + 内容 + 文种"构成，如"珠三角地区2023—2027年家用计算机需求量的预测"。

2）由"单位或地区名称 + 内容 + 文种"构成，如"家乐电器有限公司对电饭煲市场供销的预测"。

3）由"内容 + 文种"构成，如"饮水机消费趋势预测报告""我国钢材市场预测报告"。

（2）文章式。

多由正副标题组成，正标题揭示中心内容，副标题说明预测内容和文种，如"小电器市场热销，大件电器需求减弱——近期电器市场形势预测"。有时也可把预测的观点或结果在标题中写出来，如"医药零售市场前景广阔"。

2. 正文

（1）前言。前言要简明扼要地提出预测的对象，这往往反映了市场预测报告的内容指向。有的预测报告还概括地介绍预测问题对具体单位的重要意义。

（2）主体。

1）背景。背景就是预测对象的基本情况（历史和现状），即运用确实、具体的资料和数据回顾历史，说明现状，这是预测的依据。如果没有对历史和现状的准确分析和把握，预测的结论就难以做到准确、可靠，所以，写作中要注意选具有代表性的背景资料，突出重点。

2）分析与预测。这部分是市场预测报告写作的核心，就是根据背景资料，运用科学预测方法对市场进行分析研究，预测未来市场发展的趋势，对此做出判断。通常包括：预测依据、预测方法、预测结论三个层次。市场预测报告重在预测未来，所以，在三个层次中，应针对基本情况，根据调查所获得的资料，运用科学的预测方法，进行定性、定量的分析，从而得出预测结论。这部分写作要求运用的资料真实、可信，分析方法科学、得当，判断准确、合乎逻辑，分析推理过程明晰。

3）建议与对策。建议与对策就是针对预测结果提出的对策和解决问题的设想。尽管市场预测报告的主要目的不在于建议与对策，但对有些市场预测报告的目标来说，预测报告不仅仅是对未来事物发展前景做分析判断，还应该就存在的问题向决策者提供相应的建议与对策方案。所以，提建议与对策时，应尽可能切合实际、具体、有现实可行性。表达上则常采用分条书写，以求清晰。微观经济市场预测报告中建议部分不可或缺，但在宏观经济市场预测报告中则常常省略。

> **注意事项**
>
> 制度有两种常用的结构形式:
>
> ◆ 须写明预测测算的过程和预测的结果。在实际写作时,可以是先测算后结论,也可以先结论后测算。无论是何种结构安排,都必须将整个分析推导过程充分展示出来,这样可增强预测的可信程度和说服力。
>
> ◆ 如果写作中分析与预测部分的内容较多,应该注意精心安排,考虑各部分间的逻辑关系,做到条理清楚、层次分明。

3. 落款

在正文右下方写上单位名称或作者姓名、日期。日期应写明年、月、日,如公开发表,可以不写日期,作者署名可以写在标题的正下方。

四、市场预测报告的写作要求

1. 注重调查研究,充分占有资料

预测必须以材料数据为依据,事先经过充分调查,广泛搜集掌握相关资料数据,信息量越大,思维深度和广度才能越大。

2. 注重事实,进行科学的分析与预测

预测是科学分析的结果。预测的重点是抓住已了解的市场变动因素,分析市场可能走向。预测结论与资料之间要有因果关系,结论须明确、肯定、严谨,不要夸大其词,任意发挥,也不要闪烁其词,模棱两可。对预测的可靠程度及可能影响预测可靠程度的因素,要做必要说明,不要过于绝对。

3. 采用恰当的表达方式

市场预测报告从内容到形式都有着自己的要求,常采用说明、记叙、图表与公式的表达方式,对材料进行分析,以探求规律;而做出判断、提出建议则要恰当地运用议论的表达方式。只有按体行文,才能形成有价值的市场预测报告。

范例评析

建筑钢材市场 2021 年下半年展望

得益于全球经济复苏,在通胀预期的背景之下,2021 年上半年国内建筑钢材供需出现错配,价格大幅上涨。不过,过快的上涨使得下游企业经营困难,现金流紧张,随着一系列调控政策的出台,建筑钢材价格快速下跌,并在合理价位震荡徘徊。现阶段上游原材料价格依旧高企,钢厂及市场利润微薄,下游局面亟待缓解。相关政策会对 2021 年下半年国内建筑钢材格局带来哪些变化,价格走势又将如何,笔者将通过以下角度尝试进行分析。

一、2021 上半年市场回顾

(一)2021 上半年价格走势回顾

2021 年上半年建筑钢材价格呈冲高回落态势,振幅较大。年初 Myspic 螺纹钢绝对价格指数为 4 457.09 元/吨,5 月 11 日创下年内高点 6 290.11 元/吨,6 月 30 日这一数

值回落至 4 934.22 元／吨，上半年均值为 4 927.53 元／吨。上半年最高点较年初上涨 1 833.02 元／吨，年中较年初上涨 477.13 元／吨，上半年均值较去年同期上涨 1 217.86 元／吨。

2021 年一季度，受通胀预期及成本抬升影响，建筑钢材价格开启了上半年的第一轮反弹之路，指数涨幅为 459.68 元／吨，涨势温和。

行至二季度，受个别地区严格执行限产政策、国内外价差扩大、下游大面积开工抢工等因素影响，实际用钢需求和投机需求异常旺盛，价格开启了第二轮反弹，至 5 月 11 日，指数较一季度末上涨 1 373.34 元／吨。5 月初价格在较短时间内的急速上涨令下游难以接受，抵触情绪明显增加，在国家出台了一系列调控举措后，价格开启了年内的首轮下跌，至 6 月 30 日，指数较最高点下跌 1 355.89，近乎回吐二季度所有涨幅，其波动极为罕见。

（二）2021 上半年基本面情况回顾

1. 供应情况

2021 年上半年螺纹钢实际产量趋势共分为三个阶段，受不同因素影响。1—4 月份，得益于下游用钢需求旺盛，市场订单充沛，钢厂的生产利润迅速抬升，产量逐渐增长。5 月份，尽管螺纹钢价格大幅下跌，由于仍有生产利润，故仅是抑制了产量进一步增长的积极性，全月产量于平台区小幅波动。6 月份，钢厂生产出现亏损，降产量意愿加重，叠加山西、唐山两地闷炉停产，产量在 6 月的最后一周大幅下降。

2021 年年初螺纹钢周产量为 350.27 万吨，年内最低周产量为 308.88 万吨，最高周产量为 380 万吨，年中周产量为 352.59 万吨，上半年平均周产量为 352.19 万吨。可见，上半年国内螺纹钢产量先因利润水平的抬升而增加，后因利润和相关政策的出现而下降，其波动也是历年罕见。

2. 需求情况

项目	子项目	2019 年 1—5 月同比增长（%）	2019 年同比增长（%）	2020 年 1—5 月同比增长（%）	2020 年同比增长（%）	2021 年 1—5 月同比增长（%）
投资	城镇固定资产投资	5.6	5.4	−6.3	2.9	15.4
	民间固定资产投资	5.3	4.7	−9.6	1.0	18.1
	房地产投资	11.2	9.9	−0.3	7.0	18.3
	制造业投资	2.7	3.1	−14.8	−2.2	20.4
	基础建设投资	4.0	3.8	−6.3	0.9	11.8
房地产	新开工面积	10.5	8.5	−12.8	−1.2	6.9
	施工面积	8.8	8.7	2.3	3.7	10.1
	竣工面积	−12.4	2.6	−11.3	−4.9	16.4
	商品房销售面积	0.1	−0.1	−12.3	2.6	36.3

（数据来源：国家统计局、Mysteel）

2021 年 1—5 月份投资和房地产数据表现亮眼，下游用钢需求因此而大幅增长。但受房地产"双集中"政策及"三道红线"影响，子项目同比增速差异化明显，相比于制造业和房地产投资增速，基础建设投资增速也因上半年专项债发行缓慢而相对较小。

2021 年 1—5 月份，各项投资和房地产、基建数据均较 2020 年同期出现明显增长，其中房地产投资同比增长 18.3%，新开工面积同比增长 6.9%，施工面积同比增长 10.1%，商品房销售面积同比增长 36.3%，基础建设投资同比增长 11.8%。

年 份	成交量（吨）			
	Q1	Q2	上半年	全年
2021 年	145 909.3	223 413.3	18 769.04	——
2020 年	107 130.3	230 299.6	175 927.53	199 883.3
2019 年	141 354.4	201 979.5	174 617.71	183 755.4

（数据来源：钢联数据）

得益于国内稳经济的决心，各项经济指标增速可观，叠加钢铁供应端的诸多政策，2019 年至 2021 年 Mysteel 统计的全国成交量水平总体稳步增长，下游用钢需求和投机需求的活跃度均有明显提升。

纵观 Mysteel 统计的全国成交量，2021 年一季度日均成交量与 2020 年同期相比增长 36.20%，与 2019 年同期相比增长 3.22%；2021 年二季度前两项则分别下降 2.99% 和增长 10.61%；2021 年上半年这两项则分别增长 6.69% 和 7.49%。

值得注意的是，由于建筑钢材价格的过快上涨，导致下游行业资金流紧张，回款周期加长，订单释放速度明显放缓，2021 年二季度的全国成交量与 2020 年同期相比出现近 3 个百分点的下降。

2021 年上半年全国周均成交水平前高后低，波动较大。一季度无论是成交量的增速抑或是总体水平均高于 2020 年同期，二季度尤其是五月份后，成交量水平快速下滑并且绝对值较低。

3. 库存情况

（1）螺纹钢钢厂库存

2021 年上半年钢厂螺纹钢库存呈前高后低状态，拐点出现在 5 月中旬，库存压力较 2020 年有明显的缓解。年初钢厂螺纹钢库存为 258.38 万吨，上半年最高为 529.62 万吨。二季度最低为 291.49 万吨，年中为 355.79 万吨，2021 年最高库存较 2020 年最高库存下降 246.62 万吨，当前库存较 2020 年同期增加 12.19 万吨。

2021 年春节后，得益于下游正常复工复产且用钢需求较大，钢厂螺纹钢库存高点较 2020 年高点明显下降，而后因淡季的来临，单吨价格过高等因素，库存出现拐点，但累计幅度不大，行至年中，8 周时间，累库仅 64.30 万吨，库存压力依然较小。

（2）螺纹钢社会库存

2021 年上半年螺纹钢社会库存同样呈前高后低状态，拐点出现在 6 月中旬，较钢厂螺纹钢库存拐点晚近 1 个月的时间，库存压力较小。年初螺纹钢社会库存为 363.87 万吨，上半年最高为 1 304.22 万吨，二季度最低为 733.75 万吨，年中为 812.77 万吨，2021 年最高库存较 2020 年最高库存下降 122.73 万吨，当前库存较 2020 年同期减少 8.97 万吨。

由于 1—4 月份下游用钢需求以及投机需求较为旺盛，螺纹钢贸易市场始终处于供不应求状态之中，5 月份价格进入快速下跌周期，贸易端主动控制风险，市场订货积极性明显下降，使得库存仍未出现拐点。直至 6 月中旬，在下游消费明显转差的情况下，社会库存出现拐点，行至年中，4 周时间，累库仅 54.58 万吨。

4. 成本利润情况

2021 上半年，1—5 月份螺纹钢生产企业的成本大幅攀升，利润也随着价格的大幅上涨而不断增长,而在螺纹钢价格大幅回落时,原材料价格仍居高位,造成了成本高企、利润不断下滑的局面,行至年中,大部分螺纹钢生产企业亏损。

年初螺纹钢生产成本为4 198元/吨,利润率为5%;上半年最高利润率出现在5月份,为24%;年中成本依旧高企,利润率为-5%。可见,在原材料价格始终高企、螺纹钢价格大幅波动之下,生产企业的利润率波动极大。

二、2021下半年市场展望

(一) 2021下半年基本面情况展望

1. 供应情况

下半年螺纹钢产量关键词——压缩粗钢。由于上半年除一季度个别地区严格执行其限产比例外,其余地区均未有明显的动作,导致螺纹钢产量迅速回升至高位。根据政策要求,2021全年粗钢产量不得超过2020年,而建筑钢材产量占到粗钢产量的近40%,所以可以预期2021全年建筑钢材产量也几乎不得超过2020年。据Mysteel统计,2021年上半年建筑钢材产量为2.05亿吨,而2020年全年建筑钢材产量为4.34亿吨,故预计下半年建筑钢材产量不得超过2.29亿吨,叠加考虑2021年新增产能产量,预计下半年建筑钢材产量不得超过2.10万吨,而2020年这一数值为2.16亿吨。可见,受政策影响,下半年建筑钢材限产或将成为常态,产量在淡旺季分化会更为明显。

2. 需求情况

下半年需求关键词——稳增长。受房地产调控和专项债发放放缓影响,二季度房地产和基建的资金面异常紧张,在此背景之下,国家开启了年内首轮全面降准以支持企业正常经营活动,不搞大水漫灌,也不会坐视不管。预计下半年下游用钢需求仍有一定程度的增长,但增速环比上半年将有明显的收窄,2021年增速同比2020年也将明显收窄。与此同时,由于政策导向的逐渐明朗,市场投机需求活跃度将再次提升。

3. 库存情况

在压缩粗钢和稳增长的大背景之下,供需基本面将向好发展,库存有望在当前基础上继续去化,旺季的去库将更为明显,钢厂和社会库存或将很快再次拐头向下。预计三季度低于2020年同期或将成为常态,四季度库存低位波动。

4. 成本及利润情况

受压缩粗钢政策影响,原材料及其辅料的价格将有大幅下跌的风险,钢厂后期的生产成本有望明显下降,而建筑钢材价格有望在供需基本面的推动下走出相对独立的行情,预计下半年钢厂利润率重回合理水平。

(二) 2021下半年价格走势展望

综上所述,下半年的前半段时间,建筑钢材价格将更多享受政策执行带来的红利,旺季或会由于供需错配而进一步上涨。与此同时,三季度压缩粗钢的成绩和下游企业资金紧张度也直接决定了四季度的价格走向,建筑钢材价格易涨难跌。预计国内建筑钢材价格下半年有望走出企稳反弹之势,反弹幅度取决于政策执行力度和时间节点,下半年重心环比上半年将有所上移。

(资料来源:我的钢铁网 https://m.mysteel.com/21/0711/00/D5FA092D758A9F98_abc.html,作者:上海钢联建筑钢材分析师万超。略有修改)

【评析】

　　这是一篇短期市场预测报告。标题由预测对象、预测时限和文种组成。前言简明扼要地概述 2021 年上半年建筑钢材市场情况，引出预测对象；正文主体部分包括基本情况及分析、未来预测两部分。第一部分对 2021 年上半年建筑钢材价格走势、基本面情况进行了回顾、分析，选择有代表性的资料、数据来说明市场的历史，这为预测 2021 年下半年建筑钢材市场走势奠定了认识和判断的基础；第二部分结合分析影响 2021 年下半年建筑钢材市场走势的客观因素，对 2021 年下半年建筑钢材市场走势进行了预测。全文条理清晰，采取科学合理的预测方法，对决策部门有重要参考价值。

任务实施

一、环境要求

　　可选择模拟办公室或多媒体教室等场所进行，备好纸、笔，配备计算机、投影仪等设备，最好每名学生均有条件进行上机写作。

　　实地调查阶段可选取学生所在院校，分小组按既定方案进行。

二、实施步骤

　　第一步，通过网络查阅市场预测报告写作的相关材料。

　　第二步，分组讨论，确定生活超市市场预测报告完成的程序、使用的预测方法，设计市场调查方案及相关问题、问卷。

　　第三步，分组在校内展开调查，搜集相关资料。

　　第四步，各小组对本组所搜集的材料进行整理、分析、评价，并在此基础上撰写市场预测报告，其主要内容包括调查预测情况简介、预测结论及支持的材料、相关建议与对策。

　　第五步，以小组为单位上交一份市场预测报告并在多媒体上展示，师生共同点评。

拓展训练

训练一

分析下文存在的问题并进行修改。

20××年下半年氮肥市场预测

　　20××年6月25日中国氮肥工业协会在北京组织召开了20××年下半年氮肥市场分析会。

　　20××年上半年是氮肥行业较为困难的半年。受金融危机影响，氮肥行业经受了漫长的市场低迷，克服了产品销售不畅、流动资金短缺、产能发挥不足、企业效益下滑等困难，坚持生产，保障了工农业生产对氮肥的需求。据中国氮肥工业协会快报统计，20××年上半年合成氨产量为 2 535.5 万吨；尿素实物产量 2 300.3 万吨，同比增长 7.7%。

　　据与会专家分析，20××年下半年氮肥资源量为上年 10—12 月资源量与 20××年上半年资源量之和；所有氮肥的氮源均来自合成氨；为了分析数据的可靠，用国家统计局发布的合成氨数量进行折算。按此计算，20××年下半年因三季度煤、电运输困难很大，煤头企业受电力影响生产负荷将降低10%～30%；虽然西南几套气头大化肥企业有新增产能投产，但也只能弥补因天然气不足带来的减产，下半年中石油系统约有150万吨的尿素减量。因此，20××年下半年合成氨产量不会有明显增长，基本与上年持平，约为1 845万吨。但20××年农业需求会有所增加，工业用量也会有所增长，市场需求将好于上年。因此预测20××年下半年氮肥市场呈现供需平衡略紧的态势，但不会出现供不应求状况。

随着化肥市场化的进程加快，国家对化肥企业的各项优惠政策正在逐步取消，煤炭、电力、运费等费用都在明显上升，尿素成本大幅度增加。据中国氮肥工业协会测算，过去两年来煤头尿素吨生产成本上涨高达328元，气头尿素吨成本上涨也达到150元。20××年上半年尿素市场信心不足、价格低迷，造成生产企业大面积亏损。随着国家资源性产品价格机制改革的推进，20××年下半年氮肥生产原材料价格上涨的压力仍然很大，成本的刚性上涨决定了20××年下半年氮肥价格将高于上半年。

与会代表认为，为了保证氮肥行业平稳、均衡、可持续发展，考虑到广大农民的承受能力和化肥企业应获得的合理利润，尿素的出厂价格应稳定。

训练二

根据下面的材料，再结合网上收集的相关资料，写一份关于几种主要商品价格走势的市场预测报告。

20××年几种主要商品价格趋势预测

1．粮食价格

经过近几年的结构性调整，我国粮食价格恢复到了比较合理的区间，目前的价格水平有利于农业结构的进一步调整，有利于提高粮食种植的科技含量。但是由于20××年粮食价格上涨，棉花价格下跌，明年农民种植粮食的意愿会很强，如果明年没有大的自然灾害，粮食收成会是近三年最好的一年。因此明年粮食价格会有所上涨，但上涨的空间不会很大。农业、种植业结构调整的步伐还要加快。

2．肉禽蛋价

格由于养殖成本上升，加之这几年养殖业效益不好、生产有所调整，预计明年肉禽蛋价格仍将平稳上浮。

受此影响，水产品价格会相应上浮，不会低于20××年水平。在调整结构、搞好与出口国关系的基础上，蔬菜价格涨幅会超过20××年。烟酒及在外用餐的价格水平预计都会有所提高。

整个食品类价格水平的上涨幅度会超过20××年，仍是明年居民消费价格指数保持上涨趋势的主要因素。

3．棉花价格

虽说明年世界经济景气程度不会太高，棉花需求会有所影响，但国际、国内市场棉花价格明年会出现略有上涨的局面。受棉花价格影响，沉寂多年的居民衣着类价格水平，不会再有大幅下降的形势，预计能与20××年持平。

4. 娱乐教育文化用品及服务价格

国家大幅下调中小学教材价格、整顿学校收费、治理娱乐文化场所，这些整顿治理因素会明显影响到明年娱乐教育文化用品及服务的价格涨幅。

其他如家庭设备用品及服务、交通和通信等价格不会有太大的变化，仍将维持小幅下降的趋势。随着市场经济秩序治理工作的深入，居民居住价格不会有太多的上涨。房屋建设费用经过清理整顿，房地产价格会有所下浮，水、电、热、气等价格也不会有太多的上涨。

5. 明年工业生产资料价格

受近几年国债持续投入的影响，我国基础设施建设规模逐渐扩大，其滞后作用开始显现；明年建筑材料的需求趋旺，价格会在近几年持续低迷的基础上明显改观。

明年国债投向结构会做较大调整，技改项目会有所加强，加工工业会注入新的活力。但是行业生产秩序整顿工作不会停止，该"关停并转"的，国家也不会手软。这样一方面扩大新的、高质量的需求，另一方面淘汰落后的、低水准的供应。因此，明年其他工业生产资料的市场价格（除汽车外）也会呈现稳中上涨的格局。

> **训练三**
>
> 利用假期或课外时间，选择自己感兴趣的课题（如大学毕业生就业形势预测），收集有关文献资料进行调查研究，运用相关方法进行预测，并撰写简要的预测报告。

项目三　可行性研究报告

学习目标

1. 了解可行性研究报告的含义、特点、分类和作用。
2. 掌握可行性研究报告的结构和写法。
3. 能根据任务要求，规范地拟写和修改可行性研究报告。

情境任务

钟点秘书是最近几年在广州、上海、北京等地逐渐兴起的一种新现象，伴随着经济迅猛发展和外企、私企的不断壮大，秘书队伍也呈现出多样化的特点。钟点秘书以其崭新的姿态呈现在世人面前，它既不同于党政机关公务类秘书，也与企事业单位中的专职秘书有着本质的区别，其服务内容着重经济与商务活动，具有面向社会公众，服务方便及时，节省费用开支等方面的优点，并有逐渐由沿海向内地发展的趋势。南方职业学院拟成立一个钟点秘书事务所，向社会提供钟点秘书服务，特委托广州雪润文化传播有限公司进一步分析和研究该业务前景和发展趋势。广州雪润文化传播有限公司总经理安排公司策划部策划师何平负责该项目，要求他根据以上线索，调研并撰写一篇关于成立钟点秘书事务所的可行性研究报告。

要求：请根据以上情境，展开调研并拟写可行性研究报告。

任务分析

任何企业都以最小的投入、最大的产出为最高的追求目标。经济活动是一种复杂的生产实践活动。在兴办企业、兴建重要工程、开发大中型产品等活动中，存在着很多游移性因素和未知因素，因此，在投资行为实施之前必须进行充分调查研究与分析论证，从而确定其是否必要与可行。要完成成立钟点秘书事务所的可行性研究报告，首先要对钟点秘书服务的需求市场进行调研；其次要对成立钟点秘书事务所的实施方案、技术能力、资金来源、经济效益等方面以翔实的数据材料与事实材料进行分析论证；最后得出结论。高质量的可行性分析报告，除了要求写作者具备较强的文字能力，对写作者的大局意识、科学精神、严谨作风提出了更高要求。

学习指引

知识点

可行性研究报告又叫可行性分析报告，它是在具体的项目实施以前，对项目的市场、技术、经济等方面进行全面的分析、研究、计算、评估、论证，从而确定该项目实施的可行性和有效性的书面报告。

可行性研究报告为决策者提供决策依据，避免长官意志和主观盲目性。根据我国现行有关规定，可行性研究报告是审批投资项目必须提交的基本文件，是国际投资过程中的一个主要环节。只有提交了可行性研究报告，有关主管部门才予以审批，国内外银行和金融机构才考虑给予投资或贷款等。

一、可行性研究报告的特点

1. 论证的严密性

在建设、决策前，要从经济、技术、财务、市场销售、原材料、人力资源等方面，对该项目进行综合、比较、分析，并就法律、政策、环保，以及对社会的影响，做出科学严密的论证与评价。论证是否科学严谨直接关系到项目能否立项以及实施的结果。

2. 方案的最佳性

可行性分析报告的目标是拟定一个实施项目的"技术上合理、经济上合算"的最佳方案。报告最终确定前，要对研究对象进行全面系统的分析，找出有利与不利因素，分析成功与失败的可能性，权衡所得与所失的各种情况，并在此基础上提出若干种可相互替代的方案和措施，经过反复比较，最后选择出最佳方案。这种最佳方案，可以是优中选优的方案之一，也可以是选择各个方案中的合理部分组合而成。

3. 材料的真实性

可行性分析报告是进行决策的重要依据，它的所有材料要真实、可靠。从虚假材料中得不出任何正确的结论。

4. 参与的专业性

可行性研究是一项专业性很强的工作，往往涉及自然科学、社会科学、人文科学的知识，涉及的专业理论往往既有深度，又有广度。因此，要吸收各方面的专家，共同研究。要尊重专家们在可行性研究过程中的意见和结论。

二、可行性研究报告的种类

（1）可行性研究报告按项目规模分为一般项目（小项目）可行性研究报告和大中型项目可行性研究报告。

一般项目可行性研究报告内容集中单一、规模小、投资少，包括新建和扩建项目、常规性技术改造项目，以及某一方面经营管理改革和单项科学实验等。大中型项目可行性研究报告项目规模大、投资多、涉及面广，技术论证和经济评价复杂，涉及很多行业，要求很高。

（2）可行性研究报告按项目的产业性质分为工业项目可行性研究报告和非工业项目可行性研究报告。

工业项目可分为：冶金、化工、煤炭、电力、机械、纺织等，研究时要注重行业特点。非工业项目包括：交通、运输、电信、科研、文化教育等，研究时要侧重社会总效益的分析。

技能点

一、可行性研究报告的格式要素

可行性研究报告都是单独成册上报的，它的格式要素包括：①封面；②摘要；③目录；④图表；⑤术语表；⑥前言；⑦正文；⑧结论和建议；⑨参考文献；⑩附件等。其中封面没有固定的格式，但是项目名称、报告单位、报告时间等内容不可缺少，有的报告还有项目负责人和主要参与人的署名。摘要、目录、图表、术语表、参考文献、附件等项目可根据报告的需要进行选择。大型项目可行性研究报告必须有目录。

二、可行性研究报告的结构和写法

可行性研究报告的结构因所属行业、工程项目、规模大小、复杂程度的不同而异。一般由标题、正文、附件几部分组成。

1. 标题

（1）由项目主办单位、项目内容、文种三部分组成。有时可省略主办单位名称，只突出项目内容，如"中国网通关于中国高速互联网示范工程可行性研究报告""建设广深珠高速公路的可行性研究报告"。

（2）直接把论证得来的结论作为题目，如"三峡工程宜早日兴建"。这是一种变通形式的标题，为了表述更加清楚，有时可在正标题下加副标题。

2. 正文

正文一般包括前言、主体、结论三部分。

（1）前言。前言又叫概述、概况，主要介绍、说明项目提出的背景、目的、投资的必要性、实施单位的简况、研究方法及基本评价等。有的报告为增强说服力，开篇就从理论上着重说明项目实施的必要性和可行性。一些大中型项目的可行性研究报告，则在总说明下，再分为"项目提出的依据""实施项目的重要意义""可行性研究的范围"等。

（2）主体。这部分是对项目做可行性分析论证，是报告的核心。项目是否必要可行，就看这部分分析论证的内容是否充分有力。由于论证的对象不一，写法也随之而异。总体上看，大致应包含以下几方面内容：

1）市场调查。通过调查分析市场现状与未来趋势，考察本项目实施后的发展状况，包括对国内外的市场需求、价格、竞争力做出分析。如果市场调查的结论是否定的，那么该项目则不可行。

2）对实施规模、方案的分析或评价。这包括对项目名称、规模（规格）、技术性能、实施计划、实施方案的分析。

3）技术能力的说明与分析。说明与分析项目内容包括：建立的条件、地址的选择、原料和资源的配备、技术设备、工艺流程、辅助设施、组织机构的设置、所需人员及培训方案、项目实施方案、工程设计、工程施工、工程验收、设备订货、设备安装、设备调试、试生产和正式投产的时间和进度、现有环境状况及环境保护等方面的论证。

4）资金来源分析。包括确定资金来源方式，对投资数额进行估算，对资金到位的时间、偿还办法、流动资金的合理安排与使用等情况的分析。

> **注意事项**
> 主体部分的各方面，在不同的可行性研究报告中，可选择不同的重点，不需要面面俱到地加以论证，也可以根据项目的具体需要，灵活增加新的内容。

5）财务、经济效益的分析。这主要是针对项目投资的收支、盈亏等财务问题，评价该项目的经济效益。

（3）结论。结论是对全文内容做总结性的概括，可就项目实施的可能性提出明确的结论性意见或观点。

3. 附件

很多可行性研究报告的正文后都附有一些附件，如法规、平面规划图、统计图表、设计图样、技术、试验数据、资金来源落实的有关凭证及一些文字性论证资料等。这些资料往往具有很强的说服力和参考价值，是分析论证的必要依据，因不宜放在正文中（如放入正文，一则影响观点的阐述、文气的贯通和行文的简洁；二则作为资料，其本身自成体系，较齐全，不宜分散），故作附件处理。

三、可行性研究报告的写作要求

1. 做好调查研究

可行性研究是个复杂的工作，只有以实事求是的态度，认真、全面、细致地做好调查研究工作，才能获得全面、准确、可靠的资料。

2. 进行科学分析论证与评价

写作前，必须对所有资料做综合、客观的分析。分析工作可分两个步骤进行：首先，按类别分析资料，然后对各种情况做出准确的判断；其次，从理论上对资料做分析与判断，对各项指标认真核算，最终得出科学、客观、可行的结论。

分析中除排除主观偏见外，还必须重视对不确定因素的分析。不确定因素主要指有可能造成事先估算与实际情况之间产生出入的各种客观因素。不确定因素的变化有可能导致项目经济效益的变动，会给项目带来潜在的风险。

不确定因素的分析主要包括盈亏平衡分析、敏感性分析和概率分析。

3. 掌握有关专业知识

可行性研究报告具有很强的专业性。对较大一点的项目进行研究，需要组织有关经济、技术、管理方面的专家组成专家组。所以，撰写可行性研究报告者必须虚心学习与项目有关的专业知识，并对整个项目有关的专业知识有全面的了解和把握。

4. 注意经济效益和社会效益并重

各种建设项目做可行性研究报告都考虑其经济效益，但经济效益绝不能仅仅着眼企业本身，还应该考虑国家、社会整体的利益，写作中应把两者结合起来做评价。

范例评析

例文 1

西田麦芽有限公司扩建立仓可行性研究报告（节选）

西田麦芽有限公司从 2018 年投产以来，业务蒸蒸日上，销售量稳步上升，但由于增加产量和提高质量的迫切要求，原有立仓的储量已不适应这一发展的需求，急需进行扩建。

一、扩建立仓缘由

（一）外部原因

据市场调查，目前四川省啤酒年产量为××万吨，覆盖率不大，但啤酒毕竟是人们喜爱的营养饮料，随着人们生活水平的提高，估计今后的产量将不断上升，可达××万吨左右，与之相联系的是共需要麦芽××万吨。而目前，全省只有西田麦芽有限公司（年产××万吨）、金地麦芽有限公司（年产××吨），以及其他一些小型公司（加起来的总产量也只有××万吨）生产麦芽，尚有××万吨的缺口有待填补。另外，麦芽还有广阔的国际市场，仅美国 2022 年需求量就达××万吨。西田麦芽有限公司所引进的是世界第一流的生产技术设备，质量有保证，生产费用低，价格有竞争力，只要公司以内涵发展为主，进一步提高麦芽质量，充分发展自有潜力，完全可以打入国际市场。因此，从效益的角度出发，扩建立仓是刻不容缓的。

（二）内部原因

（1）解决原料大麦早来无仓、迟来断粮的问题。

（2）稳定麦芽指标，提高麦芽质量。

（3）降低麦芽成本。

二、扩建立仓的个数

根据市场需求及历年来销售量，结合本公司的实际情况，扩建立仓数为××个。

三、扩建立仓的投资建设条件

（略）

四、立仓扩建费用

立仓扩建成本××万元（土建费用××万元，设备费用××万元，不可预见费用××万元）；新增流动资金××万元；新增加维修人员××人（雇用期为一个月），每年增加支出××万元，每年增加维修费用××万元。

五、效益分析

（一）主要财务数据预测

扩建立仓总投资××万元；项目寿命 20 年；产量以年产××万吨计，20 年为××万吨；价格以国内市场价格为基础，但由于波动变化较大，现按 2022 年（正常生产年份）的销售平均价××元计算；新增销售收入（以 2021 年为基础）为××万元，

20 年累计为××万元；新增工商税（按××计提）正常生产年份（2022 年）为××万元，20 年累计为××万元；总成本正常生产年份（2022 年）为××万元，其中固定成本××万元，可变成本××万元，单位成本比年产××降低了××万元；新增利润正常生产年份（2022 年）为××万元，20 年累计为××万元，新增可供分配利润在 2022 年免所得税的情况下为××元/年，20 年新增加可供分配利润为××万元。

（二）企业财务评估

1. 直接利益分析

年产麦芽××万吨与××万吨利润率对比，年产××万吨比年产××万吨利润率上升×%，说明本项目的效益可观。投资回收期为两年。贷款偿还期，正常生产年份要追加流动资金××万元，主要由银行贷款解决，只要每年多付贷款利息××万元，就可以保证长期使用这笔贷款，直到回收流动资金时可归还全部贷款。

2. 动态分析判断

（略）

3. 盈亏平衡分析

（略）

4. 其他因素影响

（略）

5. 间接收益

（论述社会效益，略）

六、风险分析

假如在其他因素不变的前提下，本项目的销售价格、投资额、建设期或成本发生依次变化，按×%折现率折现，净现值变化为：建设期增加一年，净现值从××万元下降到××万元；成本增加×%，净现值从××万元下降到××万元；销售价格下降×%，净现值从××万元下降到××万元。在以上各种不利因素的影响下，净现值会相应下降，但下降后的净现值仍远远大于零，说明本项目承受风险的能力大。

七、注意问题和建议

（略）

八、结束语

本项目是在原有立仓基础上进行扩建，技术上成熟，建设条件有利，财务效益可观，扩建立仓后满足了年产量××万吨麦芽的满负荷生产能力，满足了生产出来的麦芽的品种搭配，保证麦芽的后熟期的存储，稳定并提高麦芽的质量，提高了麦芽公司在麦芽市场的信誉。因此，可以认为扩建立仓这一建设项目是可行的。

附件（略）

【评析】

这是西田麦芽有限公司对本公司在原有立仓基础上进行扩建立仓的可行性研究报告。报告就七个方面的问题进行了阐述，有论据，有分析，在此基础上，提出了第八条"结束语"，结束语不仅回应第一条，阐发了扩建立仓的意义，而且推导出结论"扩建立仓这一建设项目是可行的"。本例文采用条款式结构，八个问题层层递进，条理分明。论证中，注意运用确切数据进行说明，简明有力。

例文2

中外合资××电子有限公司
可行性研究报告

一、基本概况

（一）合资企业情况

合资企业名称：××电子有限公司。

法定地址：中国××省××市××街××号。

（二）合资各方基本情况

中方：中国××实业总公司，中国注册。

法定地址：中国××省××市××区××街××号。

法定代表：×××，职务：总经理（工程师）。国籍：中国。

外方：美国××有限公司，美国注册。

法定地址：美国××市××路××号。

法定代表：×××，职务：董事长。国籍：美国。

（三）合资企业投资总额、注册资本、出资比例及出资方式

（略）

（四）合资期限及利润分配、亏损分担

合资期限为20年，合资期内的盈利和亏损，均按各方出资比例分配利润或承担亏损。

（五）项目建设书的审批文件

合资双方经过充分协商，本着平等互利原则，于××××年×月×日签署了意向书。上述协议的项目建设书报经××市发改委，于××××年×月×日以×发××××××号文件批复立项。

（六）可行性研究报告的技术、经济负责人

经济负责人：中国××实业总公司，总经理（工程师）×××。

技术负责人：美国××有限公司，×××。

可行性研究报告咨询编制单位：××会计师事务所。

中国注册会计师：××。

助理人员：×××。

二、生产安排及其依据

（一）产品名称、售价

（略）

（二）国内外市场情况

（略）

（三）产品产量及内外销比例

（略）

三、物料、能源的用量和依据

（一）原料

生产所需原材料及辅助材料在质量和价格上相当或优惠的条件下，优先在国内购买；其余部分，委托外方从国外购买。

（二）动力能源

年生产所需电××万千瓦·时，水××××吨，煤×××吨，均由中方提供，合资企业有偿使用。

（三）交通运输安排

合资企业购入各种车辆×台，可以完成原料和产品的短途运输。外销产品，用火车或汽车，由大连港离岸。

四、项目地址选择及其依据

（一）设厂地址

×市××区××街××号。此地址交通便利，环境净化程度较高，适宜生产，并能满足上述产品的环境卫生要求。

（二）合资企业占地面积

合资企业占地面积为××××万平方米，包括厂房、办公室及附属设施建筑面积××××万平方米。

五、工艺方案和技术设备的选择与依据

由外方负责提供国外先进技术和管理经验，按建厂投资计划加以安排。主要生产设备及其零配件由外方代合资企业选购。该项目工艺技术是美国同类产品现行的工艺，便于操作，保证质量。

六、生产组织安排和工资测算与依据

（略）

七、环保、工业卫生和生产安全设施的安排及其依据

（略）

八、建设方案和进度安排

（略）

九、财务数据与估算

（略）

十、项目的企业经济评价

（略）

十一、不确定性分析

（略）

十二、结论

本项目采用的生产设备和工艺较为先进，原材料、能源供应充足，生产条件较好，产品有销售市场。

在经济效益上，本项目投资少，盈利能力强，回收期较短，资金较为充足，有支付能力，创汇高，合资××年可结余外汇××××万美元。从不确定性分析上看，可承受较大幅度的波动，风险较小。

总之，本项目在技术上、经济上是合理的、可行的。

附件：（略）

项目主办单位：中国××实业总公司

甲方：
法人代表：×××　　　　××××年×月×日
乙方：
法人代表：×××　　　　××××年×月×日
　　　　　　　　　　　　　××××年×月于中国××市

【评析】

这是一篇中外合资兴办××电子有限公司的可行性研究报告。全文由标题、正文、落款和日期构成。标题由合作项目名称＋文种组成。正文根据兴办该公司的具体情况分为12个方面，以充分的事实和数据作论据，围绕新建该企业的"必要性"和"可行性"，进行了有力的分析论证，最后得出中外合资兴办××电子有限公司可行的结论。全文格式规范，内容充实，文字表述清楚顺畅。

任务实施

一、环境要求

可选择模拟办公室或多媒体教室等场所进行，备好纸、笔，配备计算机、投影仪等设备，最好每名学生均有条件进行上机写作。

实地调研可选取若干不同行业背景的企业、社区作为调查对象，学生分小组按既定方案进行。

二、实施步骤

第一步，通过网络查阅可行性研究报告写作的相关材料。

第二步，分组讨论，制订前期调研方案，设计调查问题、问卷。

第三步，分组展开调研活动，搜集整理资料。

第四步，各小组对本组所得材料进行分析评价，并在此基础上撰写可行性研究报告，其主要内容包括：项目实施的依据和目的、项目实施的条件（人员、设备、机构、资金来源等）、项目实施后的经济效益与社会效益、最终结论。

第五步，以小组为单位上交一份关于成立钟点秘书事务所的可行性研究报告，师生共同点评。

拓展训练

训练一

我国广东青春服装有限公司与美国ABC公司拟就缝纫设备补偿贸易进行合作，下面是该公司就此合作项目所做的可行性研究报告，请分析其存在的问题并进行修改。

缝纫设备补偿贸易可行性研究报告

一、总论

我公司是初具规模的专业化服装生产公司。在国家相关政策的支持下，2018年开始了外贸生产，2019年领取了外贸生产许可证，2020年落实外贸生产任务200多万元。随着外向型经济的发展，现在生产规模和设备已不适应外贸生产高质量、高速度的需要，进行技术与设备改造已势在必行。为此，公司总经理高×在美国考察期间与美国 ABC 公司约翰先生就补偿引进关键设备事宜进行了友好的洽谈。双方初步达成了一致的协议，并因此进行可行性研究。

二、项目名称：缝纫设备补偿贸易
　　主办单位：中国广东青春服装有限公司
　　法人代表：高×
　　企业地址：广州市兴和路88号
　　项目负责人：白×　李××

三、合作双方简况
　　甲方：中国广东青春服装有限公司是初具规模的专业化服装公司，现有员工670人，专业技术人员25人，服装设计师10人；年产衬衫160万件，毛呢服装8万件，产值2 400万元。
　　乙方：美国 ABC 公司是一个既有企业又有商店的综合性经济组织，有一定的资金和实力，信誉良好。

四、补偿金额：19.2万美元。

五、补偿方式：利用本厂生产的衬衫直接补偿。

六、补偿期限：2021年9月开始分期进行，至2031年年底之前全部补偿完成。

七、项目申请理由
　　1. 本项目引进的关键缝纫设备均为日本制造，具有性能好，生产效率高，操作简便等优点，是适合外贸生产的先进设备。
　　2. 引进项目后，每年可多为国家创汇100万美元。
　　3. 因该项目主要是利用本公司的衬衫直接补偿。因此，可以扩大我公司产品在国际市场的销路，有利于我公司发展外贸生产。

八、市场需求分析
　　随着企业改革的不断深化，我公司产品质量越来越高。"北仑港"牌男女衬衫和拷花呢长大衣相继被评为省优、部优产品，畅销上海、南京、西安等20多个大中城市，现有销售网点300多个。2022年已落实销售计划200多万件，产品供不应求。2022年1—6月份，生产衬衫90多万件，销售130多万件。预计2023年可销售衬衫250万件。外贸产品销售趋势良好，今年预计可完成外贸收购额200万元。

九、原辅材料及水、电供应安排
　　我公司在上海、常州、无锡、宁波等地已有固定的原辅料供应网点，因此，原辅料供应能保证满足生产需要。水、电可利用本公司现有供电设备及水塔，能满足生产需要。

十、项目内容
　　本项目共引进缝纫设备160台，新增衬衫流水线一条，改造老衬衫流水线四条。（详见附表二）（附表略）

十一、项目实施进度安排
　　8月份进行立项审批与签订购货合同；10月份设备厂进行验收；11月份进行设备安装与调试；12月份进入正常生产。

十二、经济效益分析

该项目建成后,预计每年可增产衬衫 50 万件,产值 425 万元,创汇 100 万美元,创利税 102 万元,一年内可收回全部设备投资总额。经济效益显著。(详见附表一、二)(附表略)

中国广东青春服装有限公司
2021 年 7 月 5 日

训练二

阅读下面一篇关于创业可行性分析的文章,结合现在的大学生创业热潮和自身实际,拟一份自主创业的可行性分析报告。

创业与可行性分析

从事任何行业,如在创业之前,能设想周到、做得巧,而且对计划的执行又能控制得好,那么,其日后经营的业绩,一定会有良好的成效。

问题是怎样才能设想周到,倘用现代企业经营的观念,亦即先做好可行性的研究。对创业,无论是制造业,或是销售业、服务业,在创业之前,都须从较深的层面,去探讨建厂、设店、市场的问题。为了深入探讨问题,则须分门别类,进行细节的分解察析。

对创业的可行性,在研判的分类上,至少要有"市""品""财""人"四大项。

市,就是即将来临的市场需求情况,其成长率经常是一条平滑的曲线,但也可能是阶梯式的分时段成长曲线。倘若某种产品的需求曲线为平滑式的增长,而生产产品的工厂,其设备的增添,则很难能配合平滑曲线的市场需求量。关于这一点,就要调度各目标市场的需求,甚至以增减外销数量来调整,避免产量剩余或不足。

品,即产品,或服务的品质。至于产品的种类或功能,这在市场行销研究方面,就已确定了。关于产品生产技术的可行性,创业者一定要把握住一个重点,那就是要明了企业本身的技术水平,不必好高骛远,在选择生产方法时,最好不要选择尚在试验阶段的方法。而在选择生产设备时,也不要选用国际上刚上市的"第一代"机械设备。尤其是重大而精密的机件,第一家采用者,也就是充当了"试验品",风险自然在所难免。

财,就是财务融资方面的可行性。倘若一个即将创办的企业,在财务方面不具可行性,那么,这个创业计划则无须付诸实施。关于资金的筹措及借贷,以及其兴办的手续与债务偿还的方式,都必须一一查实。关于年度利润计划与投资报酬率的预估,都牵涉到对营业收入和费用支出的预测,故又与"市""品"两项有关联。财务可行性的最终目标,是要做一套可行的计划,于一定的期限内,将股东所投入的股本资金收回,其中还要包括应计利息。

人,就是在创业之初,对志同道合的创业人才延揽的可行性,以及对"人力资源"的有效运用,在企业开始经营时,对员工要做有计划的培训,最好能有"团队受训"效果。用人的可行性研究,则在于"知人""善任",以及如何做好对员工的培训。

> **训练三**
>
> 通过对大学家教活动的观察，某同学意识到家教市场有着巨大的利润空间，然而目前家教行业处于自发状态，缺少有实力的、较规范的、有知名度的中介公司，该同学决定筹措资金成立一家家教中介服务公司，请代其拟一份可行性分析报告。

商情调研文书综合实训

一、实训目标

通过真实的工作情境，要求学生利用所掌握的理论知识与写作技能，根据项目情境中的需求完成写作任务，旨在全面锻炼和提高学生的商情调研文书写作的综合能力。

二、情境任务

2022年，东海市大学城项目竣工后，市内知名的十所高校正式迁入大学城，目前，大学城内有20万名高校师生。随着大学城的发展，世科房地产公司也在大学城投资，先后开发了儒园、雅园两个商住小区，并向社会公开发售。大学城现在虽有一些配套的生活设施，但远远不能满足人们日益增长的物质与文化生活需要。以饮品为例，随着人们生活水平的提高，饮品日益多样化，咖啡这种西式饮品正在被越来越多的国人所接受，随之而来的咖啡文化正充满生活的每个时刻。咖啡不再仅仅是一种饮料，它逐渐与时尚、品位紧紧联系在一起，体现高品质的现代生活，人们或是交友谈心，或是商务会谈，或是休闲怡情，尽可在音乐弥漫的咖啡吧边饮咖啡边进行。总体来说，由于我国市场巨大，咖啡消费增长前景看好。而目前大学城仅有一家小型咖啡屋，不能满足周边地区人们的生活需要。

刚刚从大学城某高校毕业的李节、向南、周丰三位同学，瞅准这一商机，拟在大学城开一家动漫咖啡吧，与传统的咖啡吧不同，人们在动漫咖啡吧里不仅仅可以聊天、上网，店里还提供漫画、音乐，可以一边欣赏漫画，一边听音乐或者聊天。该咖啡吧将目标消费群锁定为学生，同时兼顾白领阶层。

请根据以上情境，完成如下写作任务：

（1）对大学城十所高校的学生展开调查，并完成大学城动漫咖啡吧市场需求调查报告。

（2）对动漫咖啡吧的市场前景进行预测，并完成市场预测报告。

（3）在调查、分析、预测的基础上，完成动漫咖啡吧开发可行性研究报告。

三、任务实施

（一）环境要求

可选择模拟办公室或多媒体教室等场所进行，备好纸、笔，配备计算机、投影仪等设备，最好每名学生均有条件进行上机写作。

实地调研（1）可选取当地十所高校；实地调研（2）可选取当地5~10家有代表性的中高档咖啡吧及新型商住小区，然后分小组按既定方案进行。

（二）实施步骤

第一步，分小组讨论各项写作任务的内容要点。

第二步，小组内分工合作，制订调研方案，设计调查问卷，一人完成一部分内容，具体由组长根据讨论结果安排每位组员的任务。

第三步，各小组按既定方案展开调研，搜集相关资料。

第四步，各小组对本组调研资料进行整理分析评估。

第五步，每人执笔或上机，完成个人任务初稿。

第六步，各小组就本组的各项任务初稿进行讨论并修改。

第七步，以小组为单位上交定稿。

考核评价

按作文质量评定每组每项写作任务的成绩。

优	各项任务写作格式正确，结构完整，内容明确具体，主题突出，条理清楚，文字通顺，标点符号使用正确，在规定时限内快速完成，打印装订与展示规范美观，完全符合要求
良	格式正确，结构完整，内容具体，主题明确，条理清楚，文字通顺，及时完成，打印规范
中	格式基本正确，结构基本完备，内容具体，条理清楚，按时完成，打印规范
及格	格式基本正确，结构基本完备，内容基本符合要求，按时完成，打印规范
不及格	格式不正确，结构不完整，内容不符合要求，不能按时完成，没有打印

模块测试八

参 考 文 献

[1] 姬瑞环，卢颖，崔德立. 商务文书写作与处理 [M]. 4 版. 北京：中国人民大学出版社，2019.
[2] 高晓梅. 商务应用文 [M]. 2 版. 大连：东北财经大学出版社，2008.
[3] 卢如华. 新编秘书写作 [M]. 2 版. 北京：高等教育出版社，2015.
[4] 方有林. 商务应用文写作 [M]. 2 版. 上海：同济大学出版社，2010.
[5] 苏欣. 商务应用文实训 [M]. 3 版. 北京：对外经济贸易大学出版社，2016.
[6] 郭冬. 秘书写作 [M]. 4 版. 北京：高等教育出版社，2021.
[7] 傅春丹. 样板式常用应用文写作 [M]. 2 版. 北京：中国水利水电出版社，2021.
[8] 王燕. 应用文写作项目化教程 [M]. 2 版. 北京：中国人民大学出版社，2017.
[9] 张耀辉. 应用写作 [M]. 3 版. 上海：华东师范大学出版社，2020.
[10] 薛颖. 新时代应用文写作教程 [M]. 北京：北京理工大学出版社，2019.
[11] 杨文丰. 实用经济文书写作 [M]. 5 版. 北京：中国人民大学出版社，2016.
[12] 亓丽，程时用，王开桃. 应用文写作 [M]. 南京：南京大学出版社，2020.
[13] 郭英立，罗翠梅. 经济应用文写作 [M]. 北京：清华大学出版社，2008.
[14] 杨文丰. 高职应用写作 [M]. 4 版. 北京：高等教育出版社，2018.
[15] 朱丽萍，韩开绯. 秘书写作实务 [M]. 2 版. 重庆：重庆大学出版社，2014.
[16] 向丽华. 现代会议策划与组织实务 [M]. 北京：北京联合出版公司，2015.